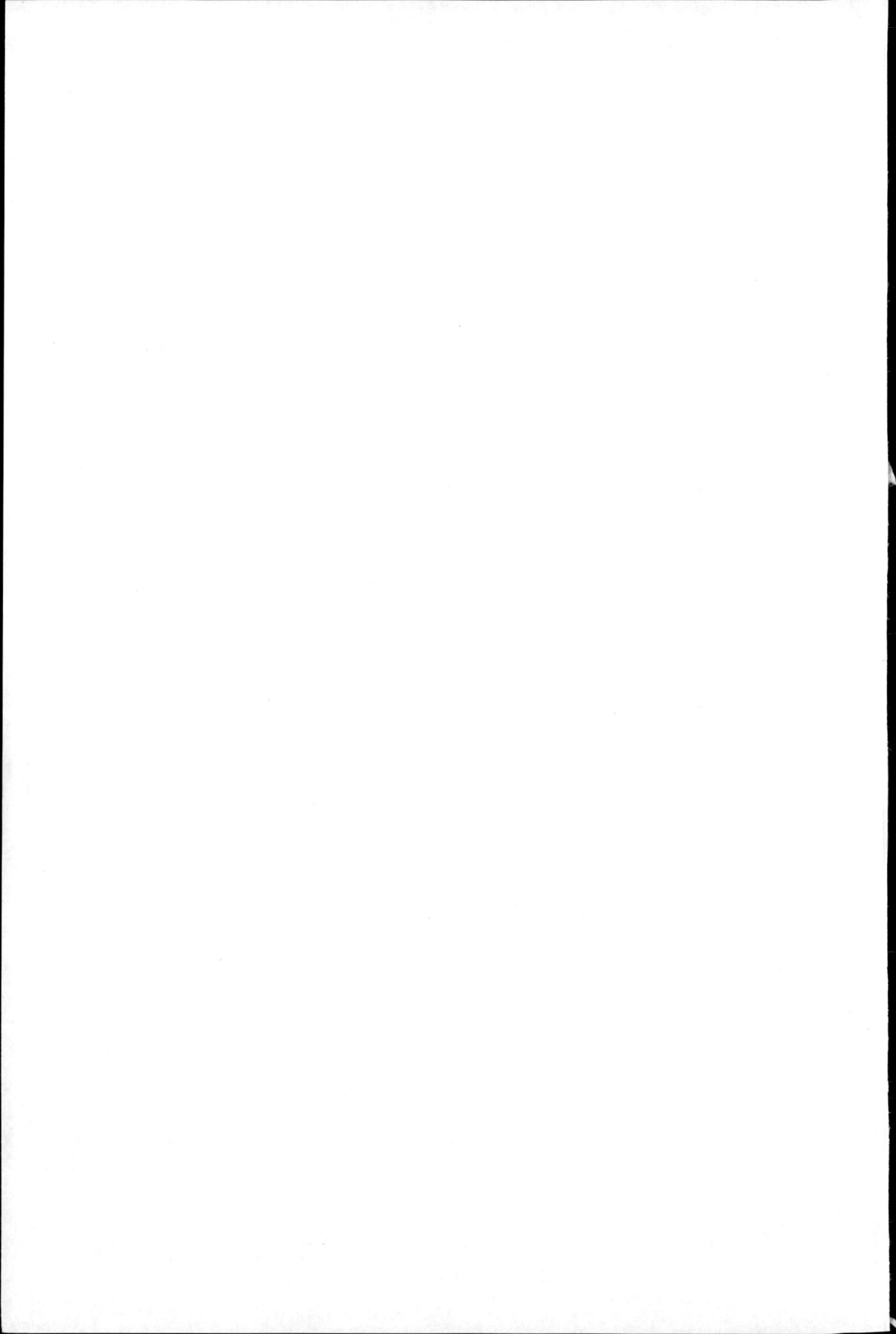

浙江师范大学非洲研究文库

浙江省哲学社会科学重点研究基地非洲研究中心课题(14JDFZ03YB)

总主编:刘鸿武

东非共同体与地区安全秩序

The East African Community and Regional Security Order

赵 军 著

浙江工商大学出版社 杭州

ZHEJIANG GONGSHANG UNIVERSITY PRESS

图书在版编目(CIP)数据

东非共同体与地区安全秩序 / 赵军著.—杭州:浙江工商大学出版社,2019.5

ISBN 978-7-5178-3043-6

Ⅰ.①东… Ⅱ.①赵… Ⅲ.①经济共同体—关系—国家安全—研究—东非 Ⅳ.①F116.2②D742.035

中国版本图书馆 CIP 数据核字(2018)第254967号

东非共同体与地区安全秩序
DONGFEI GONGTONGTI YU DIQU ANQUAN ZHIXU
赵　军著

责任编辑	姚　媛	
封面设计	林朦朦	
责任印制	包建辉	
出版发行	浙江工商大学出版社	
	(杭州市教工路198号　邮政编码310012)	
	(E-mail:zjgsupress@163.com)	
	(网址:http://www.zjgsupress.com)	
	电话:0571-88904980,88831806(传真)	
排　　版	杭州朝曦图文设计有限公司	
印　　刷	虎彩印艺股份有限公司	
开　　本	710mm×1000mm　1/16	
印　　张	16.75	
字　　数	260千	
版 印 次	2019年5月第1版　2019年5月第1次印刷	
书　　号	ISBN 978-7-5178-3043-6	
定　　价	42.00元	

浙江师范大学非洲研究文库

浙江省哲学社会科学重点研究基地非洲研究中心课题(14JDFZ03YB)

总主编:刘鸿武

东非共同体与地区安全秩序

The East African Community and Regional Security Order

赵 军 著

浙江工商大學出版社 | 杭州
ZHEJIANG GONGSHANG UNIVERSITY PRESS

图书在版编目(CIP)数据

东非共同体与地区安全秩序 / 赵军著.—杭州:浙江工商大学出版社,2019.5

ISBN 978-7-5178-3043-6

Ⅰ.①东… Ⅱ.①赵… Ⅲ.①经济共同体—关系—国家安全—研究—东非 Ⅳ.①F116.2②D742.035

中国版本图书馆 CIP 数据核字(2018)第254967号

东非共同体与地区安全秩序
DONGFEI GONGTONGTI YU DIQU ANQUAN ZHIXU

赵　军著

责任编辑	姚　媛
封面设计	林朦朦
责任印制	包建辉
出版发行	浙江工商大学出版社
	(杭州市教工路198号　邮政编码310012)
	(E-mail:zjgsupress@163.com)
	(网址:http://www.zjgsupress.com)
	电话:0571-88904980,88831806(传真)
排　　版	杭州朝曦图文设计有限公司
印　　刷	虎彩印艺股份有限公司
开　　本	710mm×1000mm　1/16
印　　张	16.75
字　　数	260千
版印次	2019年5月第1版　2019年5月第1次印刷
书　　号	ISBN 978-7-5178-3043-6
定　　价	42.00元

"浙江师范大学非洲研究文库"编纂委员会

序言　非洲研究——中国学术的"新边疆" ①

浙江师范大学非洲研究院院长　刘鸿武

一百多年来，中华民族经历了曲折艰难的现代复兴进程，逐渐由"亚洲之中国"转变为"世界之中国"。今天，中国的发展已经在越来越广大之领域与世界的前途连接在了一起。为最终完成中华民族的现代复兴，并对人类未来做出新的贡献，21世纪的中国当以更开阔之胸襟去拥抱世界各国各民族之文明，努力推进人类各文明以更为均衡、多元、平等的方式展开对话与合作。为此，中国需要在更广泛的人类知识、思想、学术与观念领域做出自己的原创性贡献，而建构有特色之"中国非洲学"，正是中华民族在当今国际学术平台与思想高地上追求中国的国家话语权、表达中华民族对于未来世界发展理念与政策的主张并进而为21世纪的人类贡献出更有价值的思想智慧与知识产品的必要努力。②

在此过程中，"非洲情怀、中国特色、全球视野"三个层面的有机结合与互为补充，"承续中国学术传统，借鉴国外研究成果，总结中非关系实践"三个维度的综合融通与推陈出新，或许将为有特色之"中国非洲学"拓展出某种既秉承传统又融通现代、既有中华个性精神又融通人类普遍知识的中华学术新品质、新境界与新气度。

---

① 此序文最初刊布于2008年首批出版的"浙江师范大学非洲研究文库"之系列著作，此次出版对文中个别文字做了修订。

② 刘鸿武：《初论建构有特色之"中国非洲学"》，《西亚非洲》2010年第1期，第5页。

一、非洲研究与中国学术"新边疆"的拓展

学术研究与时代环境往往有着十分复杂的关系。所谓一时代有一时代之学术，时代条件与环境因素总在某种或隐或现的形态下影响着人们的思想过程。古人主张"知人论世"，认为要知晓其人所论所思为何如此，要理解其人治学求知之特点个性，不能不考察、辨析他的生活时代，不能不联系他的人生经历与治学环境。①理解一个人的思想如此，理解一个时代的学术亦如此。

过去百年中国学术之成长与变革进程，便深深地印刻着时代的痕迹。因为20世纪中华文明追求现代复兴与发展任务的紧迫和艰难，更因中华学术经世致用传统之影响，中国学术过去百年的成长过程，始终紧紧围绕着、服务于中华文明复兴与发展的当下急迫之需。摆脱落后、追求先进的时代使命，使得现代中国学术的目光多紧盯那先进于我之国家民族。于是，"西洋学术""欧美文化"，乃至"东洋维新""俄苏革命"，都曾以不同之方式，进入中国学术核心地带，成为过去百年中国学人热情关注、努力移植、潜心研究之重心与焦点，各种形式的"言必称希腊"成为中国学术一时之现象，也便自有其合理之时代要求与存在缘由。而在此背景下，对于遥远他乡那些看似与国家当下之复兴大业、复兴命题关涉不大或联系不紧的学问领域，对于那些与中国一样落后于世甚至尤有过之的不发达国家、弱小民族的研究或学问，人们便一直关注不多，问津甚少。

于是，在相当长的时期中，包括新中国成立之后，非洲大陆这个重要的自然地理区域和人类文明世界，便成为中国现代学术世界中的一块"遥远边疆"，一片"清冷边地"。偶尔，会有探险者、好奇者、过路者进入其间，于其风光景致窥得一角，但终因天遥地远，梁河相隔而舟渡难寻，直至今日，非洲研究这一领域对于中国学术界来说，总体上还是一个具有"化外之地"色彩的知识领域，一块要靠人们发挥想象力去揣想的遥远他乡。

在西方学术界，非洲研究却已经有百多年的经营历史了，如果加上早期殖

---

① 《孟子·万章下》："颂其诗，读其书，不知其人，可乎？是以论其世也，是尚友也。"

民时代探险者、传教士留下的那些并不甚专业的探险游记、传教回忆录，西方对非洲大陆的认知与研究可以追溯到更久远的三四百年前。在这个过程中，非洲研究在塑造西方现代学术形态、培植西方现代学术气质方面，均扮演过某种特殊的角色。西方现代学术的诸多领域，如人类学、民族学、社会学、语言学、考古学、人种学、生态学等；各种流行一时的理论或流派，如结构主义、功能主义、传播理论、发展研究、现代化理论、女性主义、后殖民主义、世界体系论；等等，都曾以不同的方式或形态，与非洲这块大陆有某种直接或间接的关联。直到今日，在非洲大陆各地，依然时常可以见到西方学者潜心考察、调研与研究的踪迹。

不过，自20世纪70年代末中国改革开放以来，特别是随着近年中国国家发展战略和外交战略的重大变化，中国学术界开始尝试采用更加独立、更加全面也更加长远的眼光来理解和把握人类文明的整体结构，以及中华民族与世界上一切民族和国家之如何建立更为平衡、多元的交往合作关系这样一些重大问题。过去三十年，中非合作关系之丰富实践及这一关系所彰显的时代变革意义，使得非洲在中国学人眼中的地位和重要性发生了重大转变，非洲研究不仅得到重视和加强，而且研究的兴趣和重点也超出了以往那种浅层与务实、只着眼于为政治与外交服务的局限，开始向着探究人类文明之多元结构与多维走向，向着探究一切社会科学深切关心的本质性命题的方向拓展延伸。渐渐地，人们发现，非洲研究成为新时期中国学术研究的一片"新边疆"，一块辽阔广大、有无数矿藏和处女地等待新来者开拓的沃土。

我们说，中华民族历来有关注天下、往来四海之开放传统，有"民吾同胞，物吾与也"的天地情怀。在其漫长的文明演进史上，中华民族一直在努力突破地域之限制而与外部世界建立接触和交往，由此扩展着自己的视野，丰富着自身的形态，并从中获得更新发展之动力。这种努力自进入近代以来，尤为强烈与明显。虽然因时代条件之制约，过去相当长的时期中国学术主要关注欧、美、日等发达国家，但进入20世纪60年代以来，在中华民族追求现代复兴并因此而努力与外部世界建立新型关系的过程中，也开始与遥远的非洲大陆建立日益紧密的文化对话和交流合作关系。正是在这个意义上，我们说非洲研究日益为中国学术界所重视这一现象的出现，应该是具有某种特殊的昭示时代变革的象征意义的，它折射出中华文化的现代复兴正进入一个新的历史阶段，反映出当代中国学术在回归和继承优良历史传统的基础上，日益面向全球与未来，日益拥有了新的自由与自主、自信与自觉的精神气度。

我们是不是可以这样说，如果将来的某一天，在那遥远闭塞的非洲内陆的某个村庄，在那湿热茂密的非洲雨林深处的某个偏僻小镇里，我们也能意外地发现有中国学者的身影，他会告诉我们说，他已经在这远离中国的非洲边远村庄里做了多年的潜心研究，而他并不太多地考虑其研究与学问是否有他人认可的某种"价值"或"意义"，他只是做着纯粹基于个人学术旨趣、知识好奇心的田野考察和异域文化研究。那时，我们或许就可以说，中国学术的自主意识与现代品格获得了更大的成长。

从一个更长远的当代中国发展进程来看，在全球化进程快速推进、中国与外部世界日益融为一体，而中国也在努力追求自己的强国地位的进程中，非洲研究这一"学术新边疆"之探测与开垦，对中国学术现代品质之锻造——诸如全球视野之拓展、普世情怀之建构、主体意识之觉醒、中国特色之形成等，都可能具有某种重要的引领与增益作用。

二、当代中非交往之学术史意义

非洲文明是整个世界文明的重要组成部分，在过去数千年间，非洲有过非常复杂而丰富的历史经历，文明形态也达到很高的水平。非洲人的天才创造在过去一百多年来已经逐渐被世界所了解，尽管现在还有许多不为人知的地方。总体上说，相对于西方对非洲文化、历史、艺术的认知，中国是一个晚到者。现代意义上的非洲学研究，在西方已经有一两百年的历史。尽管历史上中国与非洲也有过有限的联系、交往，现代中国对非洲的认识却是最近五十年才开始的，目前也还处在相对落后的位置上。事实上，早在一百多年前，西方就已经在拼命地吮吸非洲文明的乳汁，在享受非洲人民创造的丰富灿烂的文化珍品了。过去一百多年，非洲文化艺术曾给西方现代艺术带来特殊的活力，从不同方面刺激西方艺术家们的想象力，由此拓展了西方艺术新的发展空间，并使其风格再造，加速了西方现代艺术形态与范式的变革进程。

就非洲文化艺术自19世纪以来对西方影响之广度与深度而言，在某种意义上我们可以认为，西方现代艺术在某些方面曾出现过"非洲化"现象，以至于在今日的西方艺术与文化的世界中，处处渗透着来自非洲大陆的元素：非洲的音乐、非洲的舞蹈、非洲的节奏、非洲的风格。当然，那是一个经过了西方精心改造、重新编码、巧加利用的复杂过程。①在这个过程中，非洲文化、非洲艺术的最初源头被隐去了，但如果我们做一番深入的研究辨析，就会发现，在西方现代文化与艺术的世界里，有许多被称为现代艺术伟大创造的风格样式，有许多被认为开启了西方现代文化新领域的精神丰碑，包括毕加索、马蒂斯、高更等颇有影响力的西方现代艺术家的许多作品之风格、形式和灵魂，都曾有过对非洲文化与艺术的某种巧妙移植、借用、吸收。②这种移植、借用与吸收，自然是拓展了西方现代艺术的发展领域，也给现代人类带来了特殊的艺术感受，它表明西方现代艺术家勇于创新、善于利用其他民族文化与思想智慧的传统，本身并无不可，值得今日之中国学者和艺术家学习、借鉴和反思。但问题在于，当现代西方已经在充分享受非洲人民的艺术创造与财富，当现代西方艺术因为从非洲艺术中获取了如此丰富的艺术天才想象力与灵感而获得变革与发展的动力与智慧时，却又按照西方的艺术观念，以西方之艺术为尺度，以一种居高临下的傲慢和偏见，轻易断定非洲原始落后，妄称非洲没有历史与文化，便很不妥当了。

事实上，在过去一百多年西方汲取非洲文明与艺术财富的过程中，西方也垄断了对非洲文明与艺术的解释话语权。西方实际上是按其需要，按自己的历史观、价值观、艺术观来解读和评价非洲的文明与艺术世界的。于是，丰富多彩、形态各异的非洲文明与艺术，通常被贴上了一些武断而简单的标签，诸如"原始的""史前的""野蛮的"等。一百多年来，世界所认知的非洲文明与艺术，或者说，世界对非洲文明与艺术的认知方式和认知角度，其实是被西方设定好的，被西方人建构出来的，那其实是一个"西方的非洲""西方的非洲艺术"。

---

① William Rubin. *"Primitivism" in 20th Century Art: Affinity of Tribal and the Modern* (*Vol. 1*). Museum of Modern Art, 1984, p.241.

② Ibid, pp.125-179.

在相当长的时间中，我们中国人（其实也包括整个东方世界，甚至非洲人自己）也往往是通过西方的眼光，按照西方人设定的标准或尺度，来理解、认知和评价非洲文明与艺术的。这一百多年来西方主导下的"非洲文明认知史"进程，其所建构的"非洲文明观"或"非洲艺术观"，其成就与不足、所得与所失，自然需要有认真的反思与总结。事实上，非洲艺术并不能用"原始"二字来形容，它只是更多地保持了人类对于艺术的最纯真的理解，更多地保持了人类因艺术而得以呈现的那种本真的天性，就此来说，欣赏非洲之艺术与文明，或许有助于我们回到人性的本原，回到人类最真实的心灵深处。我们当以一种敬意与温情，以一种平等的心态，重新来认知非洲人民的天才创造、巨大活力及对现代人类的特殊意义。

中华文化地处东亚大陆，在其漫长演进史中，它一直努力突破地域之限制而与外部世界进行接触和交往。在20世纪中华民族追求现代复兴并因此而努力与外部世界建立新型关系的过程中，与遥远非洲大陆的文化交流合作，对于中华古老文化在当代的复兴与发展，对于东方形态的中华文化在承续传统的过程中同时转变为日益具有开放性质和全球形态的世界性文化，是有某种特殊的实践意义和象征意义的。非洲大陆，那是一个中国民众过去并不熟悉的世界，一种在许多方面都可以让中国人产生"异域文化"之鲜明对比与差异感的"他者"文化。唯其如此，与非洲大陆各国各族之文明往来，正有如激动人心之不同文明之碰撞，必有异彩之闪烁、奇葩之绽放，其对中华民族在全球化之时代形成更开阔之文化视野、更包容之文明胸襟、更多样之艺术欣赏力，当有特殊之增益作用。

今天，随着中国与非洲关系的全面发展，随着中非双方建立起直接的文明交流与合作关系，中国得以用自己的眼光来重新认知非洲，得以将自己古老悠久的文明与非洲鲜活本真的文明进行直接的比较交流，并将这两个大陆不同文明的交往及其前途联系起来进行展望。毫无疑问，这一外部交往与知识结构的历史性转折，将使我们能够超越迄今为止西方主导的世界历史、非洲文明的认知框架与知识传统，得出崭新的、与历史发展和人类愿望更为相符的多元世界和文明交往的新图景。在这过程中，中国并不是要抛开其他文明的彼此认知，去做一个纯粹中国人眼中的非洲观察，也不是重新建构一个纯粹是中国视界下的"中国的非洲文明",将非洲文明或文化仅仅做中国式的图解与诠释,更不是仅出于猎奇心理将非洲做夸张扭曲的渲染,而是既需要有中国自己的独特眼光与感悟,更需要从一个更多元、更开阔的世界文明史和全球史背景下来重新认知非洲、感悟非洲。

三、当代非洲发展问题的特殊性质

非洲研究有一系列特殊的命题值得学者探寻深究。读者面前的"非洲研究文库"各个系列的著作,大体上都是围绕着当代非洲各个年轻国家成长中的一些重大问题来展开的。

当代非洲国家要实现发展,有许多共同的历史命题和任务需要解决。从总体上看,绝大多数的年轻的非洲国家都是从一个很低的历史起点上开始它们的现代国家发展进程的,这些非洲国家要由传统社会转变发展为现代国家,要实现现代经济增长而发展成一个富裕国家,较之当代世界各国而言,其面临的障碍更为巨大,路途更为漫长、更为艰辛。它们摆脱殖民统治而独立建国固然不易,但立国强国则更为艰难。

总体上看,在前殖民地时代,非洲大多数地区的政治发展进程及成熟水平,还未达到现代民族国家的发展阶段。在当时非洲的大多数地区,往往只存在一些部族社会范畴的政治共同体,在少数地区则已形成过一些规范较小、结构松散且体制功能发育程度还较低的古代王国。作为一个现代国家的形成与稳定存在所必须要经历的政治发展阶段和一些必备的前提条件,诸如制度化了的国家体制结构的初步发展,统一的国民经济体系或经济生活纽带的初步形成与建立,各个民族或部族虽然差异很大,但已有聚合在某个统一的政治实体内长期共处而积淀下来的共同生活经历与习惯,一份富于凝聚力和整合力的经由以往漫长世纪而积淀下来的国民文化遗产——如对国家的认同忠诚、对政府及统治合法性的认可拥戴,等等,所有这一切,在前殖民地时代的非洲大陆的大部分地区,都还没有获得充分的发展。①

---

① 刘鸿武:《黑非洲文化研究》,华东师范大学出版社1997年版,第25页。

当代非洲国家创立的基本特点，是国家的产生先于民族的形成，事先人为地构建起一个国家，再来为这个国家的生存寻求必要的经济、文化、民族基础。在西方，现代国家的产生是社会经济、历史、文化与民族一体化发展所导致的结果。西方近代史上形成的国家，基本上是单一民族的国家，民族与国家具有同构性和兼容性。在东方国家，内部往往都有较为复杂的民族结构和宗教文化背景，各民族也多有自己的语言、宗教、文化传统，经济生活上的差异也是长期存在的，但是，这些有着多民族背景的国家，已经有久远的生存历史了。在这些国家内的各个民族，已有在同一个古代国家机体内、在一个王权统治下，长期共处生存的历史经历与交往过程，相互间已形成程度不同的或紧或松、或强或弱的经济上的、文化上的、社会生活上的联系与依存关系，并且因为这种联系与依存关系的长期存在，逐渐在那些众多的民族间形成了某种共同的国家观念意识与情感，一种对某个中央集权的统一政治实体的认同感。这种漫长历史上的共同经历与交往，使这些东方国家在国家的民族文化关系结构上不同程度地形成了一种特殊的不同于近代西方单一民族国家的结构，即一种在民族关系、文化结构方面虽然多元却又一体的特殊格局。这些国家在多民族关系结构方面，往往还有一个占主导地位或支配地位的核心民族，比如在中国这个多民族国家中，汉族便一直是一个占主导地位的主体民族，汉文化由此也就在与其他民族的文化发生交往、融合的过程中，成为维系中国这个多民族国家长期统一存在和连续性发展的核心文化，从而形成中国古代历史上特殊的汉文化凝聚力和各少数民族文化的向心力。

当代非洲国家的创立，不同于东方许多古代国家那样是经过非殖民地化的完成而"重建"自己往昔的国家。非洲在非殖民地化之后建立的那一系列年轻国家，基本上不是"重建"，而是"新建"，基本上不是"恢复、再生"，而是"新立、创建"。因为这些国家在历史上并不曾存在过，它们并不是以历史上原有的政治共同体为基础，通过古代政治的自然发展过程，比如说在古代那些文化共同体、古王国、部落酋长国的基础上扩展而成的。古代非洲那些本可能扩展成现代国家的政治共同体，比如在苏丹这块土地上曾经有过的那些古代政治与宗教文化共同体，那些古代王国与城邦国家，如古代努比亚文明或库施国家、芬吉王国、富尔王国，等等，在西方人到来之前早已衰落瓦解。独立后非洲大陆新创立的国家，基本上都是按外部西方殖民者的利益所强加的、任意"肢解与分割"而成的殖民地框架建立的，它与当地原有的历史文化共同体和政治经济联系并无同构性。

从这样一个意义上我们可以看出，在第二次世界大战结束后形成的那个庞大的第三世界或发展中国家群体中，非洲各新生国家所面临的发展任务，要比世界其他地区的发展中国家更加艰巨、困难，面临的发展命题也更加广泛、复杂。许多东西方国家在历史上已经取得的"发展成就"，比如，社会之整合与民族一体化，国家政治制度之初步形成，统一而集权的官僚机构的建立及其功能、职能的分化与专门化，相对统一的国家文化共识体系及语言文字、宗教信仰、价值观念等方面的某种同质结构的出现和广泛交往关系的建立，等等，这些"发展成就"，对于一个民族或国家能否进入现代经济起飞阶段，能否进行广泛的社会动员并使广大民众认可并参与到国家的经济发展事业中来而共同走向现代社会，都是不可或缺的历史前提和发展的基础条件。而这一切，对于第二次世界大战后产生的非洲各个年轻国家来说，都还相当的不发达，都还处在一个相对较低的历史起点上，因而构成了这些国家在当代的发展进程中绕不过、躲不开的历史发展任务，成为这些国家必须付出时间、勇气，要经历种种希望与挫折才能走过的艰难发展阶段。

当代非洲现代化进程的成就，主要不是表现在经济增长或经济起飞方面，而是集中体现在它的"国家构建与发展""民族构建与发展"方面，表现在它的新型的"统一国民文化体系"的初步形成方面。20世纪60年代以来，非洲大陆各个年轻国家，在实现由传统分散的部族社会向统一的、中央集权的现代国家过渡的不懈努力方面，在实现由传统封闭分割的部族文化向同质一体化的现代国民文化过渡转型的艰难追求方面，尽管历经曲折反复，但还是已经取得了明显的进步和成效。事实上，在今日非洲大陆的许多国家中，一种超越部族、地区、宗教的国家观念和国民意识，正在形成并被逐渐地认可。随着这种统一国家文化力量的成长，随着这种富于凝聚力的统一国民文化环境的形成，一些非洲国家已经逐渐有能力克服各自国家内部的分离内乱与冲突，政府的合法性和权威性也开始得到本国民众的认同。尽管这一成就在非洲各个国家所达到的水平和巩固的程度并不完全一致。特别由于缺乏相应的经济发展成就做支持，这一国家政治发展与民族发展的成就不仅受到了很大的抑制，而且已经取得的发展成就也是很不稳固的。

从一个大的历史发展进程上看，20世纪30—50年代是非洲大陆由殖民地到主权独立国家的民族解放运动时期，发展成就是获得了民族独立、自由、平等之地位，这是一切现代国家发展的前提；20世纪60—90年代是非洲由传统社会到构建现代国家的"民族国家构建与国民文化构建"时期，发展成就表现为统一的国家政治共同体的巩固和国民文化认同体系的成长。而21世纪的头二十年，非洲大陆将在上述两个发展成就的基础上，逐渐进入以经济发展和社会现代化为主题的新发展时期。非洲半个多世纪发展进程之三大步的推移，是一个合乎人类文明与国家形态成长的"自然历史过程"，我们若要透过错综复杂的历史迷雾而真正理解、把握非洲之现状与未来，不得不有这样的视野和知识。尽管这一过程在非洲数十个国家之间的发展水平与成就并不平衡，有的较为成功，有的历经曲折，这将是一个长期的过程，在发展的道路上还会有反复有动荡，但这一过程总体上一直在向前推进着。

四、非洲发展研究与理论创新舞台

在当代世界体系中，在当代人类追求现代发展的努力中，非洲大陆面临的问题是极其复杂而特殊的。正因为如此，在当代非洲数十个年轻国家与民族现代发展这一复杂进程中，正深藏着人类现代发展问题之最终获得解决的希望。可以说，非洲发展问题解决之时，便是现代人类发展进程历经磨难、千曲百回而终成正果之时，而要实现这一宏大目标，不能不说是对人类之智慧、毅力、良知、合作精神与普世情怀的最大挑战和考验。

从全球发展的前景上看，非洲大陆面积达三千零六十万平方公里，比中国、美国、欧洲三部分加起来还要大。无论是从理论的层面上还是从现实的角度上说，非洲大陆在自然资源、劳动力市场、商品消费市场等发展要素方面的规模与结构，它在未来可供拓展的发展潜力、增长空间，都会是具有全球性冲击力与影响力的。我们认为，虽然目前非洲大陆总体上尚比较落后，但这块广阔大陆上有五十多个有待发展的国家，有十亿以上有待解决温饱、小康到富裕问题的人民，其现代发展进程一旦真正启动并走上快车道，其影响与意义必将超出非洲自身而成为21世纪另一个具有全球性影响的人类发展事件。

在这个过程中，基于历史的与现实的原因，中国或许正可以发挥某种特殊的作用，而非洲国家对此也有普遍的期待。在未来二十年里，如果中国能够与非洲国家建立起一种新型的战略合作关系，通过"政治上平等相待、经济上合作共赢、文化上交流互鉴、国际上相互支持"的全方位合作，促进非洲国家实现千年发展目标，推进非洲大陆的脱贫减贫和发展进程，那将会大大提升中国外交的国际感召力、亲和力、影响力，提升中国外交的国际形象和道德高度，改善中国外交的整体环境，减轻中国外交的外部压力，使国际上某些敌对势力恶意鼓吹的"中国威胁论""中国新殖民主义论""黄祸论"不攻自破。

近年来，非洲国家领导人、知识精英们对于中国的国际地位上升有着强烈的感受和认同，并因此而日益重视中非关系，重视与中国的合作，对中国的期待也随之上升。一些非洲国家领导人开始提出非洲大陆的"第二次解放"这样的概念。他们认为，非洲在20世纪60年代通过民族解放运动获得了政治解放，建立了数十个政治上独立的主权国家，但几十年来，非洲多数国家的经济发展一直比较缓慢，目前在国际上还处于依附与从属的地位。只有实现经济发展，才会有非洲的真正"解放"。当代中国的经济发展及其模式，给了非洲新的启发和思考，非洲应该有新的发展思路、新的发展战略与模式。一些非洲国家领导人提出，与中国乃至亚洲新兴国家的合作，或许可以为非洲的"第二次解放"带来新的机会，也可能是非洲再不可错过的机会。对于非洲大陆正在酝酿的这一历史性变化，我们应该给予高度重视，放眼长远，审慎把握，顺势而为。我们认为，新时期中非合作的战略意义就在于它可以从外部国际环境方面有效延伸中国现代化发展的战略机遇期，拓展中国现代化发展事业所必需的外部发展空间，并在复杂变动中的国际格局下继续实施和优化"走出去"战略。

事实上，在当今这样一个相互依存的全球化时代，发展早已成为人类面临的共同问题，当代非洲发展问题之最终解决，与其说是非洲自身的问题，毋宁说是世界的全人类的共同问题。对于任何一个有富于理论探索勇气与实践创新精神的人来说，当代非洲发展问题之理论上的探索与实践上的尝试，无论是从经济学、政治学、社会学的层面上看，还是从人类学、民族学、文化学的层面上看，都会是充满挑战性与刺激性的，其中必然会有孕育人类知识与理论创新的巨大空间与机会。

在这个巨大的理论、知识、实践的创新空间与机会面前，当代中国学术界、思想界能够有所作为、有所贡献吗？能够在这个关于当代非洲发展问题研究的国际学术平台上有一席之地甚至更多的发言权吗？

过去三十年，中国因自身的艰苦努力，因自身的文明结构中一些积极因素的作用，因比较好地利用了全球化带来的机遇，而成为发展最快、受益最多的国家，而相形之下，非洲大陆却似乎成为全球化进程中受负面影响最大的地区，成为发展进程最为缓慢的地区。虽然从一个长远的进程来看，非洲未必就一定是现代发展的失败者，非洲过去三十年也有许多进步，而中国本身也还远未达到可以轻言现代化大功告成而沾沾自喜之界。但是不管怎样，在认知非洲之文化与文明，在探求非洲之现代发展进程这个重大而复杂的命题方面，西方确实一度走在了中国前面，今日的中国应该在此领域有自己的新的思考与探寻。

我们常说，中国是一个大国，一个文明古国。远在古代，在自身文明的视域以内，中国人就建立了古人称为"天下"的世界情怀，建立起了具有普世色彩的"大同"理想，其中的宽广与远大，在根本上支持着中华民族的生存与发展。今日，肩负新的历史重任的中国当代学者，更应该有一种中国特色的普世理想，发展起来的中国应该对世界对人类有所贡献。我们想表述的是，中国学术之未来，应该有一个更开阔的全球眼光，一个更完整意义上的全球品格，关注的视野应该更全面一些，胸襟与气度更开阔一些，以此来努力锻造我们作为一个文明古国、世界性大国的现代学术品格与敞朗境界，以一种更具学术单纯性与普世性的情怀，涉足、关怀、问鼎于一切挑战人类思想险滩、攀越智慧险峰的领域，即便它与我们当下之生活、眼前之发展目标似乎相距甚远，也当远涉重洋、努力求之。①我们希望，在未来的年代，会有越来越多的中国年轻学子向着那"遥远而清冷"之非洲研究学术领域探寻，去拓展出日见广大之中国

---

① 据说，一千多年前，创立伊斯兰教的阿拉伯先知穆罕默德曾这样说过："学问虽远在中国，亦当求之。"

学术"新边疆",以中华文明之慧眼识得异域之风光,拾回他乡之珍珠,用以丰富现代中国之学术殿堂。

五、非洲研究与中国学术的全球胸襟

一百年前,梁启超在谈到中华与世界之关系时,也曾就中国文明演进之历史形态有一个"三段论"的基本看法。在他看来,中华文明由上古之时迄于秦统一王朝建立之三千年,为"中国之中国"时期。在此阶段,中国文明之存在,尚限于中华之本土,为自生自长之中华文明。由秦汉及于19世纪初期乾隆末年之两千年,是为"亚洲之中国"时期。在此期间,中华文明之存在范围已扩展出中华本土,开始将其影响逐渐波及周边之亚洲各地,成为"亚洲之中国"。而清代乾隆末年之后,中国则进入向"世界之中国"的大变革时期,中华文明开始向着"世界之中华"的第三期转变。[①]当时,梁启超曾把这一外力推动下的变革称为中华文明"千古未有之变局"。基于此种对中华与世界关系走向的总体认识,将此古老之中华民族改造为具有世界眼光、对人类命运有所担当的"世界公民",也成为梁启超心目中的"少年中国"的梦想。[②]

百年过去,梁启超的梦想似乎正在一天天地成为现实。事实上,伴随着当代中国政治经济快速发展与全球化进程,中华文明在承继传统并使之发扬光大的背景下,也进入一个面向外部世界而转型重构的新阶段,中华文明与外部世界的关系结构正在发生历史性的变革,逐渐地成为一种"世界性之文明"。这是一个立根于中华文明包容、开放、理性之传统品质而必然要向前推进的过程,其意义重大而深远。而在这一转变过程中,来自非洲的独特文明,对于遥远非洲的认知与了解,在当代中国人的现代世界图景的构建过程中,正发挥一种特殊的增益作用。

我们说,千百年来,中华文化总体上是在东方世界演进的。国人的思维结构、生活方式、情感表达,总体上已是自成一统,成规成矩,如空气一般自我

---

① 梁启超:《饮冰室合集·文集之六》,中华书局1989年版,第583页。
② 梁启超《少年中国说》:"纵有千古,横有八荒。前途似海,来日方长。美哉我少年中国,与天不老;壮哉我中国少年,与国无疆!"

不觉却时时框定着国人的生命存在状态,影响着国人与外部世界的交往方式。近代以后,因西风东渐与欧式文明洗礼,国人多了一个认知世界的维度,国人的世界观与自我认识为之拓宽和改变。但西方帝国如此强势,相形落后了的中国,于救亡图存之中努力认知西方,移译西学,以为变法求强之路径。百年来,中国人学习西方可谓成效甚大,这一师法欧美的过程本身也便构成中国文明复兴与崛起过程之一侧影。不过,在此过程中,太过强势的西方文明几被国人理解成为一种普适性的世界文明,部分国人更以西式文明为现代文明之同义语,以西式文明之尺度为一切文明之尺度,其结果,是使国人之世界观念于不知不觉中形成了一种"中西二元"维度,向外部世界开放也就几乎成为向西方文明开放。在许多时候,我们所说的"中外文明"已经变成了"中西文明",所谓进行"中外文明比较研究",其实是进行"中西文明比较研究"。在很长一段时间中,我们对世界的认知,总体上跳不出这种"中西对比""不中即西"的二元思维结构与对比框架的束缚。

然而,20世纪50年代以后中国与遥远非洲大陆现代关系的建立,以及这种关系在随后年代的不断发展与提升,让国人看到了另一个完全不同的世界,感受到了另一种全然不同的文化。虽然在过去半个世纪里,在西方主导的世界体系中,中国和非洲皆处于相对落后边缘之境地,其文化于世界之影响也呈弱势之态,但中非双方自主交往关系的建立,给了当代中国人另一个观察世界的窗口。这一窗口即便尚小,却也透进了不同的景色。循着这小小窗口,国人得以意识到世界之大,远非中国和西方可包裹全部。

半个多世纪以来,通过与遥远非洲文明的交往,中国人开始切实地感受到全球范围内那些既不属于西方也不属于中国的人类多样性文明与历史形态的真实存在。通过日益增多的多元文明之间的直接交往和由此而来的认知世界的视角变换,中国人对于全球社会和现代性的认知,终于突破了"中西二元对立"的简单思维模式及其偏颇,而开始呈现出新的更加多元、更加复杂也更加均衡的认知取向。事实上,今日之破除"中西二元"史观,与近代早期中华先贤"睁眼看世界"而摈弃夷夏之辨和天朝中心之传统史地观念,进而树立五大洲四大洋之新世界史地观,在某种意义上实有异曲同工之妙。而这,正是建构有特色之中国非洲学的特殊意义所在。

六、非洲情怀、中国特色、全球视野：路径与取向

　　中华文明是在一个极为广阔之疆域上发展起来的多样性和整体性并存的文明，一个由内地汉民族和边疆各民族构成的多民族国家共同体。作为一个疆域辽阔的古老大国，中华文明在历史上之得以长期存在与持久繁荣，一个重要原因是它始终以一种包容、持中、理性的文明观念，兼容并包地综合汲取国内数十个民族之文化财富和思想智慧。这一优良传统使中华民族在其漫长历史上形成了一种富于内部凝聚力和外部感召力的多民族国家文化关系结构，一种在多元而差异的自然与文化环境中维持多民族国家长期存在与持久繁荣的政治智慧和国家传统，这正是中华民族传承下来的一笔珍贵历史财富。①

　　在人类走向21世纪的今天，这一古老传统依然有其独特之价值和意义。在相互依存之全球化时代，没有一个国家和民族可以独享繁荣与太平。从根本上说，作为一个疆域辽阔的世界性大国，今日中华民族复兴大业之最终完成，其内在的方面，需以中华民族内部汉民族与各少数民族之共同繁荣共同发展为基础，而其外在的方面，则需要以开阔之胸襟和多维之眼光，在与东西南北之世界多元文明交流汇合的过程中，锻造中华民族在全球化之时代与世界上所有民族共生共存的能力和品质。

　　从世界文明和全球历史的时空结构上看，推进古老的中华文明、原生的非洲文明、现代的西方文明这三大文明体系之交流和结合，实有助于为中华文明在当代的自我超越和现代复兴提供一个坚实的三角支柱，一个开阔的三维空间。因为这三大文明形态，中华的、西方的、非洲的，各有其独特之历史背景和发展形态，各有其优长之文化魅力和精神品质，它们提供了最具互补性的文化结构和知识形态。这三大文明之交融互动，正可以为当代中国人提供更平衡、更全面的精神形态和文化模式，使当代中华文明在复兴与崛起过程中，得

---

① 对于中国中华文明之多样性及中华文明区域结构下汉民族文化与边疆少数民族文化之互动问题的比较研究，是笔者从世界范围思考中华文明与非洲文明交流合作的一个相关性维度，参见刘鸿武：《论民族文化关系结构的独特性与中华文化的连续性发展》，《思想战略》1996年第2期；刘鸿武等：《中国少数民族文化简史》，云南人民出版社1996年版。

以在天、地、人的不同层面上，在科学、艺术、自然的不同维度上，实现更好的综合和平衡。①

今天，在经过了漫长岁月的沧桑磨难后，非洲文明依然保持着它的个性和活力，依然作为现代世界文明体系中的重要部分丰富着人类的精神世界。无论人们怎样地轻视非洲，从经济和政治的角度将非洲边缘化，但如果我们这个世界没有非洲，那这个世界一定会"因失去许多的奇异光彩与生命激情而变得更单调乏味"②。实际上，离开非洲文明的元素和贡献，现代世界文明几乎是不可想象的。然而，我们对非洲文明能做何种欣赏，我们能否看重非洲文明的精神价值与生存意义，在很大程度上取决于我们内心有着怎样的感知力，取决于我们内心世界有着怎样的包容度。虽然说从西方现代文明的角度上看，非洲常常被理解为原始的、落后的、不发达的，但从人类文明的本真意义上看，正是因为非洲文明的存在，我们才得以知道人类那不加修凿的本真文明应该是什么样子，我们才得以感受到那让我们心灵自由起来的淳朴生命快乐是什么。非洲艺术的天然品质，非洲音乐的本真美感，都足以冲洗现代物质文明施加在我们心头的铅尘，都足以让我们那被现代都市文明压迫而扭曲的精神生命重新伸展开来。

时代环境的变革为中非合作关系跃上历史新高提供了机遇，也为中国的非洲问题研究提供了广阔的社会基础与发展条件。在此过程中，我们认为，"非洲情怀、中国特色、全球视野"之三个层面的有机结合与互为补充，"秉承中国学术传统、借鉴西方研究成果、总结中非关系实践"三个维度的综合融通与推陈出新，或许可以作为未来时代中国之非洲学建构过程中努力追求与开拓的某种学术境界和思想维度，某种努力塑造的治学理念和学术品质。③

所谓"非洲情怀"，是想表述这样一种理念，即但凡我们研究非洲文明，认知非洲文化，理解非洲的意义，先得要在心中去除对非洲之偏见与轻视，懂得这块大陆之人民，数千年来必有不凡之创造、特殊之贡献，必有值得他人尊

---

① 关于非洲本土知识系统及传统文化的现代价值与意义，参见刘鸿武等：《基于本土知识的非洲发展战略选择——非洲本土知识研究论纲（上、下）》，《西亚非洲》2008年第1—2期。
② W. Beby. *African Music: A People's Art.* Lawrence Hill, 1975, p.29.
③ "非洲情怀、中国特色、全球视野"是浙江师范大学非洲研究院追求的治学风格与治学境界。

重之处。19世纪中叶，魏源遥望非洲而告诉国人，非洲之"天文历算灵奇瑰杰，乌知异日不横被六合，与欧罗巴埒钦"，此番情怀，足显中华贤哲于世界大势之开阔视野与历史情怀。对非洲人民和他们创造的历史文化，我们当怀有一份"敬意"与"温情"，一份"赏爱之情"与"关爱之意"。或许，有了此般非洲情怀，有了此般非洲情结，方能在非洲研究这一相对冷寂艰苦的领域有所坚持、有所深入，才愿意一次次地前往非洲，深入非洲大陆，做长期而艰苦的田野调查、实地研究，以自己的切身经历和观察去研究非洲，感悟非洲文明的个性与魅力。而所谓的"中国特色"，在于表明，今日中国对非洲之认知，自当站在中华文明的深厚土壤上，站在当代中非合作关系丰富实践的基础上，秉持中华文明开放、包容、持中之传统，以中国独特之视角、立场与眼光，来重新理解、认知非洲文明及当代中非关系。这种立场，一方面需要了解和借鉴西方对非洲认知的成果，尊重西方学者过去百年创造的学术成果，但也不是简单地跟在西方的后面，如鹦鹉学说他人言语。毕竟，作为中国人，若要懂得非洲文明，也必得对中国文明个性、对中国学术传统有一份足够的理解和掌握，知己知彼，并有所比较，看出中国文明与非洲文明之何异何同、共性与个性。而所谓"全球视野"，是说在今日之世界，我们无论是认知非洲文明，还是认知中华文明，自然都不可只限于一隅之所、一孔之见，既不只是西方的视角，也不局限于中国的眼光，而是应有更开阔的全人类之视野，有更多元开放的眼界，在多维互动、多边对话的过程中，寻求人类之共同理想和普遍情感。

更为具体言之，中国的非洲认识和研究，或者说其"中国特色"，可以分为三个不同但相互关联的层次：第一个层次是服务于并产生于国家和人民之间了解交往的一般知识，如非洲的自然地理、国家与人民、历史与文化、风土与人情及与中华文明的比较等一般知识；第二个层次是为现实的中非合作与交流服务的关于非洲的政治、经济、社会、文化、国际关系等的专门的理论研究和政策研究；第三个层次是在"社会科学发展"一般意义上的非洲学术研究。三个层次中，第一个层次的知识属于感性的层面，它们是具有普遍性的全球知识的一部分，在这一层面上，中国的非洲认识是全世界的非洲认识的一部分；第二个层次则是时代的和专属的，它针对并服务于中国的对外开放和中国的和平发展战略，服务于中非合作发展的战略关系，具有特定的现实意义；第三个层次则是纯粹知识和科学层面上的，具有最为一般性、学术性、个体性的纯粹知识与思想形态的研究。加强这一部分的研究，正是当代中国文明及当代中国社会科学获得现代性发展的内在要求，也是有效克服百多年来引导同时也束缚中国学术思想发展的"中西二元"思维惯性及相应的"古今中西"狭隘框架的现实途径，是中国思想界从根本上建立自己的现代性知识话语体系，实现与他人平等对话交流所必需的知识平台。

当今时代，世界历史进程正进入一个新的大变革时期。我们有理由相信，当代中非关系之发展，当代中非文明对话与合作事业的持续推进，必将作为具有中国特色的外交与国际合作实践的一个重要方面，从人类社会发展与全球体系变革的深层意义上引导中国学人思考如何在更广泛的层面上推动当代中国国际关系学、外交学、世界史学及发展理论和国际合作理论诸学科的变革与创新。

目　录
CONTENTS

导　论

　　冷战结束后，国际关系的根本问题是世界秩序如何实现和平转变。当前，虽然多样性与复杂性日益显现的世界政治与安全秩序越来越难以把握，但是多数地区的秩序逐渐明朗起来，而且随着国际安全的地区化走向与新地区主义的高涨，地区与地区的国际关系在全球政治和世界新秩序建设中的重要性日渐突出。

　　进入21世纪，非洲地区的动荡无序有所缓和，安全秩序逐渐趋稳。个中原因，同非洲（次）区域组织的勃兴不无关系。具体到东非地区[①]国家（除索马里外），多数国家的社会政治稳定度有所提升，国家之间关系趋于缓和，地区经济和社会发展开始好转，地区秩序出现新的利好局面。这与东非共同体（East African Community，以下简称"东共体"）的建立和发展有着重要关系。

　　1999年，肯尼亚、坦桑尼亚、乌干达签署《东非共同体条约》，决定重建东共体。重建后的东共体经过将近20年的发展，迅速崛起，成为地区秩序重建的主要支点和地区安全的稳定器。随着卢旺达、布隆迪和南苏丹的顺利加盟，东共体以前所未有的力度和速度进入区域一体化的快车道（除南苏丹外），关税同盟、共同市场、货币联盟及政治联邦等均在有序地推进或讨论之中。其中，东共体经济一体化的发展和进步最为明显，关税、金融、贸易、交通运输和旅游等诸多领域的一体化取得了实质性进展，教育、卫生、司法和安全等其他诸多功能领域的合作与联动得到了一定程度的实现。[②]东共体的跨越式发展及其在地区的辐射作用，以及社会政治精英们的雄心已引起学界的关注，为研究区域主义提供了一个重要而丰富的样本。

---

① "东非地区"是一个没有达成统一界定的地理概念。根据国内的习惯划分，东非地区多指埃塞俄比亚、厄立特里亚、索马里、吉布提、肯尼亚、坦桑尼亚、乌干达、卢旺达、布隆迪和塞舌尔等十个国家。

② Augustus S. Muluvi. "The East African Community Integration Process and Economic Growth of Member Countries". *Eastern Africa Social Science Research Review*, Vol. 30, No. 2, 2014, pp.1–17.

一、文献综述与问题提出

东共体已成为国内外非洲研究学界关注的一个重要的对象。当前，学界大致从五个不同领域展开研究，形成了以下研究成果。

第一，以史实描述为主的历史学成果。这类成果主要以历史事件发生先后为脉络，考察了东共体的阶段性发展情况，涉及经济、政治、社会等诸多领域，侧重整体性的历史叙事。众多成果中暗含的基本观点是：东共体最初的建立、瓦解和重建有着深厚的历史原因和现实原因；东共体既是应对全球化这种历史趋势的产物，也是一种联合自强的产物，它的出现有利于推动非洲的一体化进程；东共体是模仿欧盟、借鉴欧盟经验重建起来的区域一体化组织，具有后发优势，但也面临重重困难。施裕壬在《东非共同体解体的原因》一文中将东共体解体的原因概括为殖民统治的历史原因、成员国经济发展模式各异的内部原因、国际垄断资本干涉的外部原因及狭隘的民族利己主义的思想原因等，并认为最后一个原因是组织解体的最根本原因。[1]穆格姆巴的《区域组织与非洲的低度发展：东非共同体的崩溃》一文从政治、经济、意识形态等方面，探讨了东共体瓦解的原因，认为肯尼亚、坦桑尼亚和乌干达三国在意识形态方面的差异是其解散的最关键因素。[2]塞巴鲁的《东非共同体》一文对东共体第一时期的发展历史、组织机制及其成效做了非常详细的介绍。[3]阿居鲁主编的《一个地区的产生：东非共同体的复活》[4]一书中多位非洲研究者对重建后的东共体的未来所受的挑战进行了阐述。目前，此类著述对东共体的基本形成过程梳理到位，为相关研究提供了大量翔实的资料，也为进一步深入研究打下了初步基础。

第二，以经济一体化为研究内容的经济学成果。该类成果主要将东共体作

---

① 施裕壬：《东非共同体解体的原因》，载北京大学亚非所编：《亚非问题研究（第三辑）》，北京大学出版社1984年版，第170—178页。

② Agrippah T. Mugomba. "Regional Organizations and African Underdevelopment: The Collapse of the East African Community". *Journal of Modern African Studies*, Vol. 16, No. 2, 1978, pp.261-272.

③ Paulo Sebalu. "The East African Community". *Journal of African Law*, Vol. 16, No. 3, 1972, pp.345-363.

④ Rok Ajulu. *The Making of a Region: The Revival of the East African Community*. Institute for Global Dialogue, 2005.

为非西方世界推进经济一体化发展的个案，考察经济领域一体化现实发展的内在逻辑，认为国家是理性行为体，当合作收益大于单方面收益时，一体化会自动向上一级目标推进，反之则会导致成员内部的讨价还价与一体化停滞不前甚至危机的出现。这类成果大多以上述逻辑为基础，并展开相关记述。

（1）有关经济一体化的宏观性论述，涉及一体化的发展现状及成果、发展前景、发展障碍、发展经验和教训。著名东非问题研究专家阿瑟·哈兹勒伍德在《经济一体化：东非的经验》一书中比较客观地分析了东共体的经济发展状况，其对东共体的发展前景较为乐观，但同时也指出该组织的向前发展的种种困难。[1]东共体解散后，他又在《东非共同体的终结：给区域一体化方案的教训是什么？》中深入分析了失败原因。[2]东共体重建后，各方对该议题研究的纵深方向均有所发展。如波塞姆和弗雷德兰在《东非的分与合》一书中将东共体一体化的实施与解体的原因归结为，各方的理性评估促使共同体创立与发展，而在一体化过程中的收益不均加速了该组织的解体。[3]国际货币基金组织在《十年后的东非共同体：深化中的一体化》报告中，从政治经济学角度探讨了经济一体化目标及其实现过程中遇到的问题，报告还指出组织成员收益大于单方面收益是东共体得以深化合作的主因。[4]也有学者针对东共体一体化推行过程，从社会需求入手，认为有必要制定和实施一项有效的脱贫战略，否则难以真正实现一体化的经济目标。[5]

（2）集中于贸易、金融和税收等经济次级领域的政策研究，这些研究多为国际货币基金组织或其他研究机构向东共体秘书处提交的政策研究报告。2003年，德国汉堡国际经济研究所布塞的研究团队向东共体递交了一份名为《东共体的贸易影响：我们需要过渡基金吗？》的研究报告，开启了对东共体经济一

---

① Arthur Hazlewood. *Economic Integration: The East African Experience.* Heineman, 1975.

② Arhur Hazlewood. "The End of the East African Community: What are the Lessons for Regional Integration Schemes?". *Journal of Common Market Studies.* Vol. 18, No. 1, 1979.

③ Christinan P. Potholm, Richard A. Fredland. *Integration and Disintegration in East Africa.* University Press of America, 1980.

④ Hamid R. Davoodi. "The East African Community after Ten Years: Deepening Integration" [2014-11-20]. https://www.imf.org/external/np/afr/2012/121712.pdf.

⑤ Gordon Repinski, Heinz-Michael Stahl. *Poverty and Poverty Reduction Strategies in the East African Community.* Deutsche Gesellschaft Für Technische Zusammenarbeit, 2005.

体化次级领域的探究。该报告认为，过渡基金对东共体有经济上的必要性和政治上的激励性，过渡基金有助于缓解成员国的贸易不平衡。[1]布依古特等撰写的《规划中的东非货币联盟是最佳货币区吗？》一文，使用数学模型对东非国家的金融需求与供应不对称的现实进行了分析，认为在东非地区还不适合建立货币联盟。[2]卡费罗的《东非共同体的海关及贸易简化》一文对东共体海关在贸易简易化方面同世界海关组织及世界贸易组织有关机制和规定进行了比较，认为东共体海关应该进一步简化贸易程序。[3]国际货币基金组织分析员王毅戴撰写的调查报告《评估东非共同体国家间的金融障碍》通过对肯尼亚、乌干达和坦桑尼亚三国外汇交易市场进行分析，指出三国金融市场开放程度不同，预示着共同体金融一体化还有很长的路要走。[4]国际货币基金组织马克奥利弗研究团队在一篇名为《东非共同体：可持续发展的前景》的工作报告中指出，尽管东共体国家获得了亚撒哈拉非洲最快的发展，但有诸多因素制约着其可持续发展，如出口量小、金融合作程度低、国内储蓄水平低、高度依赖外部资助及基础设施落后等。[5]国际货币基金组织戴伍迪研究团队编撰的《东非共同体的货币输送机制》，对共同体货币划账、汇兑业务等进行了详细考察，认为现行的货币传导机制会对未来共同体及共同体货币联盟的平稳运作构成挑战。[6]国际货币基金麦克因提勒的研究团队以肯尼亚贸易为例，认为关税同盟会对肯尼亚产生潜在影响，其将促使肯尼亚政府进行深度改革并提供更多公共产品。[7]

① Matthias Busse, Rasul Shams. "Trade Effects of the East African Community: Do We Need a Transitional Fund ?". *HWWa Discussion Paper*, No. 240, 2003.

② Steven K. Buigut, Neven T. Valev. "Is the Proposed East African Monetary Union an Optimal Currency Area?". *World Development*, Vol. 33, Iss. 12, 2005, pp.2119–2133.

③ Edward Kafeero. "Customs and Trade Facilitation in the East African Community". *World Customs Journal*, Vol. 2, No. 1, 2009, pp.63–71.

④ Yi David Wang. "Measuring Financial Barriers Among East African Community Countries". *International Monetary Fund Working Paper*, No. 10/194, 2010.

⑤ Catherine McAuliffe, Sweta C. Saxena, Masafumi Yabara. "The East African Community: Prospects for Sustained Growth". *International Monetary Fund Working Paper*, No. 12/272, 2012.

⑥ Hamid R. Davoodi, Shiv Dixit, Gabor Printer. "Monetary Transmission Mechanism in the East African Community: An Empirical Investigation". *International Monetary Fund Working Paper*, No. 13/39, 2013.

⑦ Meredith A. McIntyre. "Trade Integration in the East African Community: An Assessment for Kenya". *International Monetary Fund Working Paper*, No. 5/143, 2005.

也有研究认为，关税同盟会对东共体成员国内部进出口产生不协调的影响。①

　　第三，以东共体国家在一体化过程中互动关系为对象的国际关系学研究成果。该类成果主要借助于欧洲一体化经验的政府间主义、（新）功能主义和联邦主义理论等自由主义国际关系理论分析框架，认为国家间签订的协议、协定等一系列政治和经济规范能够有效缓解国际无政府状态的负面影响，在实践中如果存在合作成功的领域，那么该领域促使其他领域产生合作的可能性就会增加，即产生"外溢效果"，反之，则产生相反结果。功能性领域主要包括经济、金融、贸易、社会和安全等。

　　（1）针对政府间主义的经济一体化实践的解释。查查运用自由政府间主义的理论框架解释东共体一体化的实践，其认为在关税同盟谈判过程中，商业集团的游说使得各国政府政策出现偏好，国家之间的讨价还价与制度选择的结果却反映成员国要在一体化中确保各自福利最大化。②国际货币基金组织专家德鲁蒙德等在《外溢效应与东非共同体》这一报告中指出，肯尼亚、坦桑尼亚、乌干达和卢旺达受全球金融危机和经济衰退的影响，增长速度放慢，其中最初获益的肯尼亚和坦桑尼亚在一定程度上不愿意采取更多的措施来促进一体化的深入推进。③

　　（2）针对制度主义视角下的安全领域合作现状的评析。雅科布森和诺德比在《东非破碎化的安全合作》一文中指出，东共体尽管就共同关切的和平与安全问题进行制度化合作有着明确规定，但至今东非的安全合作还是"碎片化的"，"地区安全机构仍然保持着民族性和私利性"，远未产生一种有效的制度化安全合作机制。④以上两位作者在《东非：地区安全组织与机制》一文中也阐述了类似观点：东共体作为政治认同度较高的经济安全行为体，在安全领域

---

① Steven Buigut. "An Assessment of the Trade Effects of the East African Community Customs Union on Member Countries". *International Journal of Economics and Finance*, Vol. 4, No. 10, 2012, pp.41-53.

② Mwita Chacha. "The New Community: Liberal Intergovernmentalism and East African Integration" [2016-04-02]. https://papers.ssrn.com/sol3/papers.cfm?abstract_id=1449277.

③ Paulo Drummond, Gustavo Ramirez. "Spillover Effects and the East African Community: Explaining the Slowdown and Recovery". *International Monetary Fund Working Paper*, No. 09/2, 2009.

④ Katja Lindskov Jacobsen, Johannes Riber Nordby. "East Africa's Fragmented Security Cooperation". International Relations and Security Network, September 11, 2013.

议题广泛，但行动不多。①芝科万哈在《东非共同体的冲突解析》一文中罗列了东共体制度下亟待解决的十三大类安全问题。②玛估的《集体行动的困境：解释东非区域一体化与合作》运用博弈论来解释坦桑尼亚与其他成员国在包括安全在内的合作中的看客代价。③

（3）（新）地区主义对东共体一体化的解释。（新）地区主义是用一种宏观视野将一系列问题杂糅起来分析区域合作的方法。从这一视角来研究东共体的成果，主要集中在三个方面：一是以欧洲区域主义经验来解释东共体。如普伦克在《东非进行的一体化和欧洲进行的一体化?》一文中用欧洲经验来解释东共体，发现东共体的复杂性是欧盟经验难以解释和预测的，即成员国面对的外部环境与欧盟国家当年所处的环境完全不同。此外，在发展过程中，欧盟国家在欧洲仅效忠于同一个一体化组织，而东非国家同时参与不同的次区域组织，欧洲经验难以预测东共体的未来走向。④斯普利德在《东非的地区主义》一文中得出了类似的结论。⑤格兰特和肖德鲍姆在《非洲的新地区主义》一书中指出，欧洲经验对东共体仅有部分解释力，非洲地区的次地区合作超越了传统以国家为中心和地区主义的理念，它本身具有其他区域一体化中不具有的复杂性和矛盾性。⑥二是考察作为区域主义实体的东共体的有效性。如马修斯在《区域一体化和发展中国家食品安全》一书中指出，非洲的地区主义发展过程中，各类次区域组织较多，但基本缺乏有效性，其中就包括东共体。⑦三是对包括东共体在内的非洲区域主义前景的思考。如约瑟夫·奈的《泛非主义与东非一体化》在东非国家还未独立时就对区域主义的可能性进行了论证，并给出了乐

① Katja Lindskov Jacobsen, Johannes Riber Nordby. "East Africa: Regional Security Organisations and Dynamics". *DIIS Policy Brief*, August, 2012.
② Annie Barbara Chikwanha. "The Anatomy of Conflicts in the East African Community: Linking Security With Development". Development Policy Review Network-African Studies Institute, Leiden University, 2007.
③ Stephen M. Magu. "Dilemmas of CollectiveAction: Explaining East African Regional Integration and Cooperation". *International Journal of Political Science and Development*, Vol.2, No. 4, 2014, pp.58-67.
④ Stefan Johann Plenk. "The Uniting of East Africa and the Uniting of Europe?". *Journal of International Organization Studies*, Vol. 4, No. 2, 2013, pp.41-51.
⑤ Adam Hyttel Spliid. "Regionalism in East Africa". A Thesis for Master Degree, University of Copenhagen, 2012.
⑥ J. Andrew Grant, Fredrik Söderbaum. *The New Regionalism in Africa*. Roudedge, 2003.
⑦ Alan Matthews. *Regional Integration and Food Security in Developing Countries*. Food and Agriculture Organizaition of the United Nations, 2003.

观的答案。①巴兴格和哈夫在《非洲的新地区主义：一体化浪潮》一文中，考察了非洲地区贸易一体化现象，集中提出六个难题并给予回答：过去六十年中非洲贸易一体化有什么成果？非洲区域主义是否已经失败了？哪些因素不利于非洲区域发展？非洲受新地区主义影响的程度有多深？增强区域一体化有效性的障碍是什么？②同样，什乌吉在《泛非主义与东共体一体化的挑战》一文中指出，东共体的精英只有提出正确的问题才能剔除霸权和实现自己的利益、目的。③卡特波在《泛非主义与发展：东非共同体模式》一文中指出，未来东共体可以作为泛非主义的原型，可以在非洲其他国家推行这种模式，最终达成非洲群之间的合作。④

　　第四，以东共体劳工、移民、法律和教育等社会文化事务为研究内容的社会学成果。欧求等在《海中的最大鱼群？——东非共同体中动力十足的肯尼亚劳工移民》的研究报告中考察了肯尼亚政策及"南南劳工"移民相关的制度架构，指出东共体的政策与成员国相关政策不对应的问题。在成员国的国家层面，东共体的劳工移民政策并未得到相应的贯彻执行，原因在于成员国频繁使用国内劳工政策来处理相关地区劳工移民问题。⑤欧维罗在《东非共同体成员国年轻人雇佣政策评估》一文中指出，东共体国家的雇佣政策违反了《东非共同体条约》的相关规定，从而阻碍了建立共同市场所需要的人员自由流动。⑥马丁在《东非共同体市场协议与人员自由流动：乌干达执行的成就与挑战》这一调查报告中指出，乌干达并未将此协议用作法律。⑦卢汉吉萨的《东非的法

① Joseph S. Nye, Jr. *Pan-Africanism and East African Integration*. Harvard University Press, 1965.

② K. Bachinger, J. Hough. "New Regionalism in Africa: Waves of Integration". *Africa Insight*, Vol. 39, No. 2, 2009.

③ Issa G. Shivji. "Pan-Africanism and the Challenge of East African Community Integration". *Awoaz*, Vol. 7, No. 2, 2010.

④ Baruti Katembo. "Pan Africanism and Development: The East African Community Model". *The Journal of Pan African Studies*, Vol. 2, No. 4, 2008, pp.107-115.

⑤ John O. Oucho, Linda A. Oucho, Antony O. Ongayo. "The Biggest Fish in the Sea? Dynamic Kenyan Labour Migration in the East African Community"［2014-05-08］. https://www. africaportal. org/documents/11643/The_Biggest_Fish_in_the_Sea.pdf..

⑥ David Owiro. "The Review of Youth Employment Policies in East African Community Members States". Friedrich Ebert Stiftung, March 3, 2013［2014-05-08］. http://www.fes-kenya.org/media/publications/Youth%20Employment%20Policies%20in%20East%20Africa%20Community%20-%20%20Report.pdf.

⑦ SEATIN. *Free Movement of Workers in the East African Community: Implications for Youth Employment in Uganda*. SEATIN, 2013［2014-05-08］. https://www.asclibrary.nl/docs/408333464.pdf.

律原则与正义通道：东非法院》主要论述了东非法院在东共体事务中的具体作用。①非洲发展银行的研究团队于2014年发布的《东非共同体：教育展望报告》中详细列出了东共体国家教育发展情况。②

第五，聚焦东共体与其成员国及外部关系的成果，如萨利姆等在《坦桑尼亚和东非共同体：从谨慎的防卫到自信的接触》一文中指出，坦桑尼亚在地区防务合作领域经历了由小心翼翼到主动推动的过程。③美国威尔逊研究中心2012年发表的研究报告《南非、东非共同体与美国非洲政策》中认为，东共体政策对非洲联盟（以下简称"非盟"）及美国非洲政策存在重要影响。④李颖等在《中国和东非共同体的经贸合作问题及对策研究》一文中指出，中国与东非共同体的经贸合作虽然发展较快，但仍然受各方面因素的影响，面临较大挑战。⑤

综上所述，不难看出东共体的相关研究成果颇丰，至少具有以下三个方面的意义：

第一，东共体研究推动并丰富了区域主义研究和国际组织研究的实证内容，至少体现在两个方面。

（1）东共体研究使区域主义的研究对象和理论出发点发生变化。研究者将东共体纳入研究视野，这就促使他们对非洲区域主义的研究脱离了纯粹抽象思辨的构造和逻辑推理的研究，转而分析地区事务的现实。⑥这对于我们认识非洲区域主义的发展具有相当重要的现实意义。学界在理解东共体作为地区主义

---

① John Eudes Ruhangisa. "Rule of Law and Access to Justice in East Africa: The East African Court of Justice". A Paper for the Forum on the East African Community, September 15, 2012.

② African Development Bank. "The East African Community: AU Outlook on Education Report 2014". African Development Bank, 2014 [2015-05-08]. http://www. adeanet. org / en / publications / au-outlook-on-education-report-2014-economic-community-of-central-african-states-eccas.

③ Ahmed Salim, Aidan Eyakuze. "Tazania and the East African Community: Form Timid Defensiveness to Confident Engagement". *CLKnet Policy Brief*, No. 3, 2012.

④ The Wilson Center. "South Africa, the East African Community and the US-Africa Policy". *Africa Program Policy Brief*, No. 4, 2012.

⑤ 李颖、艾迪：《中国和东非共同体的经贸合作问题及对策研究》，《对外经贸》2017年第9期。

⑥ 区域主义研究在阿盟、美洲国家组织建立之前，纯粹理论构想及逻辑推理的著述占据绝对主流，东共体作为非洲首个次区域组织在某种方面将这种纯粹的逻辑推理带入了非洲区域实证研究的范畴。当然，当代区域主义理论与实证相结合比较完美的著述当属欧盟研究。具体阐述参见肖欢容：《地区主义：理论的历史演进》，北京广播学院出版社2003年版。

现实存在方面出现一定的不同。坚信泛非统一理想的学者认为东共体是泛非统一的一个发展阶段，而非最终结果，其最终结果是非盟。注重东共体框架下东非国家合作结果的学者则以东共体参与地区事务的有效成果为导向，重结果，轻过程，视东共体为一个成功的次区域组织，尤其将东共体能够成功实现经济发展视为佐证；而强调制度功能的学者则关注东共体国家合作的一面，认为东共体是个民主的组织，在政治、经济等方面的合作机制的效用明显，但在安全领域一体化机制的效用有限。但上述观点的逻辑起点基本相同，即东共体是个可圈可点的区域组织。

（2）东共体研究丰富了国际组织理论的实证内容并提出新问题，使国际组织分析既要重视联合国等全球性组织和欧盟、东盟和非盟等（次）区域组织，又不能忽略像东共体这样的次区域组织。学界对欧盟、东盟、海合会、非盟尤为关注，东共体研究相对边缘化。但东共体既有着与其他区域组织共同的组织特性，又有自己的特殊性。首先，从地缘的角度考虑，东共体成员国家地缘相连、社会文化相似甚至相同（语言、文化、历史经历及原始发展水平等）；其次，东共体是个开放性组织，东共体虽有加入条件，但有其开放性，至今并未限定最终的成员国数量，东共体在发展过程中，适时进行扩容，不断增加新成员国；再次，东共体的特殊性在于其创始成员国有历史合作基础和较高历史关联度，以及其成员在现实中同时参与多个其他非洲次区域组织；最后，东共体的特殊性还在于其明确表示通过四个阶段的目标，最终建立政治联邦，并有着预设实现目标的时间表。那么，该如何理解东共体这种"逆欧盟路径"的发展模式呢？

第二，东共体研究不仅揭示了其自身发展规律，在相当程度上也揭示了东非地区本质的一面。东共体的研究进程揭示了其政治地位高低与各成员国民族主义高涨与否成正相关关系。泛非主义高涨时期，东共体的政治地位较高，反之则较低。对东共体成立动因的研究基本让人们理解了泛非民族主义与地方民族主义之间的张力与妥协，并且这一原因贯穿于东共体整个发展进程之中；对东共体组织性质及其机制效能的研究使人们了解了该组织机制的理论功能及其在实践中可能遇到的困境；对东共体参与地区安全问题的研究表明了解决地区安全时东共体的合法性地位和东共体效率低下的事实，但相当程度上揭示了东共体国家将东共体作为实现本国利益的工具的现实本质仍在作祟；对东共体框架下的东非地区一体化的研究揭示了成员国合作的有限性及经济发展不平衡的矛盾、不同政治制度之间的矛盾、不同发展战略取向之间的差异；对东共体推进人权保护与宣传民主研究折射出东共体地区人权现实的困境和东非地区民主政治的曲折；等等。

第三，现有研究成果一方面有助于我们认识非洲次区域主义的发展与困境，另一方面为认识东共体、理解东共体，并在构建中国与东共体国家新型合作关系中准确定位东共体、深化与其成员国全方位关系等方面具有相当的启发意义，但仍有不足之处。

（1）现有东共体研究成果或因政治立场，或因研究目的，或因研究方法，或因研究材料问题，使有些观点或结论客观性不足。尤其缺乏能真正使用本土话语进行客观解释的经典作品，因而在部分研究作品中出现了解释不准确，甚至某些武断和臆测的现象。例如对东共体政治性的讨论，存在政治性和非政治性之分；而对东共体在参与地区事务解决时的研究，没有关注到东共体特别重视行动程序的合法性；等等。这也表明东共体议题还存在着不小的研究空间。

（2）同一学者的研究持续性不足，断裂性明显，研究视野需要拓展。在众多研究成果中，鲜见有学者对东共体进行过长期跟踪研究，这使相关研究缺少经典成果。另外，学术视野有待拓展。从使用的研究语言和成果质量来看，英语成果在数量和质量上绝对领先，中文成果甚为有限。

（3）从研究内容来看，主要集中于东共体经济一体化及其次级领域，对东共体构建地区安全秩序方面的研究稍显不足，尤其缺少东共体如何运用规则与规范体系处理地区事务、塑造地区安全秩序的研究成果，主要表现在以下几个方面。

首先，现有文献对东共体在安全领域合作的现状缺乏系统梳理和相应的理论阐释。

其次，现有文献在对共同体一体化的诸多阐释中忽略了这些领域发展对安全领域的影响。东共体在非关税壁垒得到逐步拆除的过程中，实质上已形成了一定意义上的自由贸易区，特别是随着相关成员国陆续加入关税同盟，而共同市场的启动标志着经济一体化开始向纵深方向发展。但边贸的发达与自如，共同市场雏形渐显，随之而来的负面影响一再显现，诸如小武器交易泛滥、毒品走私严重、洗钱、恐怖活动，以及其他跨国和跨境社会安全问题等此起彼伏。这些问题发生在共同体内部，而非外部，并对国家稳定乃至地区和平有着不小的影响。因此，在一体化实施过程中，配套的安全机制的构建也需纳入考察之列，而这些因素在研究中常常会被忽略。

再次，现有文献缺少对东共体塑造地区安全秩序中的方式、作用和影响的研究。一个基本的问题是，国际社会始终处于无政府状态，共同体是潜在的战争共同体，战争应当是常态，和平只不过是两次战争之间的间歇，但为何自东共体重建以来，和平的维持不仅是可能的，而且在未来也是充满希望的？这似乎表明，重建后的东共体能够稳定地区秩序。那么，东共体是否能够持续成为稳定地区安全秩序的倚重平台呢？如果能够的话，那会是什么原因？反之，又可能是何种原因造成的呢？这不仅需要对东共体出台的大量文件进行解读，还需要深刻了解这些文件背后的事实和文件所贯彻的现实，而这在已有研究中鲜有涉及。

最后，现有文献在成员国对东共体的安全战略偏好方面缺乏深度分析。东共体六国在对该组织的安全战略偏好上是有很大区别的。肯尼亚的外部安全形势比较严峻，特别是索马里和南苏丹局势会不定期影响肯尼亚的安全，尤其是来自索马里的恐怖主义活动更是防不胜防；乌干达的外部受刚果和南苏丹局势的影响，内部始终受宗教教派、部族之间争斗的牵制；卢旺达国内各种政治势力之间的张力随时可能会崩断；南苏丹和布隆迪一直受到国内各派政治势力和族群争斗的长期困扰；成员国中只有坦桑尼亚相对稳定，虽然如索马里等外部安全形势也会或多或少对其造成负面影响，但总体来说其受到的来自外部的安全挑战相对有限。另外，对所有东共体国家来说，维多利亚大湖区的安全和冲突问题几乎波及该组织的所有成员国的核心利益。因此，各国对于共同体的安全需求及偏好必然会出现差异。那么，各国的安全共同体和利益共同体意识是如何产生的，又有何差异？这种差异在共同体一体化进程中是如何弥合的？这一系列的问题，均尚待理清。

二、研究内容与基本观点

区域主义的实践经验及相关研究表明，以（次）地区为单位或以（次）地区形式组织起来的安全与政治关系，随着区域一体化的展开和深入，会循着不同的方向发展，地区体系将经过地区社会化的加强而逐渐转变为地区安全共同体和更进一步的政治共同体的可能性也会增大。此外，区域主义经验还表明，地区政治安全关系构成了区域内的国家和社会在管理与解决冲突、追求合作一致的关系过程中，走向比较完美的地区秩序的渐进式演变轨迹。在影响这种演变及其实现的众多因素中，"推动比较完美的地区秩序形成的根本动力应当是区域一体化"①。东共体塑造地区秩序的过程大体符合这一论断。它在地区安全秩序构建过程中，也是以区域一体化为逻辑，并将推进区域一体化过程中厘定和认同的原则与规范在各领域进行社会化扩展。有学者曾断言，东共体的勃兴"代表了泛非洲一体化趋势"的现实，使非洲大陆出现了这种地区秩序的可能。②

本书在国内外研究成果的基础上，系统阐述东共体塑造地区安全秩序的理论与实践。由于东共体的相关研究内容丰富，本书仅以东共体如何在地区安全秩序构建中发挥作用为研究对象，力图阐释东共体的性质、东共体制度与规范设计及其实践，并形成以下研究内容。

（1）梳理地区秩序形成的理论逻辑，为理解东共体的本质及其现实演进构筑理论基础，包括从地区体系到安全共同体的理论演进、安全共同体与区域一体化之间的关系及安全共同体构建过程的一般路径及内在要求等。

（2）东非地区秩序的制度体系。简要梳理东非地区体系的历史演进及东共体的制度设计，包括殖民体系下的地区合作、独立初期的地区合作、东共体制度设计及东共体框架下地区安全机制构建。

---

① 詹姆斯·多尔蒂、小罗伯特·普法尔茨格拉夫著，阎学通、陈寒溪等译：《争论中的国际关系理论》（第五版），世界知识出版社2003年版，第558页。

② Baruti Katembo. "Pan Africanism and Development: The East African Community Model". *The Journal of Pan African Studies*, Vol. 2, No. 4, 2008, pp.107–115.

（3）东共体的规则及其演进特征。包括互信与主权平等的政治原则、和平共处与睦邻友好及和平解决争端的对外关系原则；实行善治的社会治理原则；利益均分与互利共赢的利益分配原则。

（4）东共体塑造地区安全秩序（一）。主要考察东共体在处理同外部国家争端过程中规范原则的应用及其结果。选取尼罗河水资源问题这一著名国际争端为案例。

（5）东共体塑造地区安全秩序（二）。主要考察东共体如何将规则社会化于新成员国。选取卢旺达、布隆迪和南苏丹三个国家为案例，重点讨论东共体的规则如何得到成员国的认同，以及新成员国对区域认同的反应程度。

（6）东共体塑造地区安全秩序（三）。主要探讨东共体重建与扩充后东共体内部关系的进展，包括东共体在处理内部政治关系、经济一体化、领土争端等影响安全稳定问题时是如何将规范进行社会化认同的。

（7）东共体在塑造安全共同体中的问题及其发展前景。主要考察东共体在以一体化手段推进安全共同体建设过程中出现的诸多问题，包括《东非共同体条约》的制约、东共体制度设计的制约、一体化进程中对安全一体化的认知和实践误判等。同时，对其未来发展前景进行预判。

本书的主要观点如下。

（1）地区秩序演进的逻辑是从地区体系形成发展到地区社会再到地区安全共同体的过程；区域一体化是安全共同体构建过程中的主要路径；在安全共同体构建过程中，地区国家依据共识规则进行和平且信任的互动，追求共同利益并致力于一种区域认同。

（2）东共体是一个将地区秩序打造成安全共同体的区域组织，拥有安全共同体的基本特征，处于安全共同体的上升阶段，还未达到成熟安全共同体的水平。

（3）东共体通过一体化路径构建安全共同体的过程明显异于欧盟安全共同体构建过程中的一些激发性机制，其国家行为体之间互动作用和社会化显得更为重要。

（4）东共体对于传统意义上的区域一体化给予相对不足的优先考虑，也显示了具有自身独特的共同体建构路径。

（5）东共体未来能否实现政治共同体目标，经济一体化为主的物质因素不可或缺，规则和规范等观念的社会化因素也至关重要。

三、研究意义与研究方法

前东共体秘书长理查德·塞兹柏拉曾在挪威基金年度会议（2013年8月21日召开）上说过，"世界并不亏欠吾等一种生存之道，但东非尚亏欠东非人民一种生存之道"。那么，学界是不是也欠缺一个关于东非地区的研究成果呢？中国的非洲研究起步较晚，至今对非洲研究的关注度仍有待提高，而对东共体的研究仍属"欠账"领域。

从现实意义上看，东共体研究有助于我们全方位地理解中非关系的本质。东共体作为东非地区最为重要的地区秩序构建平台，理应纳入中国对非洲战略轨道之中。从中国对非洲具体的外交实践来看，中国的对非政策在国家层面和次区域层面的实践较为丰富而实在，国内学术界对其研究也相对丰富，已经形成较强的智力支持。但目前，对中国与东共体的整体关系良好发展的现实研究非常有限，这与中国正同东共体积极推进双边关系实践略显失调。

从理论意义上说，东共体研究是一个有望实现学术突破的研究领域。就学科来说，有关东共体议题方面，至今还鲜见有学者进行相关的史论结合的探讨。如果以当前所谓的主流国际关系理论对东共体的现实存在进行审视的话，就难以给出令人满意的解释。现实主义虽然解释了东共体在区域安全合作中的难作为，但解释不了东共体经济一体化活力四射的活跃现象及吸收布隆迪和南苏丹这些贫穷国家的原因。而按照制度主义的逻辑，东共体超国家层面的制度性合作效果欠佳的结果应该使东共体要么改革和调整机制，要么解散，但为何重建后的东共体没有历史重演？建构主义虽然解释了东共体国家合作的原因，但仍有乏力之处，即其难以解释东非国家在相对高度同质化（主要指语言、宗教和文化习俗相同）的情况下，规范的社会化程度却有限的现实。因此，东共体在构建东非地区秩序的过程中需要一种新的理论视角进行阐释，这种理论应该潜藏在东共体及其实践之中。而有望实现突破的议题还有很多，如：东共体为何能够在整合资源方面发挥重要作用？东共体国家虽然不太接受东共体的约束，但为何又在相当程度上认同东共体的制度设计？东共体框架下的经济一体化计划为何仍受相关国家的软性抗拒？

本书通过系统梳理东共体重建以来构建地区安全秩序的理论与实践，归纳出东共体塑造地区安全秩序的一般规律，为理解东共体的实践及其未来走向提供判断。本书主要运用以下两种研究方法。

（1）文献解读方法。主要通过研读现有地区安全秩序文献解读对重建后东共体公布的文件，如通过对《东非共同体条约》《东非共同体关税同盟协议》《东非共同体共同市场协议》及《东非共同体和平与安全协议》等的深度解读，分析东共体构建地区秩序过程中遵循的规则、规范和决策制度等。

（2）个案研究方法。为理解东共体构建安全共同体的过程实践，本书选取了东共体在尼罗河水资源争端、东共体吸收新成员扩容及处理区域内关系等三类实例来检验和论证规范对东共体国家认同的作用与影响。

第一章

理解东非共同体的理论框架

第一节　国际关系理论视角下的地区秩序

作为国际关系的根本问题，包括地区秩序在内的国际秩序[1]是特定时期内国际关系的常态，也是其所依赖的规则。但在国际关系理论学者的眼里，这些常规和规则是千差万别的。因此，国际秩序往往指的是一种目标，而非某种亘古不变的事实。基于此，学者们提出了差异较大的国际秩序观。

（新）现实主义国际体系论者认为，国际秩序表现为国际体系，地区秩序表现为地区体系，而稳定的国际秩序或地区秩序的实现取决于权力平衡，即国际秩序或地区秩序应以权力为核心，以均势为目的。国际（地区）秩序的形成不包含任何规范性成分的作用。[2]诸多理论大家仅将国家行为体作为影响政治安全秩序的唯一考察对象，认为规范因素可以忽略不计。

有"现实主义之父"之称的修昔底德虽然提到过国内机构和文化差异等非国家因素的重要性，但其仍以国家（城邦）为研究对象，认为国家（城邦）是影响安全或冲突的主要行为体。[3]马基雅维利[4]和霍布斯[5]均将国家置于不可挑战的地位，认为稳定的秩序只有强大的国家能够实现，只有强大的国家才是应对威胁和保护自然权利的唯一优势。当代现实主义学者大多将目光集中于均势理论的研究方面，认为国际秩序的稳定在于国际大国之间的力量均衡，显然这种寻求权力的平衡仍然被定格在国家行为体之间，并且他们还普遍认为包括国际组织在内的非国家行为体不可能成为对抗他国的平衡者，也难以成为国际秩序的稳定器。

在当代现实主义国际关系大师摩根索的笔下，非国家行为体被毫不留情地排除在外，就连联合国这样的全球性组织，其制度和规范也被无情地抛弃，仅

---

[1] "地区秩序"是缩小版的"国际秩序"，详细阐释见赫德利·布尔著，张小明译：《无政府社会：世界政治秩序研究》（第二版），世界知识出版社2003年版。
[2] 李少军：《怎样认识国际体系？》，《世界经济与政治》2009年第6期，第13—20页。
[3] Thucydides. *On Justice, Power and Human Nature: Selection from the History of the Peloponnesian War.* Paul Woodruff trans. Hackett Publishing Company, 1993, pp.59—76.
[4] 马基雅维利著，方华文编译：《君主论》，陕西人民出版社2006年版，第27页。
[5] 霍布斯著，黎思复译：《利维坦》，商务印书馆1997年版，第249—254页。

仅被认为是"一种追求均势的场所"①。新现实主义代表人物华尔兹在其经典著作《国际政治理论》中，甚至不屑于探讨规范在国际关系中的作用，并认为简单均势也好，复杂均势也罢，冷战时期的美苏两极格局或两极均势是最稳定的结构体系。②

与现实主义理论不同，（新）自由主义理论在除了探讨国家行为体之外，还认为国际秩序的构建与包括国际组织在内的各类非国家行为体密不可分。在形成的各种解释范式中，既关注强调非暴力的国际组织、国际制度及国际事务中民主政府的行为，也对国际关系中"恶的"或"暴力的"等负面的非国家行为体进行研究。洛克、康德及威尔逊等伟大的思想家和政治家提出通过建立国内与国际机构来防止国内和国际冲突，他们认为非国家机构是保持国际秩序和地区稳定的缓和剂。③当代自由主义思想家不仅关注国内政治和政权类型在国家的国际行为体中的作用，也开始关注包括国际组织等在内的非国家行为体如何缓和冲突或加剧冲突。④

（新）自由主义理论认为，最为理想的国际秩序尤其是稳定的国际安全秩序应该是通过集体安全的方式实现的，它能消除均势带来的不稳定性，因为集体安全制度强调成员国集体对任何侵略或威胁和平的行为能做出反应来预防或遏制战争爆发，是一种"人人为我，我为人人"的模式。联合国即是为此设计的。令人遗憾的是，由于存在难以针对反对侵犯者达成共同判断和共同意志的难题，这种体系没有一个是完美运作的。历史经验表明，当主要大国间存在共识时，集体安全运作良好，而当面临巨大的威胁时，集体安全就会失去，包括大国在内的成员国会陷入冲突。

应该承认，上述理论视角在特定时期解释了现实世界中的特定现象，且当时国际社会和国际体系正在从地区性质逐步走进世界范围的进程之中。⑤冷战

---

① 汉斯·摩根索著，徐昕、郝望、李保平等译：《国家间政治——权力斗争与和平》（第七版），北京大学出版社2006年版，导言，第11页。

② 肯尼斯·华尔兹著，信强译：《国际政治理论》，上海世纪出版社2003年版。

③ Andrew Wyatt Walter. "Adam Smith and the Liberal Tradition in International Relations". Ian Clark and Iver B. Neumann. Ed. *Classical Theories of International Relations*. St. Martin's Press, 1996.

④ 詹姆斯·多尔蒂、小罗伯特·普法尔茨格拉夫著，阎学通、陈寒溪等译：《争论中的国际关系理论》（第五版），世界知识出版社2003年版。

⑤ 小查尔斯·凯格利：《世界政治：趋势与变革》（第十四版，影印版），北京大学出版社2004年版，前言。

结束后，世界多极化趋势已经明朗：不但是力量的多极化，而且是文化和价值观的平等多元化，还有国际社会在利益点和价值判断上的认同不断增多，并创造出更具效能的国际规范体系、更加成熟的主权国家秩序和更有内聚力的合作性地区秩序。它们共同支撑起一个稳定且文明的国际政治秩序并为此提供保障。而在国际关系实践中，上述三个层面的秩序构建均在不同程度上得到了积极推动。对于这一现实，尤其对于合作性地区秩序的形成，现实主义理论和自由主义理论显然难以给出让人信服的解释。[1]

而在这一点上，英国学派国际社会论者则有着完全不同的看法，他们认为国际（地区）秩序具有很强的规范性质，其包括国家之间共同的观念和社会规范，不仅仅是国际体系学者所强调的联动关系。赫德利·布尔认为，"如果一群国家意识到它们具有共同利益和价值观念，从而组成一个社会，也就是说，这些国家认为它们相互之间的关系受到一套共同规则的制约，而且它们还一起构建共同的制度，那么国家社会（或国际社会）就出现了"[2]。还有的学者将世界共同体作为国际秩序的特征，强调国际关系实际上是存在于一个国家、社会链接在一起的共同权力和责任的架构之内，国家和社会间有着最基本的集体认同，国际关系因此可以被界定为"政治共同体的世界社会，由社会群体、政治沟通的进程、法律实施的机制和遵从的大众习惯所组成"[3]。

简而言之，上述三种国际秩序形势之间有着内在的联系，它们能够构成一个连续体。换句话说，如果在国际关系中注入更多的规范性因素，国际体系可以逐渐转变为国际社会，再通过将超出社会共存需要的规范承诺升华为一种集体的责任，国际社会则可以走向世界共同体。

在地区秩序中，体系、社会和共同体的领域表现得更为清晰，而且地区体系、地区社会和地区共同体作为一个连续体也更具有现实性和可实践性。东非地区体系具有"地区安全复合体"的特征，就是地理上接近的一群国家之间形成了有重要影响和特征的安全联系，在安全事务上有着高度的相互依存关系。

---

① 秦亚青：《权力·制度·文化——国际政治学的三种体系理论》，《世界经济与政治》2002年第6期，第5—10页。
② 赫德利·布尔著，张小明译：《无政府社会：世界政治秩序研究》（第二版），世界知识出版社2003年版，第10—11页。
③ 宋国友：《回到社会：对国际关系主体的重塑》，《教学与研究》2007年第7期，第73—78页。

在这种框架下,任何一个国家都不能撇开其他国家来单独地考虑自身的安全利益和政策。对于东非国家来说,它不仅指传统意义上的军事安全关系,也包含了地区内社会、经济、政治和环境等新的安全事务方面的关系。地区复合安全体概念包含了国家之间从敌视、不和到友善、和睦的若干类型,但在东非地区所表示的主要是走向友善的组成方式,强调的是在无政府状态下塑造稳定安全秩序的地区特征,敌视与不和已不再是其中主要的决定因素。

从理论角度出发,地区体系中往往不存在一个相对稳定的和得到较好建构的安全结构,来管理因力量变化而出现的那些政策调整,地区形势和国家关系经常处于不确定和紧张的状态,安全机制主要是由单个国家和(或)国家结盟的均势政策所提供,这也是现实主义理论在解释地区体系时所具有的强大说服力,如对中东地区的解释。因此,赫特等人干脆将地区体系中的政治经济发展特征概括为地区无政府,即不存在能够确保地区经济体系发挥作用的地区机制,国家间的政治、经济交流是不稳定的和短视的,缺乏地区共有意识。

在地区社会中,国家意识到并通过地区合作创造出规范与机制来管理成员国之间的利益冲突,以正式的或者非正式的地区制度组织或规范政治、经济和文化等领域交流与互动的地区化进程。与国际社会以国家为核心不同的是,地区社会在多领域和多层面良性互动的复杂关系中存在着。此外,在地区社会中,成员国往往了解和接受客观现实,即不同的国家和力量起到的现实作用存在差异,地区内国家规范各自的行为和处理相互关系的动力往往来自绝对所得的理念、互惠的期望和共识的追求。

地区共同体是指一个已经养成了长期和平互动的习惯,并在解决相互间的分歧和地区内冲突时排除了可能使用武力或武力胁迫的地区群体,其成员之间表现出了相同的反应、信赖、尊重和认同。在这种地区秩序中,地区逐渐地转变成一个具有鲜明的身份、制度化或非正式的角色能力、合法性和决策结构的主体。卡尔·多伊奇将地区共同体分为地区安全共同体和地区政治共同体两种形式。前者表现为地区群体之间有着将会和平解决冲突的共同期望,这是地区共同体存在的最低条件,成员国保持着各自的独立与主权地位,因而也称作多元的地区共同体;后者是在前者基础上发展成的一个合并的单一政治实体,相当于联邦制或单一民族国家的政体。①在国际关系中所谈论的地区共同体一般是指地区安全共同体，而且安全共同体一般也是以地区的形式存在的，因为当前还未出现过真正的世界或全球安全共同体。

一般而言，绝大多数国家对安全与权力的考虑是受地理制约的，而且地区内的国家、社会间的联系与互动最为强烈，加之冷战结束后国际安全的地区化走势，使得地区的体系特征显得更加突出。一方面，如果地区内的国家间关系是由冲突与敌对状态所决定的，那就表明地区主义的动力比较弱，安全互动是高强度的，地区秩序当然要以地区体系体现出来，当前的中东和南亚地区即是如此。另一方面，更有可能的情况是，由于地区内经济与安全的相互依赖程度较高、社会文化价值的同质性较强、社会联系与交流较为频繁，易于促使地区内的国家产出地区整体意识，为了摆脱安全互动的消极意义和管理共同的利益而求助于一定的共同规范与制度机制，地区社会随之出现并得以加强，如欧盟、东盟和东共体。而且，地区社会的社会性深度远远高于国际社会，因为地区社会建设的动机和功能之一就是提供长期的地区安全保证，而国际社会并不具备这样的功能。这一点可从安全共同体的构建过程中略见一斑。

第二节　安全共同体：一种地区秩序的分析框架

一、安全共同体的性质及学理意义

从理论角度来看，从地区体系到安全共同体，是地区从无序或不稳定状态逐渐演变到安全稳定状态的一个过程，也是一个已经形成的对长期和平的可靠期望。因此，安全共同体概念不仅仅被看作一个过程，而是经常被视为一种终极状态。②

安全共同体的建设，在相当程度上消除或降低了无政府、安全困境、冲

---

① 伊曼纽尔·阿德勒、迈克尔·巴涅特主编，孙红译：《安全共同体》，世界知识出版社2015年版，第24页。
② 阿米塔夫·阿齐亚：《地区主义和即将出现的世界秩序：主权、自治权、地区特性》，《世界经济与政治》2000年第2期，第63—68页。

突、不稳定、不确定等结构性和政策性的过程，并且，在安全共同体这种形态阶段，人们坚信，存在着地区内的国家在处理彼此关系时已不再期望、准备或担心使用武力或武力胁迫，甚至不使用具有胁迫性的制裁手段等现象，但在现实实践中，或多或少同理论有较大出入。如果说欧盟即是安全共同体实践现实存在的最高形态，那么阿拉伯海湾合作委员会则是现实中最近的反向例证。①另外，从欧盟经验可以看出，起直接决定作用的是观念和规范因素；从东盟经验不难理解，起直接决定作用的是共享权力和利益；美国和加拿大的安全共同体的现实说明，起直接作用的则是政治习得；②而东共体的进展表明，观念规范因素和权力利益因素及政治习得均在一定程度上发挥了作用，而决定性因素似乎还不甚明了。值得进一步指出的是，上述区域组织内部的国家、社会和个人在认识到了共同利益存在的基础上，不再相互敌视或威胁，而是相互信任，有了地区的集体认同。相应地，地区内外不同的观念、"我们"和"他者"的观念已在不同程度上被培养了起来。

从国际关系理论的视角来看，安全共同体的概念有两层意义。一是通过互动和社会化，使国家能够在无政府状态中保持稳定，至少暂时告别冲突，可能实现长期和平，甚至冲破现实主义视角中的安全困境；二是为研究国际和地区制度对国际关系和平变化的促进及地区秩序的维护提供了一种理论分析框架。那么，如何才能实现安全共同体？作为安全共同体形成标志的那些观念、价值、规范和认同是如何产生的？多伊奇考察北约形成的情况，将安全共同体作为北大西洋地区内国家之间交往、交易的产物。③鲁塞特则将自由民主、相互依存和国际组织视为安全共同体的主要基础和动力。④

客观而言，安全共同体及其实现的过程并非如此简单。安全共同体的产生并长久地维持是综合因素互动的结果，它是地区经济、政治、社会、文化价值等领域密切互动的结果，而且这些关系均具有非对抗的、向和平转变的性质，

---

① 阿拉伯海湾合作委员会尽管具备很多安全共同体的内涵特征，但2016年至今其成员国共同围殴卡塔尔，所表现出的敌意和手段，均同安全共同体所要求的内部关系处理原则背道而驰。
② 伊曼纽尔·阿德勒、迈克尔·巴涅特主编，孙红译：《安全共同体》，世界知识出版社2015年版，第279—303页。
③ 詹姆斯·多尔蒂、小罗伯特·普法尔茨格拉夫著，阎学通、陈寒溪等译：《争论中的国际关系理论》（第5版），世界知识出版社2003年版，第556—560页。
④ 邝艳湘：《和平还是冲突：经济相互依赖的政治后果》，《国际论坛》2007年第3期，第44—48页。

所以仅从建构主义的视角试图勾画其全景也有一定的局限性。因此，鲁杰在分析跨大西洋共同体的存在时说，难以判定经济一体化、外部威胁和宪政民主中何种因素起主导作用。[①]因此，目前在探讨东非共同体如何打造并实现安全共同体时，仍需要明确三个问题。

第一，尽管地区差异较大，但许多地区都存在产生安全共同体的可能性，不能仅将其局限于若干所谓的核心地区或主要发达国家之中，非西方发展中地区也会产生安全共同体。就东共体来说，当前六国在经济发展水平、政治制度、社会发展程度等方面存在较大差异，但发展势头相当强劲，且重建后成员国之间的和平解决争端的共识得到了较好的落实。

第二，地区安全共同体是在地区发展中持续发展的过程，它是一个从地区体系转化为地区社会，然后又转化为地区共同体的过程。东非地区体系大致经历了部落体系（社会）主导→伊斯兰体系主导→西方殖民体系主导→主权国家体系主导的状态。当然，也要看到东非地区体系特别是在近代以后，共存很长一段时期，且在当前这类共存痕迹还相当明显。需要指出的是，如今的东非地区体系更多是主权国家体系与东共体区域融合尤其是领域一体化的整合共存时期。

第三，安全共同体需要在已摆脱所谓的安全困境的情况下才有可能形成。当前，东共体地区在一定程度上已经摆脱了地区霸权争夺的恶性循环，也未出现军备竞赛。不仅如此，随着各国政局（除南苏丹外）的相继稳定，各国军费支出和军事作战人员不断缩减，[②]各国仅保持着最小规模的战斗部队。这可视为东共体国家暂时已冲破了安全困境，在相当程度上已经处于非战共同体的状态。

[①] 朱杰进、黄超：《交往密度与国际体系的演变——约翰·鲁杰建构主义思想述评》，《国际政治研究》2006年第1期，第149—154页。
[②] 东共体国家军事力量大致情况如下：肯尼亚现役海陆空三军人数分别为1620人、20000人和2500人，军费维持在3800万美元左右；乌干达海陆空三军人数分别为400人、36000人和800人，因与西方援助国协议所限，每年军费严格限制在国内生产总值的2%，1.2亿—1.5亿美元；坦桑尼亚总兵力控制在30000人左右，国防预算支出在1亿—1.5亿美元；卢旺达总兵力约30000人，国防支出达占国家总预算20%；布隆迪总兵力约50000人，国防开支一般占国家预算的20%。参见《各国军事力量》，战略军事网，http://www.chinaiiss.com/military/，2016年1月30日。

二、安全共同体的实现路径

安全共同体不是给定的，而是人类互动的结果，它也并非社会化和制度建构的简单线性过程，而是受众多的影响因素和不同的发展阶段有机地连接起来的过程。安全共同体构筑的逻辑应该是地区体系（制度构架）→地区社会（规范形成）→地区安全共同体（实现认同），而能够使这种逻辑顺利实现，并能够将这些不同的阶段贯穿起来，呈现阶梯状演变的动力是地区一体化，它是安全共同体实现的主要渠道和路径。

如果不是仅从经济角度狭义理解的话，那么地区一体化应该界定为，特定地缘范围内的国家和社会，在经济相互依存的存在或期望的基础上，通过有意识的政策与制度设计，加深相互间经济、社会、政治、安全及对外政策的融合与趋同，并确立起特定程度的共同规则与制度，它是一个向着地区共识转变的过程。多伊奇认为，安全共同体就是地区一体化进程的产物，通过政治、经济、文化的交易和互动，地区一体化能够促使相关的国家协力创造出制度和规则，以保证秩序与关系的和平调整与变革。按照这种方法，研究地区安全共同体实现问题的优势体现在三个方面。

第一，地区一体化包含着并可积聚起安全共同体构建所需要的物质和精神基础。从某种意义上说，地区一体化是与地区内民众的"我们感"形成与变化的一个过程。地区一体化通过有步骤的经济、社会与政治的合作及融合，能够夯实、黏合安全共同体的根基和结构。地区、国家和个人（政治精英和民众）是地区一体化展开的主要层面，通过国家及社会在地区层面的交流与互动、国家的对外反应和个人的社会学习，地区秩序可以实现从霍布斯的无政府状态到多伊奇的安全共同体的转变。地区一体化是地区规则、规制和政策等制度安全的进程，成员国之间可通过协调与合作来满足地区集体的需要。初步的、主要基于密切的经济联系和相互依存的地区化现实及对其更高程度的要求是地区一体化的前提，因为正式的或非正式的地区性制度动力最初来自追求利益最大化的市场角色，而非政治领导人。

当然，地区化的深入发展离不开有关国家及其有意识的政策推动，而且地区化也会逐步扩展到政治、安全社会、文化等全面的领域。地区化及其对地区的制度建设的需要，促成了地区一体化的腾飞，然后它就进入了一个自我加强的进程。地区的这种内部互联和逐步制度化的结构性变化，有助于分配冲突的解决和降低欺诈的可能性，从而把地区内的跨国关系带入一个积极的、良性循环的轨道。在此基础上，就会产生可接受及合法的国家行为，国家与社会把自己想象为地区的一部分，建构出共同的利益与认同，培养出和平的习性和对地区问题的共同反应。

第二，地区一体化也是成员国对外反应走向一致的过程。从国际环境的性质、国家对外界的认知和反应能力及对其他国家的需求与行为的判断等决定国家对外反应的趋同，意味着它们对区域一体化所产生的制约和机遇有着共识，相互间的回应能够遵循共同的逻辑，即使不一致，也是可预测的、可接受的或可理解的。

第三，地区一体化是一个社会习得过程。社会习得是在新的因果关系和规范性知识的基础上，通过改变人们笃信的物质和身份，来转变社会现实的能力和动机，从而用与以往不同的方式给予他们的社会生活以意义，并使之制度化和持久化。与一体化推进相伴随的是参与政府间谈判的政治精英们的互动、经济领域内各种角色的跨国交流和非正式的联系、地区内社会与空间的流动，在此过程中的政治与社会的集体学习，有利于政治家之间和民众之间相互理解、说服和容纳，产生共同的经历和地区群体感，改变他们对其环境与条件、利益与期待的集体理解，培养和平的社会认同，采取和平的决策与行为。

总之，地区一体化在地区层面上产生的制度与规范、在国家层面上产生的共同反应、在个人层面上产生的全体观念与认同，为安全共同体的构筑提供了必要的条件和基础。从一体化与地区演变逻辑的关系方面来看，经济的地区化是地区体系迈向地区社会的桥梁，是它将地区推向了一体化的进程。在一体化向深度和广度推进的带动下，地区的社会性得以深化和扩展。地区社会是一个地区合作的规范、原则、象征和制度，成员国将其内化为它们的思维与行为的共同准则，继而形成一系列主体之间的共同理解和共同遵守的危机管理的社会规范与机制，使它们共同获益，提升社会关系并增强人们对一体化的利益期望。

而地区社会转向安全共同体，在具有强制性的法律—理性（Legal-Rational）性质的规范与制度之外，还必须生成一种社会文化性质的规范与制度，即协商与共识，并成为国家、社会团体和个人的基本属性及职责。这是地区一体化走向高级阶段并推动地区社会成长的必然逻辑。一体化创造出了大规模的公共利益、政策和活动，以共同法律、协商和共识为基础的地区治理是确保既有和预期成果的关键。同时，一体化还是一个地区市民社会建设和参与的过程，它会以自己的标准和方式来判断并影响地区治理中的权威及合法性的问题。应该指出的是，在进入一体化的较高阶段后，地区内的国家和社会角色能够基于随之前的一体化而来的观念、规范和互动，相互间建构出和积聚起体现安全共同体的认同感、信任感和忠诚感，尽管地区一体化进程可能会出现波动、放缓甚至暂时的停滞等情况。

第三节　实现安全共同体的内在要求及走向

安全共同体的构建过程包括各类行为体形成对和平行动的共同理解的过程，通过安全共同体，以往通过战争手段追求利益的情况现在被依靠和平手段追求利益所取代。在通过区域一体化实现安全共同体的过程中，诸多积极因素起到推动作用，其中最重要的是地区制度、地区规范和地区认同。

第一，地区制度。一般而言，合作型地区结构必须拥有一定的制度能力，地区制度既能够规制国家的行为，促进一体化的发展，也可以构建国家的利益与认同，推动安全共同体的建设。地区组织或非正式的规范与机制形式表现出来的地区制度，是地区层面上各种互动、国家行为取得合法性、地区利益与认同形成或调整的主要场所或来源，国家与社会也借此将它们想象为地区的组成部分。不可否认，地区制度体系的真实反应，甚至加强和巩固了地区的权力结构，有利于主导国家，因为最初的制度选择受到分配考虑的驱动。但制度也提供了"学习"的论坛、环境和形式，而且地区制度越是深化，学习的可能性也就越大。制度的学习也是一个接受和改变的过程，小国逐渐确信地区制度可以对大国构成约束，并将大国的承诺与地区地位的获得捆绑在一起，再加上对自身利益的考量，这易于促使它们在地区一体化的深化上采取"追随"政策；大国也可以借助地区制度的工具实现权力的分享和积聚，体现对地区的责任与贡献，对其他国家进行安抚，这对于一体化是必不可少的。因此，通过地区制度化，地区成员可以在地区合作的重要问题上形成共同的解释，以一致的规则与规范来控制问题的解决过程，建立起相互间的信任关系，把地区一体化所不断产生的期望和行为的预期转化为地区的公共信心与目标。阿德勒对此有过细致的阐述："需要研究国际和跨国制度在共同体社会建构中所起的作用。通过确定、安排和传播规范，界定形成可接受的和合法的国家行为，国际组织可能设计国家行为，然而……国际组织可以激励国家和社会把自己设想为一个地区的一部分。这说明国际组织能够成为利益和认同构成的基础。更重要的是，出于实用原因而建设的区域组织，通过变成一种新的互动场所和想象源泉，而获得了意想不到的认同构成。"①综观东共体的历史，这句话可谓最佳注脚。

第二，地区规范。众所周知，一切社会共同体均取决于行为的规范。因此，有学者认为规范是"界定权利和义务的行为标准"②。规范是支撑地区一体化和安全共同体的基本认知力量。规范体现出地区共同利益的存在及人们对这种存在的认知，信奉的是地区整体与一致的观念，致力于整合地区内所固有的各种分裂、隔阂现象。因此，一种地区认同的问题，更多地通过达成共识性规范和知识分享的不断积累逐渐引导出比较理想的地区秩序。可以说，规范是隐藏在地区一体化和安全共同体建设的进程背后的基本信条和意识形态，而且对它的认同感的强弱也决定了这种进程的速度和方式，当然，通过推行地区一体化来构建安全共同体的每一步进展也都会强化规范信念、基础和合法性。

在东非地区，作为东共体的规范，既包括法律—理性的多样性，也包含社会—文化的多样性。东共体的政治和安全角色是建立在一种共同遵守常规的国际规范基础上的，这些国际规范包括在地区国家间关系中尊重公正和法律的原则，遵守非盟宪章和联合国宪章的原则。但除了这些规范之外，东共体程序还存在共同一致性原则，使东共体与欧盟的法律—理性的制度主义相区别，不仅是东共体成员国对不干涉的法律规范的遵守，而且是共同一致的原则和实践，

---

① Emanual Adler. "Seizing the Middle Ground: Constructivism in World Politics". *European Journal of International Relations*, Vol. 3, No. 3, 1997, pp.345-346.

② Friedrich V. Kratochwil. *Rules, Norms and Decisions*. Cambridge University Press, 1989, p.59.

共同一致的原则和时间因带有一种地区文化风格而被合理化，而这种地区文化特色长期以来始终将共同一致推崇为东共体的运作方式。正如本书第三章所述，东共体成员国并不一定认为东共体最重要的法律规范是该国独有的。和平解决争端原则是现代所有国际组织的共同准则。另外，东共体实质上还暗含着一个重要规范，即避免签订东共体军事条约，这可能源于东共体成员国对大国在非洲之角竞争历史的警觉。①

第三，地区认同。地区认同是实现地区秩序"安全共同体"状态的第三个关键因素。现实主义和自由主义理论认为，物质主义是居第一位的，如地区内的大国与权力关系对地区秩序及其演变构成关键的影响。建构主义认为，包括观念、文化和认同在内的主体互动性因素在彼此交往中起决定性作用。安全共同体内的成员具有共同属性，成员都表现出相互信任和相互尊重，它们有自己认同的自我意识。集体认同不是外在于行为体彼此互动和社会化过程中，而是通过互动和社会化创造和再造出来的。本尼迪克特·安德森认为，民族主义是一种"想象的共同体"，安全共同体本质上也应该是"想象的共同体"。想象的共同体包括"一种生产性的和自我强化的态度以及行为的社会建构"，这可能影响"'共同认同'的界定和实现"②。

从这个角度看，东共体的建构大体上可以视为一种连续的认同建构过程，这种认同建构过程既依靠国家间关系的常规的原则，也依靠该地区盛行的社会化和决策过程中的传统的和特殊文化的模式。东共体创立者的地区认同概念相对有限，但他们明确地期待通过区域合作形成地区认同。在东共体，起决定作用的不仅仅是形成了一种区域认同意识，而是界定了东非地区为一个区域的界线。东共体利用成员国本土的社会、文化和政治传统，借鉴、适应和重新界定了与内外世界合作的原则和实践。偶尔，假定的对外原则和区域主义模式，在因缺乏东非地区环境中的"关联性"而受到抵制后，通常是在重新界定和进行符合东共体成员需要的渴望调整之后，被融合进东共体框架。另外，东共体自

---

① Constantine Manda, Josie Knowles, John Connors. "Borders: Social Interaction and Economic and Political Integration of the East African Community". *Working Paper*, November 23, 2014［2015-05-08］. https://www.mendeley.com/catalogue/borders-social-interaction-economic-political-integration-east-african-community/.

② 本尼迪克特·安德森著，吴叡人译：《想象的共同体——民族主义的起源与散布》，上海人民出版社2011年版。

重建以来，预设的东共体区域主义的文化基础通过十多年互动已经被发展和界定为一种自我意识方式，并作为东共体不断发展过程中的重要部分而存在。东共体区域主义开始出现时，在创始国成员中，虽然存在着较大的文化相似性，但并不存在一种显性的和先验的集体认同意识。对于经过十多年的互动是否形成了此种认同这一点，争议也是不绝于耳。但这不应当成为否认东共体成员国的认真努力的理由，东共体成员国通过规范的发展及东共体认同的建构，克服影响它们安全的困境并建立一个安全共同体，从而使得它们的利益成为可以建构的。

应当指出的是，尽管有上述关键要素支撑并最终形成了不同发展程度的安全共同体，但马克思主义观点认为，任何事物都会有发轫、发展、成熟到衰落的过程。因此，从理论角度看，一种安全共同体即使被成功地建立起来，也有着衰落或瓦解的可能性，只是留存的时间长短不同。从现实角度看，当前欧债危机困境和海合会内部危机使人们注意到安全共同体衰落或瓦解存在现实的可能性。事实上，在卡尔·多伊奇的论述中，其虽然并未详细说明导致安全共同体衰落的条件，但他富有洞见的阐释，说明了他对安全共同体衰落可能性的认识："任何特定的安全共同体能否长期运行，取决于它是否具有调整和平的能力，且调整能力能否使互动中的紧张关系得以消除。"[1]显然，多伊奇为安全共同体何时衰落及如何衰落提供了社会学的基础，而非现实主义者所强调的权力基础。因此，理解安全共同体如何衰落，对于解释东共体是如何产生而言应是一个必要的补充。

现实主义往往依据从双边到多边的权力与转移的循环来解释包括国际合作在内的国际体系的主要变化，包括国际合作的衰落。权力转移往往对国家产生新的安全威胁，国家或国家集团重新分化组合，甚至促使新的军事联盟的产生，从而出现新的安全困境及危及已存在的合作关系。（新）自由主义理论其实并未直接对制度的危机和衰落进行阐释，但其基本承认国际制度的特征是由主要力量分布所决定的，以及均势中的权力转移可能是包括多元型安全共同体

---

[1] Karl W. Deutsch. "Security Communities". James Rosenau. Ed. *International Politics and Foreign Policy: A Reader in Research and Theory*. Free Press, 1961.

在内的合作性制度产生和衰落的最终决定因素。[①]因此，在此问题上，现实主义理论与（新）自由主义理论实现了合流。

但建构主义对安全共同体的解释同上述观点有所差异，认为安全共同体衰落的根源并非必然外在于安全共同体的社会化过程。当安全共同体成员扩大或成员深化彼此合作时，安全共同体可能会更顺利地发展，产生新的合作形式或深化现存合作形式，但也可能面临着有效资源或原来规范在处理新的任务时不够充分的问题，从而可能导致安全共同体解散。因此，一种现存的安全共同体的扩展能够改变其向前发展的社会化动力，游离在外的非社会化行为体的加入可能给安全共同体造成新的压力，并检验其处理相互间冲突的能力。此外，一个扩大了的安全共同体需要阐明新行为体的特殊安全问题，这也是一种新的有形压力。如在东非地区内，东共体的经济一体化水平有了一定的高度，这就需要东共体必须容纳经济发展水平较低的布隆迪和南苏丹。

安全共同体内的社会化过程及安全共同体与外部世界的社会化过程，都受到国际体系中有关合作的规范和观念变化的影响。这些变化会削弱安全共同体处理内部相互之间的关系及对付外部压力方式的根基。如当前国际上关于主权和不干涉内政的原则规范正经历着变革和挑战，并影响着东共体处理内部成员之间的关系及与地区其他国家之间关系的方式。可以断言，安全共同体无论是在现在还是在未来，只要不能适应变化着的外部条件或未能有效和平地消弭成员之间的争端，其一定会处于危机之中甚至瓦解。

---

① 袁正清：《从安全困境到安全共同体：建构主义的解析》，《欧洲研究》2003年第4期，第38—50页。

第二章

东非共同体区域秩序的制度设计

东非地区社会的和平共处与友好合作有着较长的历史。中世纪阿拉伯人和近代西方殖民入侵先后打破了该地区的长久静谧。特别是近代西方殖民政府及之后当地的统治精英给东非地区播下了歧见与分裂之种，使各政治实体之间的信任感渐失，彼此疑惧之心渐长。早期，欧洲人来到东非沿海，以及之后的1884年柏林会议将"分而治之"政策在非洲大陆落实，东非地区随之进入现代碎片化时期，由德国人和英国人在各自主宰区块中实行残酷的殖民统治，殖民与反殖民斗争异常激烈，[1]东非地区安全一体化也因此成为巩固殖民统治的首要条件。1887年，英国殖民政府在东非地区建立了名为"中非竞争对手"（Central African Rivals, CAR）的安全机制，并在此框架下成立了首支殖民军。1902年，英国在东印度公司瓦解后建立了其他公司，之后发展为耶稣堡（Fort Jesus）总部"非洲王者火枪队"（Kings African Rifles）的第三营。[2]第一次世界大战期间，这支军队得到了扩充。第二次世界大战期间，该军队得到了重新编制，并被派驻在乌干达和坦噶尼喀。英国殖民政府如此安排，不但在两次世界大战中避免了东非地区内外受敌，而且保证了整个东非地区的安全。简而言之，殖民时期的东非秩序构建是从安全秩序开始，逐步扩展到政治和经济社会秩序范畴的。之后，东非主权国家构建东非安全共同体在相当程度上可视为是殖民时期次区域合作的历史延续。

第一节　从殖民合作到地区一体化进程的历史演进

从治理角度看，西方国家在非洲构建起殖民体系后，在各自辖区里建立起政治统治，先是实行"分而治之"的政策，但自20世纪初起实际上普遍采取了

---

[1] Steven L. Spiegel, Elizabeth G. Matthews, Jennifer M. Taw. *World Politics in a New Era (6th Edition)*. Oxford University Press, 2013, p.541.

[2] Timothy H. Parsons. *The African Rank and File: Social Implications of Colonial Military Service in the King's African Rifles, 1902-1964*. James Currey, 1999, p.134.

"合而治之"的策略。①肯尼亚、坦桑尼亚和乌干达等地方诸多领域性一体化合作正是在这种政策下促成并进行实践的。1895—1903年，英国殖民当局主持修建的从肯尼亚蒙巴萨到乌干达坎帕拉的乌干达铁路，被公认为是殖民时期东非地区社会经济和政治合作，以及区域一体化进程的正式启动。②1905—1947年，在殖民当局的主导下，东非地区先后建立了多个泛区域一体化机构，包括东非货币局（East African Currency Board）、东非邮政联盟（Postal Union）、东非上诉法院（East African Court of Appeal）、东非总督大会（East African Governors' Conference）和东非收入税务局与联合经济理事会（East African Income Tax Board and the Joint Economic Council）。1945年，东非航空公司成立，当时的业务遍布非洲大陆，并成为沟通欧洲和印度的重要交通工具。1948年，东非高级委员会（East African High Commission, EAHC）成立后，东非地区一体化进入了区域合作制度化阶段（1948—1961年）。东非高级委员会是肯尼亚、坦噶尼喀和乌干达三地总督殖民处建立的合作性司法机构，由殖民地的总督、行政官员、交通代表组成，负责海关联盟、对外统一关税、货币和邮政、交通通讯、研究及教育等地区事务的协调和处理工作。该委员会由七名退休官员、三名任命的官员和十三名非官方人员组成。③同年，殖民处还建立了东非中央议会，同东非高级委员会一起成为处理东非地区事务的主要决策机构。④1961年，东非高级委员会并入东非共同服务组织（East African Common Services Organization, EACSO），该组织被视为东非三地间的政治联邦机构，虽然公共管理的范围得到了进一步拓展，但由于三个殖民地同英国的直接联系严重侵蚀了上述机构的自治权，这些机构缺乏共同规划、财政政策和独立的政治政策。实际上东非地区秩序的主导权仍掌握在英国人手里。

在东共体高级委员会与东共体共同服务组织等区域性机构治理期间，东非地区合作出现三种势力竞合态势：主张经济合作的力量；主张政治合作的势

① 陆庭恩：《非洲国家的殖民主义历史遗留》，《国际政治研究》2002年第1期。
② Korwa G. Adar. "East African Community". Giovanni Finizio, Lucio Levi, Nicola Vallinoto. Ed. *The Democratization of International Institutions: First International Democracy Report*. Routledge, 2013, pp.230–242.
③ Ingrid D. Delupis. *The East African Community and Common Market*, Longman, 1970, pp.27–28.
④ Korwa G. Adar. "East African Community". Giovanni Finizio, Lucio Levi, Nicola Vallinoto. Ed. *The Democratization of International Institutions: First International Democracy Report*. Routledge, 2013, pp.230–242.

力；殖民地总督、当地普通居民和非洲民族主义者之间殖民与去殖民化运动之间的整合力量。这些不同力量互动的结果，使东非地区出现殖民化当局主导政治与安全，且肯尼亚占据经济主导地位的格局。东非共同服务组织启动了若干大型公共服务计划，但大多数公共服务计划集中在肯尼亚的内罗毕，这导致东非地区长期市场失衡，形成了以内罗毕为中心的东非地区的中心—边缘关系，使东非共同服务组织不断受到来自边缘地方的结构性挑战。

　　1961年，肯尼亚、坦桑尼亚和乌干达三国的独立意味着东非共同服务组织成为历史，三国总统分别接手了英国总督在三地的管辖权，但东非共同服务组织的制度遗产被保留了下来，独立后的三国合作仍然在此框架下运行。东非共同服务组织由东非局（East African Authority）、中央立法会（Central Legislative Assembly）和三方执委会（Triumvirates）等机构构成。东非局是东非共同服务组织的最高权力机构，负责签署由中央立法会通过的法案。[①]三方执行委员会由交通委员会、金融委员会、商务委员会、工业协同委员会和劳动委员会五个部长委员会组成，是主要的政策制定机构；秘书处由秘书长主持，这也是区别于东非高级委员会的最大行动架构。此外，还设有东非共同事务部和东非上诉法院等其他的治理机构。上述机构设置及其发展出现了诸多曲折，甚至威胁到东非共同服务组织的生存。

　　实际上，在东非共同服务组织作为地区秩序架构运作期间，东非地区领导人肯雅塔、尼雷尔和奥博特也在寻求并宣传各自心目中的地区秩序构想。由于东非地区长期受到泛非主义思想的浸淫，东非政治精英念念不忘追求超越殖民时期合作思维的泛非地区秩序的理想，同时尝试建立新的区域秩序架构。20世纪60年代初，上述三位领导人发起了旨在以区域一体化为跳板，最终走向政治联邦的合作尝试。但三国领导人随之意识到，主权国家独立后的现实利益很大程度上破坏了政治联邦内在驱动力，[②]导致实现政治联邦的目标难度空前。于是，三国领导人重新定义了各自的发展战略，通过选择以经济合作为核心的区域一体化进程，使三方紧密合作成为可能。1967年，三国领导人签署《东非共

---

① Ingrid D. Delupis. *The East African Community and Common Market*. Longman, 1970, p.43.
② Korwa G. Adar. "East African Community". Giovanni Finizio et al. Ed. *The Democratization of International Institutions: First International Democracy Report*. Routledge, 2013, pp.230–242.

同体合作条约》，决定建立东共体，并把经济合作作为促进彼此进一步合作的驱动力。[1]这种缘于历史的结构性挑战最终让东非共同服务组织寿终正寝。值得一提的是，东非共同公共服务组织的所有权原则始终是新成立的东共体功能性运作的指导原则，指引着这一时期东非地区的一体化进程。[2]

1967年12月启动的东非共同体（1967—1977）标志着东非地区国家间的合作进入了新时期。《东非共同体合作条约》的生效拓展了东非地区在经济和政治一体化领域的范围。东共体旨在建立共同市场、统一关税和一系列公共共同服务，以实现区域内的经济增长相对平衡的目标。在此期间，东共体区域内实现了统一货币，公共共同企业有东方铁路和港口公司、东非航空公司、东非邮政和电讯公司及东非发展银行。[3]三国执行统一教育方案，使用统一课程大纲和统一考试机构，即东非考试委员会（East African Examinations Council），每个国家设立拥有专科学院的东非大学、负责出版的东非文学局及东非大学间理事会（Inter-University Council of East Africa）等。此外，共同体公民不管是专业人员，还是临时工，都可以在整个地区流动和工作。

在三国走向自主区域合作的过程中，经济合作被置于首要地位，经济秩序得到相当程度的重构和更新，安全领域却走向了反向发展阶段，从原来的区域一体化安全走向了去区域一体化安全的进程。三国独立后，迅速组建了本国军队，这也标志着区域层面安全一体化合作的终结，因为军队变成了服务各自领土和国家利益的机构，加之新成立的东共体并未设计共同的安全架构，导致如何解决成员国之间的冲突缺乏明晰的解决框架。这种缺失使人们看到之后三国高层之间满是信任缺失、疑虑重重和歧见连连的场景，远远超越了意识形态或经济争论本身。此外，区域一体化的其他方面也出现衰落迹象，如1968年东非货币局解散，各国建立了本国独立的中央银行，货币一体化进程也宣告结束。

---

[1] Korwa G. Adar, "New Regionalism and Regional Reconstruction: The Case of the East African Community". *Politeia*, Vol. 24, No. 1, 2005, p.37.

[2] Ibid.

[3] German Cooperation Deutsche Zusammenarbeit. "History of East African Regional Integration". GIZ, May, 2014 [2015-06-10]. http://eacgermany.org/wp-content/uploads/2014/05/GIZ-EAC-Factsheet-EAC-History.pdf.

1971年，阿明发动军事政变，推翻了奥博特政权，三国之间的信任感消失殆尽，乌干达国内政变严重妨碍了东共体的一体化进程。尤其是乌干达和坦桑尼亚之间关系的不断恶化，表明东共体的最高决策机构——国家和政府首脑委员会（Authority of Heads of State and Governments）已彻底瘫痪。阿明对肯尼亚的部分领土要求导致两国边界关闭，冲突一触即发。乌干达内乱及其政局不稳不仅使东共体工作人员的安全得不到保障，而且之后的事态发展成为加速东共体瓦解和崩溃的重要原因。①

这一时期的东共体的制度架构与安全领域的关系主要体现在1967年12月生效的《东非共同体合作条约》之中。该条约的签署及实施在许多方面具有重要意义。首先，《东非共同体合作条约》将共同市场和共同服务置于同一框架之内，并给予了共同市场一个坚实的法理依据，这也为之后东共体重建奠定了法律基础。其次，《东非共同体合作条约》规定了共同体旨在实现收支平衡分配的目标。该规定吸收了利益均分和平等权等国际合作中的通则前提。再次，《东非共同体合作条约》建立了许多公共机构来协调彼此行动，并给出行动指导，为从双边主义走向多边主义合作积累了丰富经验。最后，《东非共同体合作条约》设立了共同体部长的职位，来推进共同体利益，实际上为整合不同国家的政策提供了一种可能。由于多种原因，1977年，东共体的瓦解标志着该条约一体化试验失败，而肯尼亚从共同体合作中的受益远远多于坦桑尼亚和乌干达被认为是该组织失败的直接原因。②

需要指出的是，《东非共同体合作条约》开启了东非地区主权国家体系下的区域化合作制度的建设历程。东共体实现了市场的制度化功能，建立了四个相关的经济合作机制：对外共同关税机制、内部贸易机制、东共体贸易保护机制和税收转移机制。③这种制度设计旨在通过促进地区均衡发展来应对历史上经济失衡的现实。但在东共体一体化进程中，这种富有远见的规划所产生的经济合作之溢出效应并未消弭地区内外的复杂性和深刻分歧，1977年，东共体仍

① Ngila Mwase. "Kampala's Long Rewarding Walk to the East African Community". *The East Africa*, October 6–12, 2012, p.10.

② Olatunde J. B. Ojo, D. K. Orwa, C. M. B. Cleete. *African International Relations*. Longman, 1985, p.158.

③ Korwa G. Adar. "East African Community". Giovanni Finizio et al. Ed. *The Democratization of International Institutions: First International Democracy Report*. Routledge, 2013, pp.230–242.

逃脱不了瓦解的命运。具体而言，东共体决策过程的集中制特质及过度依赖国家和政府首脑之间和谐关系，严重侵蚀了其他治理机构的有效运转，最终使成员国为了捍卫国家利益，而抛弃了区域层面的东共体利益。

另外，还有必要指出的是，这一时期东共体的治理结构中没有将安全和经济合作两者联系起来的机构。除了言明探索经济合作外，《东非共同体合作条约》中没有有关共同安全政策的条款，而在之后的实践中未能提出让成员国高度认同的共同价值观。各成员国忙于追求各自的国家利益，而各国政治领导人变化无常的想法左右着东共体的重大决定。意识形态上的明显分歧，也传递到区域合作层面。肯尼亚采取资本主义制度，坦桑尼亚选择乌贾玛式的社会主义制度，而乌干达则通过奥博特总统的政治经济蓝图在资本主义和社会主义之间摇摆。普通人的规划（Common Man's Charter）被抛之脑后。①东共体瓦解后，三国对共有财产的争夺异常激烈。不少坦桑尼亚人至今仍然认为肯尼亚人占据了大部分共有财产。从这一点来看，至少部分解释了坦桑尼亚全国上下反对将本国资源算作东共体共同资源的原因。

但值得注意的是，东非地区统一的愿望并未随着财产清算而消逝，原东共体三国领导人仍然保持着合作热情，对区域合作的追求并未因组织的解散而消失。1984年，三国领导人（坦桑尼亚的尼雷尔、肯尼亚的莫伊和乌干达的奥博特）在阿鲁沙签订《东非共同体资产分配协议》，该协议第十四条中仍承诺探寻并确定未来可能的区域合作。1986年肯尼亚、坦桑尼亚和乌干达重启东非合作，并成立了一个三方工作组来制定新的合作模式。1991—1992年，三国外长制定了一份激活三方合作的实用方案，三方专家委员会确定了共同经济利益的范围。1993年，三国总统举行会议，讨论重启东非合作计划。1994年，三国决定成立东非合作三方常设委员会。1996年，东共体秘书处（筹）同意建立东非商务委员会（East African Business Council），并出台首份《东非共同体发展战略（1997—2000）》。2000年三国签署《建立东非共同体条约》。2001年，东非立法会和东非法院正式运作。2004—2013年，东共体成员国先后签署了《东非共同体关税同盟协议》（2005）、《东非共同体共同市场协议》（2010）和《东非

---

① Fred Olouch. "Leaders Launch Economic Bloc". *Daily Nation*, July 29, 2013.

共同体货币联盟协议》(2013)。如今,东共体已成为东非地区秩序构建的重要支撑,更是地区和平与安全的稳定器。

第二节 重建后的东非共同体地区制度设计

一般认为,国际制度设计是一个理性选择的过程。换句话说,设计国际制度的目的,是解决无政府国际体系中国家间合作所面临的一系列难题,而难题类型的不同就决定了设计出来的国际制度特征的不同。理性主义国际制度研究学者认为,国际制度的五个基本特征是成员资格、议题范围、集中程度、控制方式和灵活性。[1]国际组织作为一种国际制度设计,"从某种意义上说,国际组织就是一种常设性、制度化的国际会议形式,召开和举行国际会议是国际组织的主要活动"[2],而对于一个国际会议来说,谁有资格参加会议,会议讨论什么,如何在讨论完毕后做出决策,决策过后如何执行,等等,可以说构成了一个国际组织制度设计的主要内容。重建后的东共体也不例外。《东非共同体条约》及其相关文件确立了一整套构建东非地区秩序的制度框架,有着明确的原则规范(详见第三章)和处理与参与东非地区事务的程序。

一、成员国的资格认定与议题设置

(1)资格认定。东共体是一个开放性的组织。《东非共同体条约》第三条规定,得到授权的国家均有资格申请加入。因此,在东共体发展历程中,同大多数国际组织相似,它也经历过扩员的过程。当前,南苏丹是最新的一个东共体成员,成员国数增加到六个,索马里、马拉维虽然是东共体的正式观察员,并参与着东共体部分机构的工作,但这并不意味着它们将会成为东共体的成员国。因为,这些国家还不完全具备东共体成员国认同的成员资格。[3]

---

① 朱杰进:《国际制度设计:理论模式与案例分析》,上海人民出版社2011年版,第2—3页。
② 饶戈平:《国际组织法》,北京大学出版社2000年版,第175页。
③ Tajuddin. "Somalia and South Sudan Renew Their Request to Join East African Community". *Top Story*, January 25, 2015 [2015-12-03]. http://diplomat.so/2015/01/25/somalia-and-south-sudan-renew-their-request-to-join-east-africa-community/.

（2）议题设置。东共体重建后初期，议题设置相对狭窄，主要集中在经济领域，力图实现在该议题领域的全面合作和用同一声音说话。在经济一体化问题上，东共体的会议和正式公报中都直接针对关税同盟、共同市场、货币联盟等有关决议做出了议题设置，没有丝毫隐晦，如东共体理事会针对区域内部的非关税壁垒，提议在首脑会议和东非议会中加以讨论。随着共同市场进程的推进，经济方面的合作议题更是成为东共体的重要议题设置。从讨论的范围来看，其深度和广度远远超出了政治、军事和安全领域的合作程度。特别是《东非共同体共同市场协议》的签订实施和《东非共同体货币联盟协议》的签订与讨论，几乎涵盖了所有经济领域，详细制定了这些领域合作的具体规则和条款，并设定了时间表，等等。

除了经济领域的合作外，东共体各国基本上按照《东非共同体条约》的期望在政治和安全等其他领域进行合作。

二、议事机构及其权限

根据《东非共同体条约》第九条规定，东共体决策机制是构成东共体制度体系的架构主体。从宽泛意义上讲，东共体的七个主要组成机构——首脑会议（Summit）、部长理事会（Council）、协调委员会（Coordination Committees）、部门委员会（Sectoral Committees）、东非法院（East African Court of Justice）、东非议会（East African Legislative Assembly）和秘书处（Secretariat）都属于东共体的决策体系，与东非地区事务存在广泛联系。当然，对于东共体国家和平与安全的维护而言，它们的贡献主要来自各自工作所具有的潜在的和平价值，即消除某些可能对东非地区安全构成威胁的潜在因素，从而有助于确立地区和平与安全秩序构建的坚实基础。

（1）首脑会议。由成员国元首或政府首脑组成，每年举行一次定期会议，应成员国要求或出现紧急情况时可不定期举行首脑特别会议，它是东共体最高决策机构。首脑会议决议遵循一国一票一致通过的原则。主席任期一年，由成员国首脑轮流担任。首脑会议主要职责包括三个方面：负责审议共同体框架下的和平、安全、善政的发展情况及成员国建立政治联邦的进度；把握共同体发展方向，提供发展动力；审议共同体年度发展报告、部长理事会提交的相关报告及东非议会通过的法案。①

（2）部长理事会。部长理事会由成员国负责地区合作或指派的其他部长组成，是共同体的主要政策制定和决策机构。其主要职能包括：在协商一致的原则下，负责为共同体有效与协调运行及发展制定政策；向东非议会提交法案；向首脑会议提交年度报告；建立处理不同事务的部门委员会；向成员国的其他机构（除法院和议会外）下达指示等。每年举行两次定期会议，应成员国或委员会主席请求可不定期举行特别会议。部长委员会主席由成员国代表轮流担任，任期一年。②

（3）协调委员会。协调委员会由成员国负责地区合作事务或指定的政府部门的常设秘书组成，负责向部长委员会提交执行条约的报告和建议，执行部长委员会的决议和决定。一般每年举行两次定期会议，应委员会主席要求可不定期举行特别会议。主席由成员国代表轮流担任。③

（4）部门委员会。部门委员会应部长委员会指示成立，负责处理部长委员会指定的事务，主要职能包括：负责编制全面执行方案及确定与各部门相关的优先处置事务；监督和不定期检查共同体各相关部门方案的实施情况；在相关影响到共同体各部门有关条约条款执行的情况下，部门委员会根据其职权或应协调委员会的请求随时递交相关报告或建议。④

（5）东非法院。东非法院系共同体层面的独立司法机构，其职责是确保共同体通过的、各成员国批准的条约得到履行，负责相关条约的解释，并向首脑会议、部长理事会、秘书处等提供法律咨询，以及负责相关条约的解释。每个成员国可派驻两名法官，由首脑会议任命。院长和副院长须来自不同成员国，院长由成员国法官轮流担任。东非法院由初审庭和上诉庭组成，东共体任何事务均可在初审后上诉至上诉庭。东非法院的判决优先于成员国国内法院的判

① East African Community. *The Treaty for the Establishment of the East African Community*. East African Community, 1999, pp.18–19.
② Ibid, pp.20–21.
③ Ibid, p.23.
④ Ibid, p.24.

决，成员国有义务积极执行东非法院的判决结果。[1]

（6）东非议会。东非议会是共同体的立法机构。至少每年举行一次会议。目前议会由五十四名选举产生的议员及数名委任议员组成。议员由成员国议会从非议员国民中各推举九名，所推举的议员不能是成员国负责地区合作的部长、秘书长和共同体的法律顾问及东共体的正式职员，委任议员无投票权。议长由成员国议员轮流担任。议员任期五年。东非议会的主要职责为：就东共体的相关事务联络各成员国的议会，讨论并批准共同体的财政预算；审议并审计与共同体相关的各具体事务的报告；参与并讨论与东共体所有相关的事务。[2]

（7）秘书处。秘书处是共同体的常设机构，负责处理日常事务。设秘书长、副秘书长、法律顾问等。秘书长和副秘书长由首脑会议任命，由成员国代表轮流担任，任期五年。其具体职责有：为理事会准备、接受和提交各种议案，以及通过协调委员会转发东非议会的相关法案；组织研究并设计实现共同体目标的最佳方案及其执行情况；负责制定共同体的总体发展战略，监督成员国执行情况，履行共同体总的行政和财政管理职能；负责为共同体各职能机构包括法院和议会等提供议程设置草案，执行首脑会议和部长理事会通过的决议等。[3]

总而言之，首脑会议为东共体国家首脑外交提供最高的交流平台，而首脑外交则为东非地区重大事务的解决提供最直接、最有效的解决方式，实际上是东共体事务的终审机构。东共体理事会的决定对除首脑会议、东非法院和东非议会外的所有成员国机构均有约束力。协调委员会、部门委员会和秘书处实际上是三个程序性事务机构，没有决策权，只有建议权。而东非议会和东非法院分享了区域层面的立法权和司法权，尽管二者的决议或法案需要得到首脑会议的允准，如图2-1所示。

---

[1] East African Community. *The Treaty for the Establishment of the East African Community*. East African Community, 1999, pp.26-37.

[2] Ibid, pp.38-39.

[3] Ibid, pp.47-50.

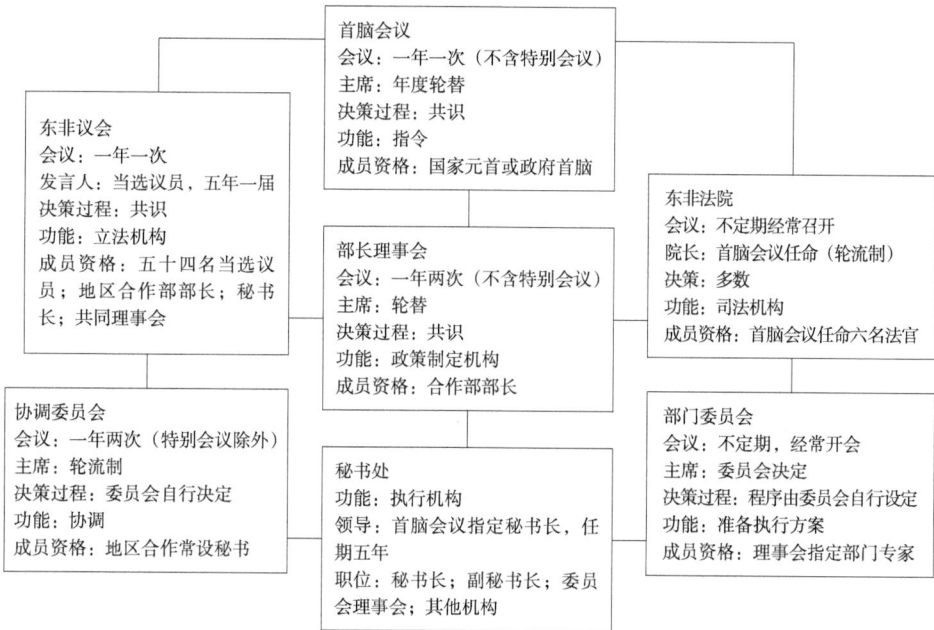

图 2-1 东共体主要决策机构及其功能简图

三、决策程序与决策方式

在国际组织制度体系构建中，合适的决策程序及决策方式也是制度设计的核心之一。决策程序第一步多为提案的提出与起草，接着须在有关机构进行表决，即进入决策机制中最关键表决环节。东共体采取一般通行的决策程序，包括动议、咨询和决议三个主要环节。动议权属于秘书处，即东非会议和部长理事会决议草案的提案必须由秘书处提出和起草。在此程序下，秘书处的意见对东非议会或部长理事会均没有约束力。决议权属于首脑会议和部长理事会，它以全体一致同意的方式进行表决。这一投票制度是部长理事会或首脑会议投票表决的主要方式。"一致同意"意味着全体同意，部长理事会成员或其代表弃权，都会妨碍法令的实行。在进行政治、经济、外交与安全等涉及东非地区事务时，须由全体一致通过的决议才能生效。这样的规定常变成实际上的"一票否决制"，导致东共体经常出现议而难决，甚至议而不决的情况，这也是造成东共体一体化进程缓慢的主要原因之一。为提高决策效率，是否继续使用这一制度正引起广泛的讨论。但从另一方面来看,这一投票制度又反映出东共体自身的决策特点,即区别于国际上其他地区较为通行的"少数服从多数"的原则,不是靠强制少数成员国放弃自身立场,而是靠成员国寻求最低限度的共同点和相互让步来完成决策过程的。同时,这一制度也反映了东共体在成员国利益诉求复杂的情况下,为寻求国家利益和东共体整体利益之间的平衡而付出的努力。

在某些情况下,东共体经过上述方式通过的决议仍要再经一定的程序才能生效,其中包括在生效前须保持一定的时限或要经各国国内宪法程序的批准等。只有通过了这样的程序,通过的决议案才能开始在东共体区域层面被付诸实践。

不难看出,东共体决策机制的基本特征大致可归纳为如下几点。

第一,决策机构在设计上呈现金字塔式的架构模式,具有层级性和集中性特点,其决策权分配有利于权力集中,机制化的运作便于信息传递,方便沟通,从而能对要解决之事务做出相对迅速的反应。如首脑会议能自上而下地给下级决策机构下达"命令"或提出指导性意见,其他决策机构也可自下而上地为部长理事会或首脑会议提供建议和提案;各级机构的定期会议能加强成员国各级官员间的交流,增强个人感情,并及时了解彼此观点等。

第二,决策主体形式多样,相对稳固,相互连接,决策的整体性较强。尽管首脑会议掌握着最终决策权,但东共体各级决策机构存在一定的分工,各级决策机构在各自的权限范围内仍可做出一些相对独立的决策。这就使东共体不同于其他政府间国际组织,它拥有自身独特的一套形式多样的决策系统。各级决策机构(除首脑会议外)都拥有固定的总部,由各国代表轮流担任会议主席;由成员国轮流主办的首脑会议把松散的最高层连接了起来。此外,从上述决策程序可知,各种决策元素做出的决议又相互影响,呈现出较强的整体性。

第三,决策机构的运作虽然在形式上有超国家性质,但在实践的本质上仍表现出强烈的政府间性质,决策的最终落实的强制性不足。东共体各级机构表现出两种明显不同的运作模式:东非法院、东非议会的运作明显具有较为浓烈的超国家性质;而其他所有机构则显现出较强的政府间协调的工作模式。

第四,强调平等观念。这一点渗透在整个机制当中,如首脑会议由各国轮流主办，其他各级会议主席由成员国代表轮流担任；在投票权的分配上实行一国一票；决策程序不仅有"东共体程序"，还有成员国国内"宪法程序"；等等。

当然，体现地区特色的决策机制也在实践中存在着一些突出问题，随着东共体规模的扩大和合作的深入，尤其在曾经瓦解的经历及遭遇过的历次危机中，其内在缺陷屡次暴露，是东共体影响力未能真正展现的重要因素。

其一，机构权限划分存在模糊性，规则性概念界定不清或没有界定。各决策机构间的职权、工作范围划分还存在分工不清的问题，如首脑会议与部长理事会间的权限存在交叠，部门委员会与部长理事会的权限存在重叠，东非议会的权限和秘书长的权限界定等都不十分清楚。另外，首脑会议对所有问题拥有最终决策权，这使部长理事会决议和东非法院通过的法案实际上可能变成一张废纸。

其二，东共体决策机制仍难以保证成员国各级别官员间能进行真正有效的沟通。由前文可知，东共体决策机制的设计虽然有利于成员国各层次交流，但由于东共体各国在政治体制、经济发展水平等方面都存在较大差异，因此在多种利益认知方面矛盾突出。随着关税同盟和共同市场的推进，内在差异与外在矛盾加大了东共体取得内部一致意见的难度，因而未能在制度上为成员国间进行有效沟通提供保证。

其三，决策效率存在问题。首先，由于政治、经济和社会文化上的不同制约，成员国对"东共体共同政策"的构想存在明显的差异，如坦桑尼亚主张建立强有力的政治东共体，肯尼亚则致力于推进东共体经济一体化等。东共体主要国家对东非地区未来构想的差异，反映在决策过程中就是出现无休止的争论、矛盾和冲突，客观上影响了东共体的决策效率。其次，"全体一致同意"是东共体首脑会议和部长理事会基本的决策原则，但这种决策方式需成员国间经过大量的"讨价还价"，耗费巨大的人力、物力、财力及大量的时间，这种决策模式往往"以最大的决策成本获得较少量的决策产出"。更麻烦的是，这样的过程并不能保证东共体在"一致同意"上有所收获，一旦某个成员国提出反对意见则意味着前功尽弃，"全体一致同意"往往带来的是无效率和无言的结局，这使得东共体在地区发生重大事变的决策中常陷入毫无意义的讨论和磋商之中，无法对迅速变化的外界环境做出有效反应。最后，即使东共体做出决议，由于强制性不足，往往无法保证成员国的贯彻执行。当区域利益与国家利益发生冲突时，各国优先考虑的是维护本国利益，东共体的决议结果便在一定程度上成了一纸空文，如东共体非关税壁垒至今仍未在设定时间内完全实现，由于各成员国担心自身利益受损，使得东共体经济一体化进程出现徘徊不前的局面。而在货币联盟的讨论和准备落实时，造成原共同体瓦解的部分原因已经浮出水面，那就是货币联盟要求去除贸易壁垒、货物、劳工、服务和资本自由流动。非洲开发银行对此有过评论："执行这一规定已死气沉沉，毫无活力。"①

综观国际组织的发展历史，我们不难发现，因为决策机制问题直接导致组织解散的例证俯拾即是，如国际联盟；也有因决策机制安排较为合理，逐步发展成为国际关系中举足轻重的行为体的先例，如欧盟。后者的成功并非单纯依靠成员国志愿与协调，在很大程度上依靠的是决策制度层面的合理运作，包括决策机构的合理设置与权限划分、多样的表决制度、灵活的决策原则等。反观东共体的决策实践，我们很难说它是依靠自身的制度安排来运作的，绝大多数决策依赖成员国的意愿。当然，东共体之所以选择这样的机制有其重要原因：一是为了最大程度契合组织本身的性质与职能需要；二是考虑到政治和经济等因素对各成员国通过决议所产生的影响。然而，不管是在历史上还是在现实中，东非地区诸多传统和非传统问题都对这种机制及其实践提出了不同程度的质疑。当今的东非地区，尤其是在安全领域，东共体的议题设置、决策制度及机构设置适应不了现实的发展需求，东共体必须正视现实问题并加以解决，以发挥应有的作用。近年来，东共体社会出现要求该组织充分发挥东非法院和东非议会的作用，要求将独立于成员国的立法权和司法权真正贯彻实施的呼声，且呼声由弱转强。同时，东非地区一体化带来的传统和非传统安全问题正迫使东共体不得不在和平与安全领域投入更多关注和采取行动。可以断言，未来东

---

① African Development Bank Group. "Domestic Resource Mobilization for Poverty Reduction in East Africa: South Africa Case Study". Regional Department East A(OREA), November, 2010 [2016-11-02]. http://www. afdb. org / fileadmin / uploads / afdb / Documents / Project-and-Operations / South% 20Africa% 20case% 20study% 20final.pdf.

共体区域制度的建设在很大程度上取决于这两个机构能否发挥《东非共同体条约》厘定的功能和能否建立起维护地区和平与安全的有效区域层面的合作机制。

第三节　东非共同体框架下的地区安全机制

东共体重建后，内源性动荡因素并没有得到根除，不少外源性动荡因素又随之而来，众多动荡源均在不同程度上解构着一体化成果。从问题领域看，东共体地区安全威胁呈现多种形式：既有成员国之间的领土争端、资源争夺、政权倾轧、部族冲突等传统安全问题，又有恐怖主义、轻小武器扩散、疾病蔓延、持续贫困、食品短缺、跨国犯罪、走私贩毒、贩卖人口、非法移民、海盗、难民、洗钱等非传统安全问题。随着东共体一体化的深入发展，有的传统安全问题得到彻底解决，有的暂时得以解决，有的趋于和缓，但是上述非传统安全问题日益突出，逐渐成为影响东共体成员国家安全稳定的主要威胁，尤其是形形色色的非国家暴力行为体最为突出，它们使用轻小武器，制造暴力犯罪活动，侵蚀国家的主权根基，挑战国家的合法性，在一定程度上破坏着东共体一体化成果。

从区域地缘角度看，东共体国家内外面临着不同的安全挑战。肯尼亚的外部安全形势比较严峻，特别是索马里和苏丹局势会不定期影响肯尼亚的安全；乌干达和卢旺达的外部受刚果和苏丹局势的影响，内部始终受宗教教派、部族争斗的牵制；卢旺达国内各种政治势力之间的张力随时可能会崩断；布隆迪一直受到国内各派政治势力争斗的困扰。成员国中只有坦桑尼亚相对稳定，但索马里等外部安全形势也会或多或少地对其造成负面影响。简而言之，东共体框架下的安全机制是在应对上述挑战过程中逐步形成的。

《联合国宪章》第八章第52款"区域办法"鼓励地区组织以和平方式"实现地区争端的解决"。东共体可被视为践行这一原则的地区制度安排。实际上，在地区安全领域方面，《东非共同体条约》不仅未提供一个有效的安全防务机制，也未建立负责地区安全的专门机构，只是在《东非共同体条约》第一百二十四条中提出了地区和平与安全中需要面对的各种挑战及应对方式，在第一百二十五条中提出要建立维护地区和平与安全的合作框架。①严格意义上说，重建后的东共体的安全机制构建始于《东非共同体关税同盟协议》正式实施之后，人员跨国的自由流动逐渐暴露了东共体在安全领域合作中区域协调能力的局限性。另外，刺激东共体决定建立安全机制来应对各类威胁事件的契机是在2007年肯尼亚大选后的骚乱事件中，东共体的无作为。②2012年东共体三国签订的《防务合作协议》代替了1998年三方签订的《防务合作备忘录》。2013年2月，东共体国家签署《东非共同体和平与安全协议》，旨在加强涉及成员国和平与安全问题的合作与磋商，构建有助于和平与安全的氛围，以便有效预防、更好管理和解决它们之间的争端和冲突，③从而使东非地区安全机制构建及共同防务出现新的可能。当前，东共体框架下构建的安全机制主要是由以下形式付诸实践的。

首先，召开和平与安全会议。2009年8月，东共体有关防止地区冲突的预警机制准备就绪，将预防地区冲突纳入应对地区威胁的首要考量因素之中。东共体负责政治联盟事务的副秘书长阿特丽斯·基拉索评价说，预警机制是预防冲突和危机，维护地区和平、安全、稳定与发展的重要因素。④同年10月，东共体在坎帕拉召开和平与安全地区会议，旨在加强成员国之间协作，应对各类安全威胁，并就建立区域安全机制问题进行磋商。会议强调了建立隶属东共体的机动部队的必要性，同时建议在东共体内成立和平特使小组以解决地区内部的冲突。这次会议决定建立区域安全机制，组建东非混合旅。大会决议还通报，为促进冲突的和平解决，与会者建议协调地区内现有的冲突解决机制，就潜在的冲突威胁进行公开和定期对话。会议同时提议建立保证地区环境安全及识别环境恶化和气候变化对粮食安全影响的机制。东共体秘书处表示，有关建

---

① East African Community. *The Treaty for the Establishment of the East African Community*. East African Community, 1999, pp.98-100.

② 田野、陈静：《东非共同体欲建共同体机动部队》，新华网，2009年10月8日，http://news.xinhuanet. com/world/2009-10/08/content_12192497.htm，2014年1月23日。

③ East African Community. *East African Community Protocol on Peace and Security*. East African Community, November, 2013［2014-06-02］. http://eacgermany.org/wp-content/uploads/2015/03/EAC-PROTOCOL-ON-PEACE-AND-SECURITY.pdf.

④ 郭春菊：《东非共同体预警机制准备就绪》，新华网，2009年8月11日，http://news.xinhuanet.com/ world/2009-08/10/content_11859059.htm，2014年1月23日。

议将会在未来的东共体和平与安全计划中逐步实施。2013年11月，东共体第二届和平与安全地区会议在布隆迪首都布琼布拉召开，就打击恐怖主义和防止地区冲突等议题进行了讨论和部署。

其次，定期举行区域层面的联合军事演习和军事文化交流活动。2009年9月，肯尼亚、坦桑尼亚、乌干达、卢旺达、布隆迪等东共体五国在坦桑尼亚东北部阿鲁沙附近的乞力马扎罗山举行代号为"乞力马扎罗山"的联合军事演习，旨在提高成员国在和平支援、反恐、灾难处理等方面的能力。之后，东共体层面的区域军事合作演练和交流主要有两根支柱。一是"东共体军事文化节"（EAC Military and Cultural Event）。该活动自2007年起，到2017年，东共体已连续举办十一届，旨在加强成员国之间的军事交流、军事比武及军事人员田径赛等，由东共体各成员国选派部队人员组队参加。二是自2012年起，东共体每年主办名为"强力合作"（Ushirikiano Imara）的联合军事指挥岗位演习（Joint Military Command Post Exercise, CPX），旨在训练军官的规划和指导援助行动、灾难管理、反恐和打击海盗的能力及集体协作能力，每年约有两千人参加。[1]通常认为，后者是东共体作为推进共同防御一体化计划的一个重要组成部分。[2]

再次，制定促进和平与安全计划和出台相关文件。自2006年以来，在地区和平安全领域，东共体出台了不同的协议框架和安全机制，并在冲突预防、冲突管理和冲突解决方面设计了不同的运作机制。除了《东非共同体条约》厘定的战略和意向机制外，东共体已签署了外交协调、防御与和平安全方面合作的协议。外交政策协调和防务合作协议可以追溯到1998—1999年的谅解备忘录的相关规定，如今这些规定已被升格为正式协议。成员国曾批准的协议成为《东非共同体条约》不可分割的一部分。[3]2006年东共体完成了地区和平与安全战略发展的初步计划，以及对新型犯罪的重新评估。据此，东共体批准了一项名

① Farouk Mwabege "East African Community Launches Joint Military Training". *Daily Nation*, November 11, 2016.

② Jorge Bolaños Martínez. "Joint Military Exercises in Rwanda: Towards a New Security and Defense Architecture in East Africa". Instituto Espanol De Estudios Estrategioos, October, 2012 [2018-01-01]. http://www.ieee.es/en/Galerias/fichero/docs_informativos/2012/DIEEEI67-2012_ManiobrasMilitares_JBM_ENGLISH.pdf.

③ East African Community. *The Treaty for the Establishment of the East African Community*. East African Community, 1999, p.153.

为《冲突预防、管理与解决机制》的文件、一个早期预警机制、一个和平利用（Peace Facility, PE）机制，以及名人小组（Panel of Eminent Person）机制。为了进一步加强其在和平与安全委任方面的义务，东共体还发起了一项成员国中的斡旋训练，并最终建立起一个斡旋支持小组（Mediation Support Group）。东共体还发起了有关和平利用的讨论，和平利用是一种使用和平与安全问题集资的金融机制。另外，东共体还设立了成员国间安全部门理事会，旨在监督各国在东共体安全领域合作框架下的合作情况。东共体相继出台的有关和平与安全的文件有：《食品安全行动计划2011—2015》（2011）、《东非共同体和平与安全协议》（2013）[①]、《2050年东共体远景规划》（2015）等。

最后，采取联合行动，打击犯罪。2010年9月，东共体秘书长祖玛·姆瓦帕朱宣布，东共体联合行动在印度洋沿海打击海盗，以及在维多利亚湖周围打击走私。在应对恐怖主义方面，在坎帕拉爆炸案发生后，东共体在分享打击恐怖主义信息和资源方面的行动更加合理化，2014年2月，东共体建立东非地区国家计算机应急小组，主持东非通信组织网络安全工作，旨在讨论制定打击网络犯罪的联合战略，打击包括金融诈骗、贩毒、贩卖人口和恐怖主义等对东非国家安全和发展构成重大威胁的犯罪活动。同年4月，东共体决定设立五国边界安全委员会，以共同应对持续的恐怖威胁和跨界武器走私。2014年9月，东共体决定建立快速反应部队，解决地区叛乱、内战和政变等问题，从而降低对外国军事援助的依赖。

总体来看，东共体框架的安全领域的一体化远远滞后于经济一体化的进程，经济一体化的深化一方面为东非地区带来了和平稳定因素，另一方面也为该地区带来了前所未有的跨境和跨国安全新挑战。

---

① 到2014年底，仅得到乌干达内阁批准。参见 Frederic Musisi. "Cabinet Ratifies EAC Peace and Security Protocol". *Daily Monitor*, January 23, 2014 [2015-02-01]. http://www.monitor.co.ug/News/National/Cabinet-ratifies-EAC-Peace-and-Security-Protocol/-/688334/2157650/-/1cs1c/-/index.html.

第三章

东非共同体的规范及其演进

在地区秩序建构和形成过程中，地区主要行为体之间的合作是必要条件。冷战结束前后，原东非共同体成员国坦桑尼亚、肯尼亚和乌干达之间的合作、协调和相互妥协成为处理国家间关系的主流，诸多规则、规范、原则和决策程序逐渐被互动中的参与者所接受，并通过制度化逐渐成为三国合作进程中共同遵守的软性法则。

1999年11月30日，坦桑尼亚、肯尼亚和乌干达三国签署《东非共同体条约》，决定重建历史上曾经出现过的合作平台——东共体。2001年1月，上述三国举行了东共体组织的成立仪式，意味着在时隔二十多年后该组织再次复活。东共体把三国结合在一起，形成了一个存在一定差异的国家集团。东共体成员国不仅在地理面积、种族构成、社会文化传统、身份认同、殖民经历、殖民后政治经济制度及国家发展方向等方面存在一定差异，它们还在对三国历史上的多边合作实践尤其是第一阶段东共体组织的认知上存在差异。

从理论角度出发，尽管文化和政治的同质性不能作为区域主义的充要条件，但地区主义必须通过互动来建构是不争的事实。[①]如果互动是一致的并且以规范为基础，即运用已有的规范在成员国中保证和平行动的实施，那么这些互动就只能是有目的的。在曾经失败的教训和将近二十年的重建经验基础上，东共体组织创始国发展出一套明确且具体的处理区域内部关系的规范，并将遵循这些规范视为实现"同一民族，同一命运"（One People, One Destiny）目标的内在本质要求。

客观而言，东共体的组织规范的重要性不仅在于它们是什么，还在于它们是如何产生的和如何进行社会化实践的。在区域制度设计中，具有安全共同体制度特征的组织规范主要有两大来源：一是学习全球或其他区域组织规范；二是当地社会、文化和政治的内生性经验。东共体的组织规范是上述两种来源的

---

① 詹姆斯·多尔蒂、小罗伯特·普法尔茨格拉夫著，阎学通、陈寒溪等译：《争论中的国际关系理论》（第五版），世界知识出版社2003年版，第558—563页。

混合体，习得部分潜藏在东共体的各类纲领性文件之中。1999年签署的《东非共同体条约》中列出了该组织的六大基本原则：一是互信、政治意愿及主权平等；二是和平共处，睦邻友好；三是和平解决争端；四是善治，包括遵守民主、法治、义务责任、透明、社会正义、机会均等、性别平等，以及认同、促进和保护《非盟宪章》规定的人权；五是利益均分；六是互利合作。[①]2001年，在东共体正式成立首脑峰会后，成员国间逐渐达成一种共识，将成员国之间的安全合作限制在最为狭小的空间之中，即外在表现为东共体成员国的一种双边合作，这使东共体远离了形成军事联盟的可能。下文把东共体规范和原则简要归纳为政治互信和主权平等的政治原则、和平解决争端与睦邻友好的安全原则、追求善治与人权的社会原则、利益均等与互利合作的经济原则这四类，并分别考察其演变的脉络。

第一节 政治合作原则：政治互信和主权平等

《东非共同体条约》中将互信、政治意愿与主权平等等原则作为未来建立政治联邦的根本原则及推进一体化进程中所要遵守的首要政治规范。

一、政治互信

对东共体成员国来说，彼此间的互信是东共体得以重建与恢复活动的基础和立足点，主权平等则成为东共体政治互信的前提条件和需要恪守的政治底线。

国际关系行为体之间的信任是世界和平与繁荣的重要保障。区域一体化从"想象"共同体到成为现实实践及实现期冀的"永久和平"，一体化进程中的各成员国之间的相互信任不可或缺。政治互信实际上就是国际关系领域的"政治认同"，也是国际机制建立并且正常运行的重要观念支撑，其前提是各国对自己的身份认同，即承认国家在国际社会或者国际法上的同一资格、地位。简而

---

① East African Community. *The Treaty for the Establishment of the East African Community*. East African Community, 1999, p.14.

言之，在国际关系中，所谓的身份认同实际上是一国对于自己在国际关系中的地位的确定，它是一国进行国家利益判断并且进行外交活动的重要前提，是国家之间建立外交关系的一个具有重要参考价值的因素。在此基础之上，双方或多方会就相关问题达成某些协议，在共同观念指导下建立政治互信。政治互信的建构主要涉及五个因素：第一，面临共同的威胁，或者说有相同的国际环境；第二，对于解除这些威胁或者在实现某一目标上有相同的方法；第三，双方存在观念上的某些一致；第四，对于各自战略意图的了解，进而产生互信；第五，存在差异性，但是不存在敌对情绪。[①]简而言之，政治互信的建构是国家建立外交关系，实现国际合作的基础性观念因素，是指导国际关系实践的内在理念原则。具体到东共体，该组织之所以能够重建，也不外乎是政治互信的自然结果。综观东共体成员国之间的关系，可以将其政治互信关系简单归结为三个阶段。

第一阶段，恢复正常政治关系。坦桑尼亚、肯尼亚和乌干达三国在最初的政治互信基础上建立了东共体组织，但在之后合作问题上出现的矛盾使彼此间关系恶化，政治互信基本丧失。坦桑尼亚与肯尼亚因工业布局和共同体资产分配问题对彼此关闭国界。坦桑尼亚拒绝承认阿明政权且始终支持前流亡总统奥博特，最终导致乌坦战争爆发。乌干达阿明政权因肯尼亚支持以色列突袭恩德培机场解救人质事件而中断两国经贸往来。三国政治互信的丧失导致地区秩序整合方面遭遇重大挫折。肯尼亚前总统莫伊曾有评论，"东非共同体的瓦解让我们失去了数年的合作机会"[②]。

三国的政治互信的重建则始于对东共体共同资产和债务问题的彻底解决。1984年5月，在东共体解散七年后，三国共同签署《东非共同体和解协议》（*EAC Mediation Agreement*），对原东共体的资产和债务提出了永久性解决方案，这使得长期困扰三国关系正常发展的障碍得以消除。1986年，坦桑尼亚总统姆维尼访问肯尼亚，两国领导人重申致力于实现东非地区的团结和更密切的合作。1988年和1991年，肯尼亚总统莫伊两访坦桑尼亚，发表联合公报，推进

---

① 陈遥：《中国—东盟政治互信：现状、问题与模式选择》，《东南亚研究》2014年第4期，第34—40页。
② Allan Biran Ssenyonga. "Is the East African Community That Attractive?". *The New Times (Rwanda)*, March 11, 2012 ［2015-09-21］. http://www.newtimes.co.rw/section/article/2012-03-11/89079/.

双边经贸合作。1987年，肯尼亚和乌干达签订《恩培德协议》，同意建立联合行动常设委员会，以加强两国在政治、社会、文化和经济等领域的联系。1990年，莫伊总统访问乌干达，发表全面改善两国关系的联合公报，并重新互派高级专员，两国关系逐步正常化。乌干达阿明政权垮台后，乌干达与坦桑尼亚关系正常化。至此，原东共体三国关系逐步走上正轨，这为三方重建政治互信关系打下了基础。

第二阶段，重建政治互信关系的准备期。冷战结束后，三国在经济上均进行了大幅度的结构调整，经济发展方向渐趋一致；在政治上，肯尼亚和坦桑尼亚两国走上了多党民主制的政治改革之路，乌干达也在穆塞韦尼领导下进行了以"无党政治"为核心的政治改革，从制度上逐渐消除了三国的意识形态分歧；但国际环境的风云变化，尤其是在强劲的全球化趋势和区域一体化趋势下，非洲被边缘化的危险日益突出。[1]1986年，坦桑尼亚、肯尼亚和乌干达三国政府首脑在内罗毕举行了共同体解散以来的首次关于政治问题的会晤，就"在三国间建立一个机制，重新启动三国合作的精神"达成共识。[2]1991年10月，三国首脑在出席英联邦政府首脑会议期间再次举行会晤，决定重建"东非共同体"。是年11月22日，三国决定成立一个常设委员会，以负责促进成员国在经济、社会、文化、安全和政治等领域更为紧密的合作。1993年11月，三国举行恢复东非合作首届首脑会议，并签署了《关于建立永久性三方委员会的协议》，该协议为三方发展政治互信关系奠定了基础。1994年11月，三国在坎帕拉第二届首脑会议期间签署了《建立东非合作秘书处议定书》。会议期间，肯尼亚总统莫伊还表达了进一步加强合作的强烈愿望，呼吁非关税壁垒的经贸合作和推进一体化进程，他的呼吁无疑赢得了乌坦两国的信任。1996年3月东非合作秘书处启动工作后，经济一体化工作在某种程度上开始展开。《1997—2000年的发展战略》的出台和实施即是这项工作初步铺开的自然结果，这又进一步巩固了东共体三国间初步建立的信任关系。1999年11月，三国签订了旨

---

① 邱晓军：《试析东非共同体发展历程（20世纪60年代至今）》，上海师范大学硕士学位论文，2009年，第30—32页。
② Thomas Nzioki Kibua, Arne Tostensen. "Fast-tracking East African Integration-Assessing the Feasibility of a Political Federation by 2010". CHR. Michelsen Institute, 2005 [2016-05-20]. http://bora.cmi.no / dspace / bitstream/10202/118/1/Report%20R%202005-14.pdf.

在重建政治邦联的《东非共同体条约》，正式开启了东非共同体的重建进程。所以，从1996年东非秘书处的启动、1997年发展战略的实施到《东非共同体条约》的签订，进而到2000年7月7日共同体条约经三国议会完成批准手续后正式生效及2001年1月15日三国举行共同体正式成立仪式，并举行首届首脑会议，加之签订的《接纳新成员协定》《首脑会议规则与程序协定》《接纳观察员协定》《联合缉毒协定》《标准化、质量保证、计量与检验协定》等一系列协议草案，均显示着政治互信关系的正式确立。

第三阶段，政治互信关系的深化与发展。2004年三国签订《东非共同体关税同盟协议》，成立关税同盟。2009年11月，东共体第十一届首脑会议期间，成员国共同签署了《东非共同体共同市场协议》。2013年11月，第十五届东共体首脑峰会期间，成员国共同签署了《东非共同体货币联盟协议》。根据协议，东共体成员国将出让金融和汇率政策给地区央行，授权地区央行检测和制定成员国宏观金融政策。一系列经济协议的订立与实施使成员国之间的互信关系得到了进一步的深化和发展。与此同时，成员国对东共体组织的认知及成员国对彼此的理解加深，促进了政治互信的继续发展。2015年6月，东共体刚卸任的秘书长理查德·塞兹伯拉在一次采访中曾这样评价东共体的政治互信："3个最初创始国真真切切地连接在一起，不再将彼此看成威胁"，"更为积极的一点是，成员国均把共同体视为通往'非洲合众国'（United States of Africa）的必经路径。"①2016年的一份民意调查显示，肯尼亚和卢旺达两国受访的年轻人对东共体的态度持"非第一认同"的分别是44%和40%。②不论从官方还是从民间舆论的角度看，东共体的政治互信关系都得到了较高程度的提升和发展。

有研究表明，国际关系中的政治互信关系包括经贸关系稳步发展、外交关系机制化、安全观的良性认知，以及相同或相似价值观念的认同这4个层次。③这是一种从物质到文化，由低级层次向高级层次递进的过程。从东共体国家之

① "Interview with Dr. Richard Sezibera, EAC Secretary General". *The African Perspective*, June 16, 2015 [2016-05-08]. http://www.tapmagonline.com/interview-with-dr-richard-sezibera-eac-secretary-general/.
② Alex O. Awiti, Bruce Scott. "The East Africa Youth Survey Report". *The African Perspective*, April 2016 [2016-05-08]. http://data.eadialogueseries.org/docs/The_East_Africa_Youth_Survey_report_executive_summary.pdf.
③ 陈遥：《中国—东盟政治互信：现状、问题与模式选择》，《东南亚研究》2014年第4期。

间关系发展的历程来看，彼此间关系的改善源于各自在外交上的良性互动，随后是彼此间贸易的快速发展，再到安全观念的良性互动，最后到贸易、外交和安全观三个领域的进一步互动，这成为各国间政治互信关系的基础。从东共体成员国间的政治互信的层次看，经贸关系（区域经济整合）方面的发展为彼此政治互信关系的发展奠定了坚实的基础（见表3-1）。

表3-1　东共体内部贸易额（2005—2010年）（单位：百万美元）

	东共体各国总贸易						总贸易额年度变化				
年份 国家	2005	2006	2007	2008	2009	2010	2006	2007	2008	2009	2010
乌干达	696.2	583.2	805.9	948.0	945.7	1005.1	-113.0	222.7	142.1	-2.3	59.4
坦桑尼亚	289.4	292.1	279.7	520.3	574.3	735.2	2.7	-12.4	240.6	54.0	160.9
肯尼亚	1035.9	819.9	1144.1	1395.4	1331.9	1534.0	-216.0	324.2	251.3	-63.5	202.1
卢旺达	134.0	176.4	274.1	440.4	456.6	—	42.4	70.7	193.3	16.2	—
布隆迪	61.1	66.4	84.8	90.7	—	—	3.3	18.4	5.9	—	—
总出口额											
乌干达	144.7	152.8	274.8	377.4	398.8	428.6	8.1	122.0	102.6	21.4	29.8
坦桑尼亚	289.4	117.7	173.1	315.5	263.0	450.0	-171.7	55.4	142.4	-52.5	187.0
肯尼亚	974.6	735.8	952.5	1213.5	1169.5	1278.8	-238.8	216.7	261.0	-44.0	109.3
卢旺达	34.9	33.0	40.0	46.2	93.2	—	-1.9	7.0	6.2	47.0	—
布隆迪	4.0	5.5	5.3	6.0	—	—	1.5	-0.2	0.7	—	—
总进口额											
乌干达	551.5	430.4	531.1	570.6	546.9	576.5	-121.1	100.7	39.5	-23.7	29.6
坦桑尼亚	160.5	174.4	106.6	204.8	310.5	285.2	13.9	-67.8	98.2	105.7	-25.3
肯尼亚	61.3	84.1	191.6	182.0	162.5	255.2	22.8	107.5	-9.6	-19.5	92.7
卢旺达	99.1	143.4	207.1	394.2	363.5	—	44.3	63.7	187.1	-30.7	—
布隆迪	59.1	60.9	79.5	84.7	—	—	1.8	18.6	5.2	—	—

续　表

	东共体各国总贸易						总贸易额年度变化				
年份 国家	2005	2006	2007	2008	2009	2010	2006	2007	2008	2009	2010
贸易平衡											
乌干达	−406.8	−277.6	−256.3	−193.2	−148.1	−147.9	129.2	21.3	63.1	45.1	0.2
坦桑尼亚	−31.6	−56.7	66.5	110.7	−47.0	164.8	−25.1	123.2	44.2	−157.7	211.8
肯尼亚	913.3	651.7	760.9	1031.4	1007.0	—	−261.6	109.2	270.5	−24.4	1007.0
卢旺达	−64.2	110.4	−167.1	−348.0	−270.3	—	174.6	−277.5	−180.9	77.7	—
布隆迪	55.1	−55.4	−74.2	−78.7	—	—	−0.3	−18.8	−4.5	—	—

资料来源：*EAC Development Strategy*（*2011/2012—2015/2016*），EAC, 2011, p.20.

在区域层面的外交关系的制度化安排已经能达到较高的水平，有着包括首脑会议、东非议会、部长理事会、部门理事会和东非法院等在内的较为完善的决策机制。此外，自东共体提出的安全观念的内涵和外延不断扩大后，东共体成员国间的安全观念和政治文化领域，已可进行较好的良性互动。共同体普通公众的相互认知或认同，特别是年轻人之间的正面相互认知，也是彼此间建立互信关系的重要基础。根据建构主义理论，彼此认同的形成和增强会建构或界定共同利益，因而，东共体国家之间互信的建立和加强会增强彼此间的共同利益，这样"认同—利益"的良性循环会进一步加强成员国间的合作和东非地区的和平稳定。不过，对外共同政策以及共同安全等合作互信程度还有待提高。

乌干达马凯雷雷大学教授穆希卡认为，"良性经济是最佳的政治，政治一体化是经济一体化成功的关键。政治家在面对该地区如非关税壁垒等难题时拥有理性作用"[①]。从东共体成员国间的互动及政治互信的层次即经贸关系、外

① APO. "East African Community / Recommendations and Resolutions of the 2nd Dialogue of Political Integration". *News Ghana*, April 25, 2012［2016−05−08］. http://www.spyghana.com/east-african-community-recommendations-and-resolutions-of-the-2nd-dialogue-of-political-integration-held-in-dar-es-salaam-tanzania-18-19-april-2012/.

交关系和安全观等方面来看，这种政治互信关系呈稳步发展的态势。但是，政治互信关系仍然存在相对脆弱的情况。这主要源于成员国之间存在诸多障碍，如东共体没有解决也不可能解决大湖区领土和资源争端问题。在政治和法律意义上，东共体没有起到冲突斡旋者的作用，也并非最终的冲突解决者。当然，东共体成员国通过直接或间接的克制、外交、沟通及谈判等方式，确实成功地阻止了危机的升级，避免了可能导致东共体瓦解的武装冲突的发生。因此，大湖区争端问题是一个长期考验东共体国家政治互信的标志性问题。

简而言之，东共体创建者政治互信的愿望是相当重要的，这使其愿意创立正式机制在东共体框架内支持该原则，尽管在实践中，政治精英们或多或少地在试图摆脱他们不喜欢的制度性法律。因此，1999年签署的《东非共同体条约》中显示的终极目标为建立政治联邦，为推进这一目标的实现，还为此成立了东非联邦快速推进委员会来负责东非政治联邦的筹建工作。虽然政治一体化只停留在日常的讨论中，但客观上已经被东共体领导人作为一种政治互信的永久承诺而得到广泛宣传，也成为该组织重建后成功解决意识形态分歧的有效标志。

二、主权平等

主权平等原则是东共体国家实践中最突出的一个存在争议的原则。国际法普遍认为，国家主权平等原则实际上包含了两项国际法原则：国家主权原则和国家平等原则。国家主权原则的核心是各国主权平等，国家主权和国家平等密不可分，《联合国宪章》将两者合并为一项原则，即国家主权平等原则。按照1970年《国际法原则宣言》的解释，国家主权平等原则是指各国一律享有主权平等，各国不论经济、社会、政治或其他性质有何不同，均有平等权利与责任，并为国际社会之平等成员国。该宣言还对"主权平等"的含义做了进一步的阐释："主权平等尤其包括下列要素：各国法律地位平等；每一国均享有充分主权之固有权利；每一国均有义务尊重其他国家之人格；国家之领土完整及政治独立不得侵犯；每一国均有权利自由选择并发展其政治、社会、经济及文化制度；每一国均有责任充分并充满诚意履行其国际义务，并与其他国家和平共处。"

国家主权原则是国际法对国家主权的确认，该原则确认各国有权决定其政治、经济、社会和文化制度，保证各国处理其国内外事务的独立自主，禁止外来的侵略和干涉，尊重各国政治独立、领土完整和经济权益。国家主权原则是最重要的国际法基本原则，因为国家主权是现代国际法的基石。一方面，传统国际法的原则和规则是建立在国家主权原则的基础之上的；另一方面，国际社会是主权国家林立的社会，不管国际关系如何发展，处理国家之间关系的基本出发点依然只能是国家主权。此外，国家主权原则在国际法基本原则体系中居于核心地位，其他的国际法基本原则，诸如国家平等原则、不干涉内政原则等，都是从国家主权原则中派生或引申出来的。

在东共体组织践行主权原则的过程中，成员国之间存在政治、经济、安全等诸多牵涉该原则的具体事务，使组织难以跨越它们开展行动，最突出的就是东非会议在现实中强调主权平等所带来的尴尬地位，导致诸多区域问题解决过程中缺少应有的法律依据或有法却难以落实。前东共体立法大会委员和地区事务与冲突解决委员会委员迈克·塞巴鲁在第四次东共体立法大会上针对这种情况发表过评论，他认为"在全球化背景下，狭隘民族主义没有市场，东共体国家需要让渡主权"，"我们一切都以主权之名，乐于保护我们的贫困、落后和欠发展。好的想法虽不断涌现，但我们在主权的裹挟中（不断）退却，消灭了伟大的思想"①。因此，主权平等原则使东共体在实践中时常陷入两难境地，即难以解决保护主权不受侵蚀与让渡主权的现实需求之间的矛盾。

第二节　安全构建原则：和平解决争端与睦邻友好

世界贸易组织第一任总干事鲁杰罗曾指出，"任何不提及一个国际组织的争端解决制度，对于任何国际组织成就的评论都是乏力的和不完整的"②。

东共体形成的一套规范是成员国就限制武力解决国家之间争端所达成的共

---

① Maria Wamala. "Sovereignty, Nationalism Kill EALA, Sebalu". *New Vision*, February 3, 2018 [2018-03-09]. https://www.newvision.co.ug/new_vision/news/1470355/sovereignty-nationalism-kill-eala-sebalu.
② 韩立余：《既往不咎——WTO争端解决机制研究》，北京大学出版社2009年版，第3页。

识。1978年乌坦战争爆发后，一位肯尼亚学者如是评论说，东共体最迫切的任务是在地区内创造一种有利条件，使东非国家的政治分歧和安全问题得到和平解决。①这在之后的《东非共同体条约》中有着明确体现："在成员国家之中及之内，促进和平、安全与稳定，以及睦邻友好。"②同时，该条约还提到"成员国应该在共同体内以促进和平与安全为促进和保持睦邻友好的基础"③。在政治事务领域，该条约反复强调，实现安全政策的目标所采取的方式是"有关成员国之间的外交或安全政策建立系统合作，采取共同立场"；"和平解决争端和成员国之间的冲突"；"协调成员国的防御政策"；等等。④第十三届东共体首脑峰会最后公报特别把《非盟宪章》中的若干条款原则（而这些原则主要来自《联合国宪章》）作为东共体上述规范的来源，包括"放弃使用武力"与"和平解决争端"。⑤

在某种意义上，东共体是三个创始国尝试创造一种预防战争和解决冲突机制愿望的产物。而在相当程度上，东共体国家渴望建立这种机制是由于这些国家安全与发展环境变迁的结果。从历史角度看，东共体的先驱们尽管创立了该组织的前身，但彼此始终处于区域内不信任甚至存在某种敌意的状态之中。当时，东非国家领导人筹建东共体的想法一经公开，就遭到了其他非洲国家领导人的极力反对，如加纳总统恩克鲁玛激烈反对建立区域性的联邦，他曾直率地指出东共体对非洲政治可能产生的恶劣影响："……我认为在非洲实现区域联邦存在很多的危险……事实上，区域联邦是一种大规模巴尔干化的形式，这不仅会在非洲国家和区域之间引起强权政治危险局面的出现，而且将为帝国主义和新殖民主义浑水摸鱼提供条件。"⑥从前述可知，东非地区联合的最早尝试及其运作是在殖民时期进行的，但非洲民族独立运动的开始及民族主义在非洲的兴起，即预示着这些联合的瓦解进程的到来。1962年，坦桑尼亚共和国总统尼雷尔、乌干达总理奥博特和肯尼亚总理肯雅塔在内罗毕发表《东非政府联邦宣

---

① "An Idiotic Invasion". *Time*, Vol. 112, No. 20, 1978.
② East African Community. *The Treaty for the Establishment of the East African Community*. East African Community, 1999, p.13.
③ Ibid, p.98.
④ Ibid, pp.97–98.
⑤ East African Community. *East African Community Gazette*. East African Community, March 30, 2012.
⑥ Kwame Nkrumah. *Africa Must Unite*. Heinermann, 1963, pp.214–215.

言》。该宣言的目的明确，"我们有共同的历史、文化和习俗，我们的统一既符合逻辑，也很自然"，并立即着手成立工作组起草东非联邦的宪法草案，一个统一的东非似乎即将建立。[①]1967年建立的东共体是三个独立的国家在革命热情下建立的一种松散联邦，很难说是一种制度形成的表现。由于坦桑尼亚通过一种泛非主义外交挑战了新独立的其他两国的民族主义根基，该组织注定了会瓦解的命运。刚成立的东共体实际上成为成员国之间产生矛盾的场所，而非解决彼此矛盾和问题的平台。乌干达与坦桑尼亚存在领土争端，肯尼亚与坦桑尼亚存在利益纠纷，甚至发生了乌坦之战这样的大规模战争，这至少反映出区域主义力量极为弱小，而民族主义发挥到了极致。

但东共体作为一种区域主义理念并未因组织瓦解而消失，且其本身已经可以在区域内部协商解决区域问题，以及在寻求共同发展的过程中得以构造出来。乌坦之战是东共体成员国之间使用武力解决政治分歧的典型例证，也是后殖民时期东共体一个成员国使用武力对抗其他成员国的唯一例子，对抗的结果破坏了东共体的发展前景，也证明了使用武力解决区域内冲突会付出惨痛代价，但这也为区域主义重要性的彰显提供了机会。经过重大的政治变化之后，阿明政权倒台，坦桑尼亚放弃将武力作为与乌干达相处的模式，并且通过大量裁军的方式昭告天下，[②]为在不使用武力处理国家关系基础上建立一种新的地区秩序带来了可能。

尽管重建后的东共体三个创始国对区域主义的偏好是对各种地缘政治考量的结果，但它们均把东共体作为一种价值框架，通过这个框架预防出现类似的对抗情况。作为公认的由坦桑尼亚主导政治、肯尼亚主导经济的区域组织，东共体首要的任务就是消弭该组织主导成员国以武力压人的可能性。

在相当程度上，东共体的重建有力地消除了武力打压区域内部其他小国的可能性。布隆迪和卢旺达敏锐地意识到其作为内陆国家的脆弱性，它们借助加入东共体，被接纳为东非地区概念下的构成部分，并通过在区域层面的互动，影响其他国家的行为。如东共体成员国身份有助于两国减少来自邻国的威胁。

---

① A. J. Hughes. *East Africa: The Search for Unity Kenya, Tanganyika, Uganda and Zanzibar.* Penguin Books 1963, pp.265-268.
② 裴善勤：《列国志·坦桑尼亚》，社会科学文献出版社2010年版，第421—423页。

东共体相互尊重主权和不干涉内政的规范降低了东共体主导国家颠覆小国政权的可能性。新生国家南苏丹看到了东共体的优势所在，才积极寻求加入该组织并获得成功。当前，初步稳定的索马里也看到了同样的好处，积极申请加入东共体。

当用战争的历史教训解释不使用武力原则的形成时，其面临的考验是成员国之间的领土争端。2008年2月，乌干达和肯尼亚关系出现波折，主要原因是明格岛（Mingo Island）之争。最初，其他东共体国家在此问题上均未公开发表意见，它们担心会被争端双方理解为偏袒当事方。它们的中立使乌干达丧失了其有效获得领土所需要的国际支持。这也导致乌干达放弃了采取进一步升级的武力行动，之后双边根据边界划分的历史文件，采取协商方式使问题得到暂时解决，这也是东共体希望看到的抑制危机的过程。因此，这次领土之争，并未成为东共体任何级别的会议议题，也未波及东共体相关会议决议的产生。但有一点需要指出，该争端并未得到彻底解决，由于这次争端代表了类似问题，所以未来要想从根本上解决此类争端，有必要上升到地区层面。

客观而言，东共体没有机会解决，也不可能解决明格岛争端。因为，在正式的法律层面，东共体既没有起到冲突斡旋者的作用，也没有起到冲突解决者的作用。然而，东共体成员国通过直接或间接的抑制、外交和沟通等途径，确实成功防止了危机的恶化，如果危机升级，可能导致大规模的武装冲突，也可能导致东共体的再次瓦解。因此，就在重建后的东共体处理冲突问题时，乌肯明格岛之争成了一个重要里程碑，这也形成了当前东共体国家之间解决冲突的独特路径。

东共体创立者对和平解决争端的期待是相当重要的，这使他们愿意创立正式机制并在东共体的制度框架内支持这种原则。2013年11月，东共体首脑会议决定在区域层面创立争端解决机制——"和平与安全委员会"，该委员会由各成员国部长级代表组成。作为一个永久机构，在意识到争端或危机出现时，"和平与安全委员会"需提供解决问题的方法，如派员斡旋、调停、咨询或调解等。尽管这种机制如前东共体秘书长塞兹伯拉所指出的那样，"东共体和平与安全委员会在提升地区能力，应对和处理地区中的新兴威胁方面，还有很长一段路要走"①，其实施的有效性还有待时间检验，但客观而言，东共体领导人在组织内部以和平方式解决冲突的永久承诺所起的作用，则成为该组织较为成功防止内部彼此冲突和处理争端的成功标志。

和平解决争端和睦邻友好原则不仅是国家之间安全事务处理的原则，它还被进一步向社会拓展，成了解决社会冲突的手段。东共体主办的"和平与安全大会"就证明了这一点。如第二届大会的主题为"促进对话文化和宽容文化，防止冲突，实现和平共存"（Promoting a Culture of Dialogue and Tolerance for Conflict Prevention and Peaceful Co-existence）。参会人员是来自各行各业的精英人士和普通民众代表，包括安全专家、市民团体、宗教领导人、部长、非政府组织、政治家、媒体和东共体相关部长等。这次大会将和平解决争端置于突出位置，推动政治认同，支持东共体和平与安全计划；建立并构建立体网络，最大程度调动和平与安全参与者（残疾人、劳工组织、政党、信仰组织、非政府组织、媒体和知识分子等）的积极性；为提高参与度，坚持以人为本，进行情报交流；促进政治领导人承诺对话文化和宽容文化以预防冲突，实现安全与和平，同时提供领导权和安全战略方向，以保证东共体在一体化进程中（尤其是在和平与安全领域）真正做到以人为本。因此，东共体副秘书长查尔斯·恩乔罗格曾于2013年有过评价，和平与安全论坛"为成功构建地方和平倡议、预防和解决冲突提供了对话机会，并为探索社区之间如何相互学习搭建了平台"②。

东共体条约规定要促进和平、安全和内部稳定，以及成员国之间的睦邻友好。共同体的创立者们一致认为，和平与安全是社会和经济得以发展的必要前提条件，对实现共同体目标至关重要。2014年9月，宗教之间合作加强和平与安全大会在卢旺达首都基加利召开。东共体秘书处积极支持此次会议的召开，并讨论了不同宗教和信仰团体之间的合作，以促进地区和平与安全。卢旺达地方政府和社会事务部部长卡博奈卡在发言中指出，有必要更加努力地通过发

① Endi. "EAC Leaders Establish East African Peace and Security Council". *China Daily*, November 30, 2013 ［2015–07–04］. http://www.chinadaily.com.cn/xinhua/2013-11-30/content_10706829.html.

② East African News Agency. "EAC Peace, Security Conference Scheduled for Bujumbura 13 November". IPP Media.com, November 13, 2013 ［2015–08–02］. http://www.ippmedia.com/frontend/index.php?l=61094.

展、和平、安全、爱国主义及相互理解相关思想，使成员国之间相互尊重，进行有效合作和建设性对话，并对当前和未来年轻一代进行跨宗教教育，进而增强东共体的凝聚力。同时他还指出，东非地区和平与安全受到的威胁日益多样复杂，为解决问题，需要各界之间的有效合作。①

第三节　社会治理原则：善治与人权

善治原则是东共体区域主义的核心原则之一，也在全球众多区域主义恪守的原则中独树一帜，更是东共体重建后在区域层面着力颇多的规范和价值。善治就是使公共利益最大化的社会管理过程，其本质特征是政府与公民对公共事务的合作管理，是政府、市场和社会间的一种良性互动关系。②学界公认，善治大致包括这些基本要素：合法性、法治、透明性、责任性、回应、有效性、参与、稳定性、廉洁、公正。③就前述基本要素而言，善治的内在规范性可归为两点：民主与法治。过去的数十年中，东非国家见证了内政治理失败甚至恶政导致的暴力冲突、政治动荡和社会倒退，这已成为该地区民主巩固、和平安全及发展的主要挑战。

善治原则是在东共体地区乃至非洲地区长期政府治理失败、劣治充斥的大环境中被提出和践行的。作为一种较为完善的当代治理目标，善治原则深深地潜藏于《联合国宪章》《非盟宪章》及众多区域组织的纲领性文件中。在非洲地区，善治原则是非洲统一组织（非盟前身）成立之时被重申的一个重要原则。从一开始，善治原则就被融合在东共体的所有主要的政治文献、声明和公报中。1999年，东共体奠基性的条约《东非共同体条约》直接将善治原则作为该组织建立的根本原则之一。善治原则不仅适用于东共体成员国自身，也适用于成员国一体化进程之中，还包括非成员国在东共体国家的政治、经济事务

---

① East African Community. "Conference on Inter-Religious Collaboration to Strengthen Peace and Security in EAC Kicks off in Kigali". *Great Lakes Voice*, September 19, 2014 ［2015-08-02］. http://greatlakesvoice. com/conference-on-inter-religious-collaboration-to-strengthen-peace-and-security-in-eac-kicks-off-in-kigali/.
② 陈广胜：《走向善治：中国地方政府的模式创新》，浙江大学出版社2007年版，第102页。
③ 俞可平：《善治——通往幸福之路》，《21世纪经济报道》2011年1月3日。

（如外资治理）等中。2011年5月，《东非共同体善治协议草案》最终形成。[①]
同年7月，东共体多部门召开联合会议，讨论该协议草案。[②]协议草案对善治原
则的内涵和适用范围做了明确规定和阐释，敦促成员国以"承诺加强治理机
构，促进普遍价值和民主、善治、宪政主义、人权和机会均等原则"[③]为指导，
并要达至"宣传并恪守普遍价值观、民主原则及尊重人权"[④]的目标。该协议
明确规定了善治的具体内容：通过定期、透明及公正选举来支持民主；恪守宪
政主义及法治并实现正义；民众参与公共事务；权力分立；机会均等和性别平
等；在公共事务中保持透明、负责和公正；遵守道德规范和团结理念；强化多
元主义，承认所有合法政党的地位、权利和责任。[⑤]

作为一个经历失败后重建起来的发展中国家的组织，东共体将善治原则作
为区域内部关系的核心原则并不奇怪。然而，这条原则的渊源和独特性，必须
放在该组织寻求内部稳定和机制安全的情境中加以理解。和平解决争端和冲突
的规范反映了东共体对国家间及区域外威胁的安全关切，但善治原则只能在东
共体国家对国内安全与发展关切的背景中理解。由于带有"脆弱"国家结构的
新政治实体（如族群冲突、边界争端）及同样强制机制合法性的缺乏，东共体
国家的安全威胁并非来自外部，而是主要源于内部，内源性威胁往往远远超过
外源性威胁。东共体国家不稳定的根源往往有一种"外溢"效应，从而引起国
家间关系的摩擦。除非出现有效善治，消除动荡因素，强化安全预防机制，否
则善治在区域层面的合作框架对于东共体而言毫无意义。更为重要的是，东共
体善治原则表达了一种非极权主义机制反对极权主义威胁的集体承诺。这种对
内部稳定性的强调，在《东非共同体善治协议》的"分权"（Separate of Powers）
概念中得到了相对合理的阐述。

在操作层面，东共体善治原则落定在其成员国的义务主要包括四个层面：
承诺遵守互信、和平共存、善治、睦邻及和平解决争端；通过透明、义务责任

---

① Isaac Khisa. "EAC Finalises Draft Legal, Good Governance Protocol". *Daily Monitor*, May 18, 2011.
② David Muwanga. "East Africa: EAC Protocol On Good Governance in the Offing". *East Africa Business Week*（Kampala）, July 24, 2011.
③ East African Community. *The East African Community Protocol on Good Governance（draft）*. East African Community, 2011, Article 1.
④ Ibid, Article 2.
⑤ Ibid, Article 4.

和参与民主制度化；认同需要促进治理机构的有效性和效率的文化；认可缓解由政治、经济、社会和文化边缘化造成的不断增加的冲突和动荡事件。①

东共体善治原则第一个层面可以在客观"需要"的情况下予以创立，这可以在不同时期找到佐证。东共体国家多灾多难，人祸多于天灾。就东共体国家内部而言，族群性的陷阱众多，族群冲突此起彼伏，加之领土、边界、资源及宗教信仰等因素，造成了太多历史悲剧。②1994年，胡图族屠杀图西族是卢旺达政府治理不到位的极端例证。此外，东共体国家急需改善政治不稳定和社会欠发达等局面。2013年肯尼亚因选举造成的政治争议及其后的社会骚乱和2015年布隆迪因总统选举造成的政治危机及之后的社会动荡等，均为最近的东共体国家善治不足的例子。

东共体善治原则对成员国施加的义务是，通过对话与和平手段解决彼此间的冲突问题。之所以出台这项政策，一方面是考虑到跨国活动有可能成为国家之间关系紧张的主要根源，就像坦桑尼亚和乌干达之间关系紧张就是坦桑尼亚支持奥博特反对阿明政权使然。乌干达和刚果之间的紧张关系则是刚果种族分离主义势力在乌干达境内活动造成的。此类情况，不一而足。另一方面是考虑到东共体国家内政政治的不稳定性，如布隆迪、南苏丹和积极申请入盟的索马里。2015年，布隆迪第一副总统巴宗班扎在主题为"善治"的第五届东共体年会的发言中指出，"善治要求毫不动摇地承诺捍卫民主文化，用捍卫由独立而公正的国家选举管理机构进行的定期、透明、自由而公正选举来对抗动荡与冲突"③。

除上述政治安全目标实现外，善治还同经济发展密不可分。善治促进投资，投资促进经济增长，进而影响其他发展条件，如贫困减少和不平等减弱。有研究表明，东共体善治在政治稳定和质量控制及腐败控制方面起着重要作用，其中政治稳定和质量控制与经济增长率存在消极关系，而腐败控制明显与

---

① East African Community. *The East African Community Protocol on Good Governance (draft)*. East African Community, 2011, Preamble.
② 王剑锋：《族群性的陷阱与族群冲突》，《思想战线》2004年第4期，第55—64页。
③ East African Community (Nairobi). "East Africa: 5th EAC Annual Conference on Good Governance Opens in Bujumbura". AllAfrica, November 14, 2014［2015-08-11］. http://allafrica.com/stories/201411170207.html.

经济增长存在较大关系。①不过，东共体六国在遵守善治原则的水平上高低不一，不同的经济水平，显示出不同的发展机会。虽然各国同意创造共同市场，实行资本自由流通，但国外直接投资占据资本的重要组成部分，每个成员国拥有自己的政府规定和负责促进和保护国外直接投资的机构，以保证善治得到遵守。善治实践在东共体内部呈现两种不同路径，在地区层面善治得到较好的遵守，但在国家层面则大打折扣，显示出国家和区域践行善治原则的严重错位。由于经济平衡发展是东共体的最终目的和善治实现的重要支撑，因此，如果外资在东共体共同市场内得不到善治保证，东共体内的凝聚力就很难维持。

目前，卢旺达是东共体国家善治原则落实得最好的国家。自1994年卢旺达新政权成立后，实行的是爱国阵线主导，多党参政和禁止党派活动的政治管理模式。新政权奉行民族和解的团结政策，接待并安置回国难民，审判1994年大屠杀嫌疑犯，政局逐渐稳定。2000年4月，爱国阵线领导人保罗·卡加梅在议会和内阁联席会议上被推举为总统。卡加梅对内开展善政建设，抓国家重建和恢复经济，同时大力倡导民族和解，召开第一届全国团结与和解大会，对外逐步调整与西方国家关系，努力争取外援……这些善政建设，对促进经济发展、缓和社会矛盾起到了重要作用。

自1994年以来，卢旺达政府出台数项改革举措，如大力推行行政改革和社会经济发展计划，旨在提高卢旺达人的生活条件。卢旺达政府自2000年起实施"减贫战略"和"国家分权政策"（National Decentralization Policy, NDP），旨在贯彻善治原则，提升善治水平，特别是在推行分权进程中，政府拉近了同公民的距离，强化了责任，提高了政务透明度并改善了公共部门的服务能力。卢旺达政府注重八大善治指标：法治、政治权利和公民自由、参与和包容、安全、人力投资、控制腐败、公共服务投送质量，以及经济与合作治理。卢旺达的善治取得了不错的绩效。2012年卢旺达GDP约为155亿美元，人均GDP为1354美元，GDP增长率为7.98%，经济民主指数在167个国家中排名第132位；2013年国际透明指数在179个国家中位于第49位，人类发展指数在187个国家

---

① Alfaxad O. Manyinsa. "Governance and Economic Growth in East African Community Countries". A Thesis for Master Degree, University of Nairobi, 2014, p.19.

中位于第 167 位；[1]2015 年人类发展指数上升为第 159 位。[2]2010 年 10 月，东非合作部副部长穆罕默德·阿伯伍德·穆罕默德代表部长理事会主席在评价卢旺达善治时说："我们对此成就引以为傲。"卢旺达善治的成功经验也促使东共体有意向其他成员国推广。

第四节　经济合作原则：利益均等与互利合作

利益分配不均曾是东共体瓦解的重要原因之一。肯尼亚人在东非地区前六十多年的合作中，一直主导着该地区的工业发展，对坦桑尼亚和乌干达有着巨大的贸易顺差。坦桑尼亚对此表示特别不满，提议要求解决这一难题，坦桑尼亚和乌干达几经尝试提升竞争力，但都以失败告终。1977 年，东共体宣布解散时，肯尼亚政府不少官员额手称庆。肯尼亚前总检察长和宪法事务部长查尔斯·恩乔炯公开说："东共体瓦解时，我们庆祝了。"至今，坦桑尼亚还不时指责当年肯尼亚在分配东共体资产中得益过多。[3]在东共体重建前夕，肯尼亚、坦桑尼亚和乌干达三国启动的首个《东非共同体发展战略（1997—2000）》从侧面对利益分配问题做了说明，"虽然从区域一体化中获益，但是接踵而来的利益分配不均已经成为众多一体化计划的主要缺陷，包括众所周知的曾经瓦解的东共体的例子"，同时提出了未来东共体对此问题的解决方式，即在未来行动计划的实施中，成员国在各领域合作的失衡问题按照成本和效益核算。[4]

东共体重建后，《东非共同体条约》将"利益均等"和"互利合作"作为该组织处理成员国利益分配的根本原则之一，并在之后的不同条约或声明中反复强调这一原则。因此，东共体前副秘书长昂恩在 2008 年 12 月的一次演讲中提到，利益均等和互利合作原则是肯尼亚、坦桑尼亚和乌干达三国对曾经东共

---

① "Good Governance Africa, Rwanda". *GGA* ［2016-07-02］. http://gga.org/countries/rwanda.
② United Nations Development Programme. "Human Development Data（1990-2015）". *Human Development Reports*, 2015 ［2016-07-02］. http://hdr.undp.org/en/data.
③ 施裕壬：《东非共同体解体的原因》，载北京大学亚非所编：《亚非问题研究（第三辑）》，北京大学出版社 1984 年版，第 170—178 页。
④ Matthias Busse, Rasul Shams. "Trade Effects of the East African Community: Do We Need a Transitional Fund?". *HWWa Discussion Paper*, No. 240, 2003.

体瓦解原因进行深刻反思的结果。①2012年11月，坦桑尼亚总统基奎特在庆祝东共体重建十三周年纪念大会的发言中也指出，"我相信，我们能够从历史和以往的经历中学到经验……我们已经见证了以往我们的一体化是如何发展、我们是如何错过联邦的机会，以及我们是如何从遽然瓦解中生存下来的"。《东非共同体条约》第二条规定了共同体的共同利益目标，并规定在实现关税同盟、共同市场、货币联盟和政治联邦的进程中，"经济活动的获益应平等共享"②。但人们最初对重建后的东共体的未来发展仍然心有余悸，信心不足，甚至对建立关税同盟和共同市场心怀恐惧，似乎贸易严重失衡即在眼前。

　　客观而言，东共体几乎所有相关文件都考虑到了上述担忧，并采取多种方式以消除上述担忧。《东非共同体条约》第七十七条的条目名称即为"由应用建立关税同盟和共同市场的规定引起的失衡解释措施"。《东非共同体关税同盟协议》的第三条中对建立关税同盟目标的首要目标规定："成员国间在贸易互利安排基础上，进一步使区域内货物贸易自由化。"③《东非共同体货币联盟协议》在序言中就明确要求成员国认同"实现经济发展的有效资源分配"④，第二十四条中规定东共体理事会出台措施帮助成员国由执行该议定书所引起的宏观经济或结构不平衡的问题。⑤《东非共同体共同市场协议》第四条第1款中强调，在总目标上共同市场就是"为了成员国利益，拓展并深化成员国之间在经济和社会领域的合作"⑥。第四条第2款（c）项显示的微观具体目标之一则是"保持共同体范围内的经济一体化活动并加以拓展，共同体的利益应在成员国之间平等分配"⑦。无独有偶，在《东非科学和技术委员会协议》序言的首条

---

① Julius Onen. "Overview of the East African Community". *African Press International*, June 12, 2008.

② East African Community. *The Treaty for the Establishment of the East African Community*. East African Community, 1999, p.13.

③ East African Community Secretariat. *Protocol on the Establishment of the East African Customs Union*. East African Community Secretariat, 2004, p.9.

④ East African Community Secretariat. *Protocol on the Establishment of the East African Monetary Union*. East African Community Secretariat, 2013, p.5.

⑤ Ibid, p.17.

⑥ East African Community Secretariat. *Protocol on the Establishment of the East African Common Market*. East African Community Secretariat, 2009, p.6.

⑦ Ibid.

说明中有标注，缔结该条约的基础是"为了彼此的相互利益"①。显然，东共体领导人对上述原则落实过程有着清晰的认知和思考，并在之后的实践中不忘初心。这一点也在东共体发展战略规划中可以管窥。正如有学者所言的那样，在区域一体化进程中，不承认国家利益的存在及需要平衡的分配利益，那是不切实际的。②

　　东共体在推进一体化的进程中实施的每份战略发展规划中，都在相当程度上体现出上述原则。东共体重建后出台的首份《东非共同体发展战略（2001—2005）》就要求重视收益分配和成本平衡，并强调采取必要措施，以缓解由建立关税同盟和共同市场所引起的失衡情况。③该发展战略对可能出现的经济失衡做了预判，这也是建立在三国客观经济发展及第一份发展战略规划实践基础上的评估结果。肯尼亚一直实行纯粹的市场经济，自由市场机制较为成熟；坦桑尼亚经济至今仍然受到乌贾玛社会主义计划经济的深刻影响；乌干达则选择了混合制经济方式。这种差异性明显影响了东共体区域层面一体化的战略发展目标的实现。但有一点值得提出的是，东共体文件时刻不忘强调利益均等及互利合作。④第四份《东非共同体发展战略（2011/2012—2015/2016）》中明确指出，东共体优先介入的一体化活动是"巩固一个成熟的关税同盟的利益"⑤。第五份《东非共同体发展战略（2016/2017—2020/2021）》为共享一体化收益，将实现单一关税排在七大优先领域的首要位置。⑥

　　对于东共体互利合作中的表现，有学者评价说，虽然东共体领导人的决策非常大胆，但最终还是要看各国的真正受益情况。⑦由前所述，东共体内部经

---

① East African Community Secretariat. *Protocol on the Establishment of the East African Science and Technology Commission.* East African Community Secretariat, 2008, p.1.

② 杨逢珉、孙定东：《欧盟一体化进程中的集团利益与国家利益》，《兰州大学学报》（社会科学版）1997年第4期，第48—53页。

③ East African Community. *East African Community Development Strategy（2001-2005）.* East African Community, 2001.

④ Matthias Busse, Rasul Shams. "Trade Effects of the East African Community: Do We Need a Transitional Fund?". *HWWa Discussion Paper*, No. 240, 2003.

⑤ East African Community. *East African Community Development Strategy（2011/2012-2015/2016）.* East African Community, 2011, p.5

⑥ East African Community. *East African Community Development Strategy（2016/2017-2020/2021）.* East African Community, 2017, Forward.

⑦ Ole Thonke. "Of EAC and Regional Integration". *Diplomat · East Africa*, Vol. 2, No. 6, 2011.

济发展不平衡，内部贸易受益也不均衡，如坦桑尼亚、布隆迪等国出现的新的贸易保护主义比较严重，对东共体一体化进一步向前推进造成了较大的负面影响。此外，迄今为止，东共体仍并未拆除的壁垒包括：烦琐的海关记录程序；冗长且重复的移民手续；令人生畏的检查要求；参差不齐的入关标准，以及警察故意设置路障；等等。尤其值得注意的是，坦桑尼亚和肯尼亚是报道中贸易和非贸易壁垒最严重的国家。根据东非商务理事会（East African Business Council）的调查报告，两国臭名昭著的机构和部门包括税务局、警察和标准局、移民局及地方政府机构。因此，东非商务理事会主席穆布督认为，利益均等必须要求成员国恪守一体化精神，"东共体内部贸易不会增长到期待的水准，除非我们的政府显示诚意，以一体化精神消除各种各样的贸易壁垒"①。

第五节　东非共同体演进中的规范和认同

前文简要勾勒了东共体国家间关系处理过程中的主要规范与原则。这些规范尽管对东共体的政治和安全发展起到重要作用，但它们并非独一无二。众所周知，主权平等原则及和平解决争端原则是威斯特伐利亚国际体系的基本原则之一，而且被很好地潜藏在《联合国宪章》《非盟宪章》及其他区域组织的规范之中。使东共体真正具有独特性的是那些以东共体特征出现的规范。

东共体路径或模式是国际货币基金组织和部分东非学者用以阐释内部相互作用过程的一个概念，并将东共体与其他的，特别是非洲其他的多边安排和组织区分开来。②有意思的是，东共体官方文件中始终没有直接使用这一概念。因此，这一术语的使用较为宽泛、松散。2009年，在东共体重建十周年纪念活动后，这一概念的使用频率有所增加。③不过，诸多学者和领导人对于"东共体路径"的理解不够开放，显示出保守的一面，如强调正式性、协调性及和平

---

① Monica A. Hangi. "The Non-Tariff Barriers in Trading Within the East African Community", Policy Brief, No. 3, 2010.
② Drummond Paulo, S. K. Wajid, Williams Oral. *The Quest for Regional Integration in the East African Community*. International Monetary Fund, 2015.
③ Hamid R. Davoodi. *The East African Community After Ten Years: Deepening Integration*［2016-05-06］. http://www.imf.org/external/np/afr/2012/121712. pdf.

性。东共体模式或路径的用法是否已经在实践中得到证明，至今仍存在较大的争议和怀疑。不少批评者认为，东共体模式有些夸大其词，因为在众多实质性的合作过程中，经常会避免讨论该组织的缺陷。[①]因此，东共体模式在涉及正式性和特殊性方面，在东共体形成期间其内部良性互动是真实存在的，在关税同盟和共同市场启动后，其成员国之间的互动性逐渐加强，但单一关税、共同市场及货币联盟建设未能按照时间表如期实现，甚至一再延迟，这自然使东共体模式概念的科学性和真实性大打折扣。

但不可否认的是，规范明显对东共体地区主义产生了至关重要的影响。有学者指出，"因为东共体的存在，我们能够在彼此之间建立最基本的和平与友好原则。这些最基本的原则是什么？第一，睦邻友好，不干涉各国内部事务的原则；第二，和平解决争端的原则；第三，尊重各国主权原则；第四，善治原则……东共体国家宣布了这些基本原则……我们已接受了这些原则，特别重要的是，我们已经在执行这些原则，并依靠这些原则生存"[②]。这从东共体国家政府制定本国发展战略中可以管窥，如坦桑尼亚最新的《国家五年发展计划（2016—2021）》就将东共体的诸多规则镶嵌在这份发展规划之中。[③]

从历史角度看，在东非国家探索一种刚刚起步的地区认同的过程中，规范的确起到了核心作用。地区认同一直是东共体国家领导人关注的问题，甚至在创建东共体之前，东共体国家领导人就已经做了大量工作。在20世纪60年代东共体初创时，东非国家的领导人确实致力于发展由尼雷尔和肯雅塔所从事的泛非联合。他们坚信东非地区在非洲地区秩序中享有独特地位，因而存在本地区的认同。[④]这种独特的地区主义思想是坦桑尼亚的尼雷尔提出来的。1962年，尼雷尔提出建立东非政府联邦的建议，强调要把东非独立国家紧密联系起来。

① Nicodemus Muinde. "Regionalism in Eastern Africa: Lessons Learnt from the Defunct East African Community". A Research Project for the Award of Master's of Arts Degree in International Relations, 2015, p.26.
② Luise Nudi Rasanga. *Harmonization of Standards in the East African Community: Challenges and Opportunities (2000–2012)*. August 31, 2013 ［2016–05–06］. http://erepository.uonbi.ac.ke/bitstream/handle/11295/58667/Rasanga_Harmonization%20of%20standards%20in%20the%20East%20African%20community.pdf?sequence=3.
③ Ministry of Finance and Planning. *National Five Year Development Plan 2016/17–2020/21*. The United Republic of Tanzania, June, 2016 ［2017–08–04］. http://www.mof.go.tz/mofdocs/msemaji/Five%202016_17_2020_21.pdf.
④ 西克·安德烈著，吴中泽：《黑非洲史（第四卷下册）》，上海译文出版社1979年版，第14—15页。

这一创建东共体的提议反映了对区域认同构架的崭新探索和认知。同年，坦桑尼亚总统尼雷尔、乌干达总理奥博特和肯尼亚总理肯雅塔在内罗毕发表《东非联邦政府宣言》。宣言的目的明确，"我们有共同的历史、文化和习俗，我们的统一既符合逻辑，也很自然"，并立即着手成立工作组起草东非联邦的宪法草案，一个统一的东非似乎即将建立。①1964年4月，尼雷尔宣布和独立的桑给巴尔合并组成坦桑尼亚。宣言的通过与积极的行动标志着东非三国在积极培育一种区域认同意识，进而努力创造一个强大的东共体。同样，1967年6月，《东非共同体合作条约》的签署及同年12月该条约的生效表明，这些国家开始了国家的目标需要与一种地区存在的发展相一致的思维方式。因为，以往东共体成员国一直习惯于从各自国家利益或生存的角度观察区域内部的问题，向区域内生存的转化意味着它们正对各自国家的实践和思考进行着痛苦的调整。②这也将东共体国家带入区域性思考，使其行为和价值的范畴得到拓展，这也是东共体解散后原成员国虽交恶多年，仍藕断丝连的主因，以至于之后东共体重建得以实现。

然而，认同有时需要考虑的是其传统文化根源。显然，东共体的认同本质上源自其社会化过程。东共体本身并非过多地来源于预设的斯瓦希里文化，而是源自主权国家体系形成后逐渐形成的社会之中。它不仅来自东共体创立者认同的国家间关系原则，而且来自后来长期互动（包括冲突和争端）和关系调整的过程。因此，就东共体而言，并不完全是文化创建了规范，规范也创造了文化。正如有学者所言，东共体的"规范已经成为东共体文化的非常丰富的养分"③。这些规范中既包含法律—理性的属性，也包含了社会文化的特质，社会文化规范则又与东共体模式紧密联系。

综观东共体发展历程，其规范及与之相联系的规范，并非总是能在实践中得到坚持，关税同盟、共同市场或对外共同政策等均与承诺的原则有着相当的出入。此外，在寻求一致的过程中，并不总是能够产生为所有成员国所接受的

---

① A. J. Hughes. *East Africa: The Search for Unity Kenya, Tanganyika, Uganda and Zanzibar*. Penguin Books 1963, pp.265–268.

② Julius Onen. "Overview of the East African Community", *African Press International*, June 12, 2008.

③ Ally Possi. "Striking a Balance Between Community Norms and Human Rights: The Continuing Struggle of the East African Court of Justice". *African Human Rights Law Journal*, Vol. 15, 2015, pp.192–213.

决定和建议，如《东非共同体和平与安全协议》至今还未得到所有成员国议会的批准，实行单一关税和货币联盟的谈判仍然争执难决，举步维艰。重建后的东共体无疑处于艰难岁月中，但东共体实践及其运作模式在地区事务中起到的关键作用是其他组织难以替代的，因为正是乌坦之战和卢旺达大屠杀等共同恐怖事件帮助东共体塑造了善治和内部的团结。不过，人们应当清醒地认识到，一方面，当东非地区安全稳定面临的挑战变得错综复杂和模糊不清时，这些因素的重要性似乎有所淡化；而另一方面，随着首脑峰会频繁举行和众多定期会议议题日趋宽泛，东共体区域层面的互动日益规范化，其中东共体行为的法律化发展趋势日益明显，且诉诸正式程序的情况日益增多。[①]2016年3月，南苏丹成为东共体的正式成员国，索马里、马拉维、苏丹等也正在积极申请成员国资格，东共体正处于新一轮扩容进程之中。这些新成员和准成员能否在东共体路径之中完成规则社会化？随着成员国的增加，东共体将面临更多的不确定性。

---

① 洪永红、洪流：《东非共同体的法律职能与中非法律合作》，《湘江法律评论》2014年第00期，第58—65页。

第四章

塑造地区安全共同体（一）：
东非共同体与尼罗河水资源争端

　　围绕尼罗河水资源分配的争端由来已久，它也是至今仍悬而未决的著名国际争端之一。2006年4月，尼罗河流域国家建立了尼罗河流域委员会，旨在促进沿河各国之间的合作、保证公平与和平地利用尼罗河水资源。该组织的成立意味着，在解决尼罗河水资源的长期争端中，开始出现了由单边主义转向地区主义的趋势。尼罗河流域委员会宣称，将水资源开发需求置于优先地位，试图结束数十年来尼罗河流域国家之间的紧张关系及"为水而战"的直面威胁。

　　尼罗河水资源包括维多利亚湖在内。肯尼亚、乌干达和坦桑尼亚等是尼罗河水资源国际争端的当事方。东共体国家由于急切需求水力发电，加之饮水短缺、灌溉不足、饥荒连连、人口增长等现实困境和干旱等自然灾害连接不断，逐渐放弃了"因拥有尼罗河而满足"的历史常态，转而将目光投向尼罗河水资源，使尼罗河水资源争端加剧，并直接挑战了1929年英国与埃及签订的《关于尼罗河水资源管理条约》。众所周知，《关于尼罗河水资源管理条约》规定，尼罗河水资源属于埃及和苏丹，禁止布隆迪、刚果民主共和国、厄立特里亚、埃塞俄比亚、肯尼亚、卢旺达、坦桑尼亚和乌干达等其他沿河国家大规模使用尼罗河水进行工业生产和发展。因此，长期以来埃及将控制尼罗河水资源视为关乎其生死存亡的安全问题，对任何企图修正上述条约的言论和大量使用上游水资源的行为都会强烈反对。萨达特曾警告说："任何危及青尼罗河水资源的行为将会面临埃及方面的坚定反击，甚至战争。"[1] 然而，中东剧变后，包括部分东共体国家在内的尼罗河上游国家，借埃及政权更迭和无暇他顾之际，对历史规约再度表达不满，提出了分享尼罗河水资源的要求。2017年11月，埃及总统塞西因埃塞俄比亚修建复兴大坝问题，多次发出武力威胁警告，并认为尼罗河对埃及而言意味着"生死"问题。[2] 由于牵涉东共体主要国家，尼罗河水资源分配问题在近些年来也不时成为东共体处理同外部关系的重要议题。

---

① Patricia Wright. *Conflict on the Nile: The Fashoda Incident of 1898.* Heinemann, 1972, p.44.

② Samy Magdy. "Egypt Warns Ethiopia Nile Dam Dispute Is 'Life or Death'". *The Times of Israel*, November 18, 2017.

客观而言，东共体的重建为探索尼罗河水资源问题的解决提供了一个新的地区主义路径。肯尼亚、乌干达和坦桑尼亚首要关注的是充分利用维多利亚湖及其水域的资源。东共体得以重建，表明三国已经消除内部重大分歧，使它们能够共同要求重新分配被埃及和苏丹垄断的尼罗河水资源，加之穆巴拉克执政时期埃及的立场有所松动，通过多轮谈判，各方最终在1999年签订了《尼罗河流域倡议》。2004年3月，埃及水利资源与灌溉部部长马哈茂德·阿布·扎伊德承诺："在此框架下，无论产生什么决议，埃及均将接受。"2014年8月，埃塞俄比亚决定将修建"非洲最大的水电站"的计划提上日程，这造成了埃及与埃塞俄比亚两国关系的短暂紧张。2015年3月，埃及、苏丹和埃塞俄比亚三国签署了关于埃塞俄比亚"复兴大坝"的合作框架协议，并得到了东共体国家的支持。因此，在尼罗河水资源争端中，东共体及其成员国支持下的地区主义或多边主义提供了争端解决框架，使卷入冲突的国家相互间建立起一定程度的信任和合作关系，从而朝着尼罗河水资源共享的方向发展。本章主要考察东共体在尼罗河水资源争端中的作用，特别是确定东共体在这一争端中所起到的作用在多大程度上强化了东共体的规范。

第一节　尼罗河①水资源争端的历史根源

在殖民扩张时期，英国控制非洲的信条是"谁控制了尼罗河，谁就控制了东非"，并最终实现了在东非的殖民统治。②19世纪90年代到20世纪60年代，为了保证埃及获得稳定的水流量，英国以立法的形式规定了东非地区使用尼罗河水资源的权利，从而形成了一个影响至今并被认为不公平的水资源分配机

---

① 尼罗河流域沿岸有10个国家，约有3.36亿人生活在尼罗河两岸。尼罗河有两大支流——源于赤道东非的白尼罗河和源于埃塞俄比亚的青尼罗河，二者在东非地区西侧的大裂谷处汇集。东非三国肯尼亚、乌干达和坦桑尼亚一直共享维多利亚湖的水资源。有40多条河汇聚维多利亚湖，该湖也是尼罗河之重要水源。2005年4月30日，南非人彼得和亨得利领导的团队找到了尼罗河真正的源头。从维多利亚湖出发，白尼罗河流经5500公里，通过乌干达北部和苏丹南部的干燥地带流入沼泽地区，最后到达位于喀土穆的青尼罗河。青尼罗河源于埃塞俄比亚的塔纳湖（Lake Tana），河长1529公里，最后汇入白尼罗河。埃塞俄比亚给青尼罗河贡献了80%—85%的水资源。东共体在尼罗河水资源管控和使用方面有着重要作用。
② Halford L. Hoskins. "The Suez Canal in Time of War". *Foreign Affairs*, Vol. 14, 1935-1936, p.101.

制。之后，这种不公分配机制逐渐成为包括东共体国家在内的国家和埃及之间紧张关系的催化剂。

1929年，埃及与英国（代表苏丹政府）签订《尼罗河水资源协议》。协议规定，禁止尼罗河沿岸的英属殖民地采取减少到达埃及的尼罗河水量的任何行为，"不得在英国管辖的所有国家或苏丹尼罗河及其支流进行灌溉、修建发电厂等减少流入埃及水量的措施"[1]。苏丹虽获得了部分水资源使用权，但埃及获得了相当于苏丹12倍的水量。[2]该协议同时赋予埃及监督尼罗河上游任何水利工程项目，以及任何损害埃及利益的水利事务的权利。此外，英国还授权埃及监控苏丹境内的尼罗河水流量，且可以在无须征得英国同意的情况下，自由修筑尼罗河水利工程。[3]当时，英国控制下的苏丹被迫接受协议，但独立的埃塞俄比亚一直拒绝承认这一协议。

1956年苏丹独立后，苏丹政府即刻着手对1929年的协议进行重新评估。1959年11月，苏埃两国政府就尼罗河水资源合理分配签订修正协议，使苏丹用水量提高到埃及用水量的1/3。毋庸置疑，该协议有效强化了埃及和苏丹对尼罗河水资源的新的垄断地位，因为其他尼罗河流域国家的用水比例没有任何提高。埃塞俄比亚再次拒绝承认修正版的协议，并认为其有权使用尼罗河水资源为其公民谋利。在某种意义上，因东非国家还不是独立国家，埃及利用这一条约再次控制了这些国家对尼罗河水资源的使用权。

需要指出的是，有关尼罗河水资源分配的历史协议均为双边而非多边条约，且都是在英国殖民当局授权和妥协情况下签订的。埃及和苏丹对尼罗河水域合作控制有其深刻的现实因素，埃及和苏丹分别有96%和77%的人口依赖尼罗河淡水。[4]埃及因人口增长速度较快，未来需要更多淡水。1950年，埃及仅2000万人口，2018年已接近1亿。[5]另外，埃及每年50亿美元的灌溉补贴妨碍了

① Asit Biwas Godana. *Africa's Shared Water Resources: Legal and Institutional Aspects of the Nile, Niger and Senegal River Systems.* Lynne Rienner Publisher, Inc., 1985, pp.106-117.

② Tesfaye Tafesse. *The Nile Question: Hydropolitics, Legal Wrangling, Modus Vivendi and Perspectives.* LIT Verlag Munster, 2001, p.75.

③ Ibid.

④ Nimrod Raphaeli. "Rising Tensions over the Nile River Basin". *Inquiry and Analysis Series*, No. 165, 2004.

⑤ Worldometers. "Egypt Population（live）"［2018-08-09］. http://www.worldometers.info/world-population/egypt-population/.

水资源保护措施的有效实施。[1]1964—1971年埃及依据历史上的法律规定，建成阿斯旺大坝，充分利用尼罗河水资源，获得大量可灌溉农地，大大推动了经济发展。同时，埃及拒绝回应东非国家和其他尼罗河流域沿岸国家用水的呼声。

尼罗河水资源分配导致埃及和苏丹与其他8个尼罗河国家的关系紧张。[2]20世纪50年代后期，纳赛尔宣扬泛非主义，旨在实现埃及治下（Pax-Egyptiana）垄断尼罗河水资源。埃及主导的尼罗河流域统一运动试图控制埃塞俄比亚、厄立特里亚、苏丹、索马里、乌干达和肯尼亚等国的尼罗河水资源。但20世纪60年代的民族解放运动迅速冲淡了纳赛尔的泛非主义召唤。之后，萨达特虽以埃及民族主义代替了泛阿拉伯主义和泛非主义，但仍然将控制尼罗河水资源作为其对外战略的重要组成部分。萨达特政权曾为捍卫尼罗河水的垄断权，不惜发出战争威胁，暗中颠覆其他沿河国家政权，支持好望角和非洲大湖地区的各类武装组织进行反政府活动。例如，早在1962年4月，纳赛尔通过阿拉伯国家联盟，对厄立特里亚武装人员进行资金和武器支持，在开罗建立厄立特里亚解放阵线办事处。据"斯坦福全球情报"（Stanford's Global Intelligence）披露，埃及在1998—2000年俄厄战争期间曾为厄方提供武器和军事顾问。埃及通过支持厄立特里亚来阻止埃塞俄比亚的蓝色尼罗河计划。[3]而在1960年、1964年及1977—1979年索马里与埃塞俄比亚的一系列武装冲突中，埃及支持索马里，并同支持埃塞俄比亚的肯尼亚发生了正面冲突。[4]埃及破坏东非地区的政策被视为旨在削弱竞争对手和方便控制尼罗河水资源。埃及另一战略是封堵埃塞俄比亚国际援助，如1988年埃塞俄比亚启动塔纳-贝勒斯水电站项目，埃及千方百计阻挠非洲发展银行给其提供贷款。[5]

---

[1] Nimrod Raphaeli. "Rising Tensions over the Nile River Basin". *Inquiry and Analysis Series*, No. 165, 2004.

[2] Daniel Kendie. "Egypt and the Hydro-Politics of the Blue Nile River". *Northeast African Studies*, Vol. 6, No. 1-2, 1999, p.151.

[3] Ashok Swain. "Ethiopia, the Sudan and Egypt: The Nile River Dispute". *Journal of Modern African Studies*, Vol. 35, No. 4, 1997, pp.675-694.

[4] 自20世纪50年代起，肯尼亚在其东北省份与索马里存在领土争议。1977年奥加登战争爆发，肯尼亚宣布将予埃塞俄比亚并肩反击"索马里侵略"。1978年5月，肯尼亚空军迫使向索马里军队运送武器的埃及战机降落在内罗毕肯雅塔机场。

[5] World Bank. "Federal Democratic Republic of Ethiopia for the Tana and Beles Intergrated Water Resources Development Project". World Bank, July 17, 2015 [2017-09-03]. http://documents.shihang.org/curated / zh / 963461468180550727 / pdf / PAD1435-PJPR-P096323-P154680-IDA-R2015-0214-1-Box393176B-OUO-9.pdf.

第二节　东非共同体国家与尼罗河问题

东非地区和尼罗河问题牵扯由来已久，且公平分享尼罗河水资源的问题在东共体重建后再次浮出水面，成为东非地区主义演进中的一个重要安全问题。

20世纪20年代初，肯尼亚、乌干达和坦噶尼喀均为英国殖民地。1967年，东共体初建时，尼罗河水资源分配问题即为东共体国家之间冲突不断的原因之一。之后的二十余年里，该问题始终没有被列入东共体国家关系的政治议程。冷战结束后，许多相互交织的因素使东共体复活成为可能，1999年东共体重建标志着东非地区主义的再次崛起。重建后的东共体得到了广泛授权，使其关注地区问题，而在众多地区问题中，涉及维多利亚湖和尼罗河等水资源分配的争端显得最为突出。[1]人口膨胀、水力发电不足、食品短缺、干旱、饥荒、渔业市场的扩大及其他水资源使用等因素迫使东共体国家必须大量使用维多利亚湖及其支流的水资源，以满足经济发展需求。

有学者认为，除了"提供安全用水的权利和保持维多利亚湖可靠的水源"的挑战外，东共体保证在和平与安全的环境下使用资源的能力同样受到挑战。[2]保护环境和自然资源旨在保证地区稳定。《东非共同体发展战略（2001—2005年）》强调，"维多利亚湖及其流域，以及其他共享的生态系统是共同利益区域"[3]。大湖流域及其支流区域的稳定同整个大非洲之角（Greater Horn of Africa）的稳定存在复杂的关联，而大非洲之角包括东共体地区40%的人口和50%的GDP产量[4]。东共体意识到，成员国的任何单边计划都会刺激区域内潜在的水资源争端，从而使其成员国承诺建立"一个维多利亚湖的管理机

---

① East African Community. *The Treaty for the Establishment of the East African Community*. East African Community, 1999, p.12-13.
② Daniel Kendie. "Egypt and the Hydro-Politics of the Blue Nile River". *Northeast African Studies*, Vol. 6, No. 1-2, 1999, p.197.
③ East African Community. *The Treaty for the Establishment of the East African Community*. East African Community, 1999, p.12.
④ Daniel Kendie. "Egypt and the Hydro-Politics of the Blue Nile River". *Northeast African Studies*, Vol. 6, No. 1-2, 1999, p.197.

构"①。更为重要的是，一份名为《水资源管理和发展一体化合作》
（*Cooperation in Integrated Water Resources Management and Development*）的战
略文件详细规定了东共体的水资源政策："成员国认同，水即生命，水是可持
续发展的核心……因此，成员国努力制定共享水资源的远景规划，采取共同的
水资源政策及全面执行水资源战略行动计划。"②

　　通过推出共享水资源战略，东共体实质上开始了对现有尼罗河流域水资源
分配机制的质疑，而长期以来埃及主导的分配机制已成为有关尼罗河水资源争
端的根源。③随着东非国家日益重视东共体的平台作用，原来被认为比埃塞俄
比亚等尼罗河流域更为温和的肯尼亚、乌干达和坦桑尼亚等国家，也开始非常
起劲地要求扩大尼罗河水资源的使用权。④这些东共体国家以公平使用尼罗河
水资源为权利诉求，反对埃及的安全言辞。2003年12月，肯尼亚公开拒绝承
认《尼罗河水资源协议》。对此，埃及水利部部长扎伊德随即以萨达特式的方
式进行回应，称肯尼亚有意退出《尼罗河流域条约》是反对埃及的"一种战争
行为"，并且暗示将对肯尼亚进行经济制裁。这种挑衅话语迫使时任肯尼亚水
资源管理和发展部部长兼部长议会主席卡鲁阿在一次地区水资源部长会议上拂
袖而去。2004年2月，坦桑尼亚在分别同乌干达、肯尼亚和埃及对话受挫后，
决定投资2760万美元，启动从维多利亚湖抽水的项目，这一举措显然破坏了
1929年和1959年的条约，⑤但坦桑尼亚水资源和畜牧业发展部常务副部长恩亚
姆鲁达宣称，自独立以来坦桑尼亚所持有的立场始终如一，即两部尼罗河条约
是非法的。无独有偶，乌干达政府也将上述条约的合法性问题提上了日常政治
议事日程，有国会议员要求拒绝承认殖民时期的条约。乌干达总统穆塞韦尼不
时就埃及垄断尼罗河水资源问题发表意见。2013年6月，穆塞韦尼批评埃及在

---

① East African Community. *The Treaty for the Establishment of the East African Community*. East African Community, 1999, p.89.

② O. Nyanjom. "Can the EAC help to Deliver the Millennium Development Goals?". Rok Ajulu. Ed. *The Making of a Region: The Revival of the East African Community*. Institute for Global Dialogue, 2005, p.193.

③ Robert O. Collins. "Smoothing the Waters: the Nile Conflict". *Institute on Global Conflict and Cooperation Policy Brief*, 1999, p.3.

④ Tesfaye Tafesse. *The Nile Question: Hydropolitics, Legal Wrangling, Modus Vivendi and Perspectives*. LIT Verlag Munster, 2001, p.99.

⑤ Faustine Rwambali. "East Africa: Tanzania Ignores Nile Treaty, Starts Victoria Water Project". *The East African*, February 9, 2004.

与埃塞俄比亚建设复兴大坝冲突中的"沙文主义"，[1]之后虽有意结束争端，但仍拒绝批准《尼罗河水资源协议》。[2]2017年6月，穆塞韦尼在尼罗河流域国家峰会上发言时对乌干达不能充分使用尼罗河水资源表达了不满，并希望能公平利用水资源和结束争端。[3]

东共体国家对尼罗河水资源的平权要求是由诸多因素引发的。其中，淡水资源紧张是最主要的因素。2009年，东非地区遭遇旱灾，维多利亚湖水位下降，农牧业受到重创，人畜饮水困难，最后出现大面积饥荒。实际上，东共体地区技术工作组（EAC Regional Technical Working Group）早在2006年的一份报告中就已指出，该地区长达三年的干旱和过度抽水发电导致湖水水位下降。[4]与此同时，乌干达水利部部长兼非洲部长理事会主席穆塔噶姆巴宣布，由于水位下降已经严重影响了欧文瀑布大坝（Owen Falls Dam）的水力发电效率，乌干达的电力短缺现象进一步恶化，乌干达政府决定减少大坝水流量，旨在改善干旱导致的大坝水位下降的情况。[5]由于湖水水位下降，电力短缺席卷整个东共体地区。2006年1月，坦桑尼亚电力公司（Tanzanian Electric Power Supply Company）被迫采取分配电力的方式，这不仅影响了千家万户的日常生活，还造成了严重的工业损失。[6]为解决困境，世界银行主动向东共体国家提供了热发电和天然气发电设施，以推进该地区电网发展。[7]此外，大湖地区及其支流地区的环境恶化使形势变得更为复杂。穆塔噶姆巴部长声称，"统计数据显示，沿河流域大多数人民贫困不堪，社会经济发展的趋势令人沮丧"[8]。因此，坦桑尼亚水利部部长认为，"未来，水资源政策将是我们东共体国家最

---

① Rana Muhanmmad Taha. "Uganda Backs Ethiopia in Dam Conflict". *Egypt Daily News*, June 14, 2013.

② "Museveni: There Is No Reason for Conflict over River Nile". *The Independent*（*Uganda*）, March 2, 2017.

③ Yoweri Kaguta Museveni. "Museveni's Full Speech at Nile Basin Summit". *New Vision*, June 24, 2017.

④ World Bank. "World Bank Statement on Lake Victoria Water Level". *Document of the World Bank*, March 16, 2006 ［2016-03-09］. http://documents.worldbank.org/curated/en/289901468179946215/pdf/PAD1279-PJPR-P100406-P153466-IDA-R2015-0107-1-Box391422B-OUO-9.pdf.

⑤ Jude Etyang. "Uganda Limits R. Nile Outflow". *New Vision*, March 7, 2006.

⑥ IRIN. "Government Struggles". *IRIN News*, March 6, 2006.

⑦ World Bank. "World Bank Statement on Lake Victoria Water Level". *Documnet of the World Bank*, March 16, 2006 ［2016-03-09］. http://documents.worldbank.org/curated/en/289901468179946215/pdf/PAD1279-PJPR-P100406-P153466-IDA-R2015-0107-1-Box391422B-OUO-9.pdf.

⑧ Evelyn Lirri. "African Countries to Protect River Nile". *The Monitor*（*Kampala*）, March 8, 2006.

为优先的政策"①。最终，平等使用尼罗河水资源无可避免地被提上了东共体国家和东共体区域政治议事日程。

面对新的挑战，埃及进行了政策调整。穆巴拉克政权采取了相对温和的政策来处理尼罗河水资源争端，其外交政策本身经历了从对抗到合作的过程，从挑起沿河流域的动荡到促进和平的明显变化，埃及和埃塞俄比亚开始冰释前嫌。1998年，埃及驻埃塞俄比亚大使巴德尔在《亚迪斯论坛报》上发表文章指出，"埃及认识到，根据国际法，每个国家有权平等利用尼罗河水资源"，"现存水资源协议阻碍不了任何尼罗河流域国家利用水资源的权利"②。穆巴拉克政府后期采取的战略不是封堵尼罗河项目，而是确保其他沿河国家启动的项目不会减少埃及尼罗河水流量。如埃及同意并支持东非国家规划小型项目以解决现实用水问题，包括：（1）肯尼亚在干旱和半干旱地区抽取地下水项目。1996年埃及还提供420万美元在干燥和半干燥地区开掘100口水井以解决旱灾和缺水问题，到2001年埃及公司完成全部打井工作。（2）签订解决缺水问题的协议。1998年3月，埃及和乌干达签订《水葫芦协议》(The Water Hyacinth Agreement)。埃及承诺提供1390万美元帮助乌干达消灭水草。（3）提供共享水资源国际研究生文凭服务。埃及在开罗大学一直为尼罗河流域国家提供一种共享水资源的研究生教育文凭。埃及的政策变化还明显表现为积极参与尼罗河流域国家的和平进程。埃及不仅参与苏丹达尔富尔的和平进程，也对联合国和非盟在苏丹的维和任务贡献颇多。埃及虽然改变了同东非国家的关系，但在尼罗河水资源方面的战略利益并未出现根本性的松动。埃及参与南北苏丹内战可被视为一项战略决策，旨在保证苏丹作为一个完整的国家，继续受现存条约的限制，从而达到继续控制尼罗河水资源的目的。

2005年1月，苏丹政府与反政府武装实现和解，签署《全面和平协议》，规定六年后实行公投决定南苏丹是否脱离苏丹政府。因此，埃及政府担心，一旦苏丹分裂，新的南苏丹国家没有在任何国际条约上签字，很可能使埃及政府无法继续维持其在尼罗河流域的用水主导权。尽管有着公投约定，但保持苏丹

① Nelson Mandela. "Race for Water Security Begins", *Mail & Guardian*, May 26, 1999.
② Mohamed Ali Badr. "Egypt and the Horn of Africa: The True Perspective", *Addis Tribune*, August 7–14, 1998.

的统一仍是埃及政府的首选政策。埃及驻联合国大使盖伊特在联大会议上称，
"在保持国家主权和领土完整的情况下，埃及将继续支持苏丹朝着和平与稳定
迈出重要步骤"①。埃及同时表明其愿意支持维多利亚湖周围的食品生产，而
对于食品进口国的埃及来说，发展大湖地区经济，其可能受益匪浅。但南苏丹
独立后，很快加入东共体及2017年苏丹巴希尔政权同埃及龃龉不断等情况，使
埃及原来的战略愿望落空，从而迫使当前埃及塞西政权面对尼罗河水资源分配
问题，不得不主动同苏丹和埃塞俄比亚进行频繁磋商和妥协。这也预示着尼罗
河水资源争端进入新的发展阶段。

第三节　东非共同体与尼罗河流域安全结构

实际上，自1967年东共体建立后，东共体三国就参与了多份尼罗河流域地
区倡议工作，相关活动甚至在1977年东共体解散后仍在继续。在东共体重建之
前，东非国家仍持续参与五个项目。

（1）水文气象计划。1967年，埃及、肯尼亚、苏丹、坦桑尼亚和乌干达等
五国签订了一份由联合国开发计划署资助的《水文气象调查协议》
（*Hydrometeological Survey Agreement*），五国联合研究维多利亚湖、基奥加湖和
艾尔伯特湖及其支流的水资源平衡问题，这项研究计划与所有尼罗河流域国家
的经济发展有着直接联系。卢旺达、布隆迪和刚果民主共和国之后也申请加入
该计划，并希望联合国扩大调查范围，将三国境内的部分维多利亚湖和艾尔伯
特湖也纳入调查。1971年，埃塞俄比亚作为观察员加入了《水文气象调查协
议》。尼罗河流域国家几乎均签订了该协议并参与实施了相关计划，但这些参
与国"仍然怀疑《水文气象调查协议》的动机及给下游带来的后果"②。

（2）卡格拉河流域组织（Kagera Basion Organizaiton）。卡格拉河为布隆
迪、卢旺达、坦桑尼亚和乌干达四国所共有。1977年，联合国开发署出资支持
上述四国签订协议，建立卡格拉河流域组织，以管理该流域的相关资源。之

---

① Tesfaye Tafesse. *The Nile Question: Hydropolitics, Legal Wrangling, Modus Vivendi and Perspectives*. LIT Verlag Munster, 2001, p.104.
② Ibid, p.105.

后，该组织出台了诸多计划，这些计划还被递交给1979年召开的巴黎捐赠大会。1982年联合国开发署在一份报告中还将农业、能源、交通、环境、工业和健康部门作为该区域优先合作领域，但因长期缺乏资金，卡格拉河流域组织运作困难，相关计划未能得到及时落实。

（3）兄弟工程。1983年非洲统一组织启动兄弟工程，旨在加强在基础设施、环境保护、文化和贸易领域的合作。[1]该计划把布隆迪、中非共和国、刚果民主共和国、埃及、卢旺达、苏丹和乌干达纳入其中，埃塞俄比亚、肯尼亚和坦桑尼亚以观察员的身份参与了该计划。但是，昂督谷计划没有产生任何实质性成果，其成员国"除了讨论旱灾外，什么也没做，雨季来临之时，也没有出台任何计划"[2]。

（4）"促进尼罗河流域开发和环境保护技术委员会"计划。1992年12月，刚果民主共和国、埃及、卢旺达、苏丹、坦桑尼亚、乌干达等国在坎帕拉召开水务部长会议，决定组建名为"促进尼罗河流域开发和环境保护技术委员会"的临时合作机构。布隆迪、肯尼亚、厄立特里亚和埃塞俄比亚以观察员身份参与其中。[3]在此合作框架下，各国提出了许多涉及水资源保护和利用的计划。在所提的各类计划中，最为有名的当属1995年的"尼罗河流域行动计划"，该计划包括22个技术援助和能力建设计划，预计投资1亿美元，负责与尼罗河流域相关的"技术援助和能力建设"。1996年，各国又抽调人员组成一个专家小组参与第二个名为D3的专家支持计划。同时，水务部长理事会还组成技术委员会作为合作机构的指导委员会。

（5）1994年维多利亚湖环境管理项目。在东共体重建之前，肯尼亚、坦桑尼亚和乌干达三国就通过地区合作，尝试实施"国家环境行动计划"，集中关注水污染、生物多样性损失、土地退化、森林退化，以及大湖及其支流地区的湿地破坏等生态问题。1992年下半年，三国将维多利亚湖流域纳入区域环境治理工作的合作领域。1994年，三国政府签订一份名为《维多利亚湖环境管理纲

---

[1] Mwangi S. Kimenyi, John Mukum Mbaku. *Governing the Nile River Basin: The Search for a New Legal Regime*. Brookings Institute Press, 2015, p.76.

[2] Robert O. Collins. "Smoothing the Waters: The Nile Conflict". *Institute on Global Conflict and Cooperation Policy Brief*, No. 11-2, 1999, p.5.

[3] 叶浩亮：《尼罗河流域水资源分配危机分析》，《国际工程与劳务》2010年第11期，第25—26页。

要》的三方协议，旨在利用大湖流域的资源生产食品、扩大就业和增加收入、供应安全饮水、保护生物多样性，以及防止疾病蔓延和恢复再生资源。

20世纪80—90年代，东非国家上述努力皆因缺乏资金和有效共识及统一政策，不仅未能及时实施计划，反而在一定程度上恶化了维多利亚湖流域的政治环境。1999年东共体的重建开启了区域合作政策协调的新时代，地区紧张态势渐趋缓和，但对尼罗河水资源分配不公的质疑之声仍不断，并迅速形成了不认可殖民管理框架下尼罗河水资源分配机制的统一阵线。依据1999年制定的共同政策，东共体国家对尼罗河流域水资源分配有了新的立场，提出了控制和使用维多利亚湖流域水资源的权利要求。如前所述，《东非共同体条约》使三个成员国在可持续利用维多利亚湖流域水资源的政策上协调一致，并作为一个集团在有关该流域问题上进行磋商。条约要求成员国在能源、交通、通讯、森林、旅游、农业、渔业、畜牧业、矿业及其他社会经济发展领域增加投资，促进沿河流域的发展，消除贫困。显然，要实现上述目标，有必要大量使用大湖及其支流的水资源，这直接牵涉同埃及关系的处理。2003年11月，东共体出台《维多利亚湖流域可持续发展协议》，进一步详细阐释了东共体的政策立场。该协议将维多利亚湖视为同大尼罗河流域（包括上游的青尼罗河和白尼罗河）的"一个经济增长区"，规定"东共体国家应同其他利益各方合作……成员国应作为一个集体（同各利益方）开展谈判协调工作"[1]。为了防止伤害邻国或发生冲突，该协议要求，成员国在管辖权范围内使用尼罗河流域的自然资源时，成员国应"采取一切适当的措施，防止对其他成员国的环境造成重大危害"，并"考虑其他成员国重要的经济、社会和文化利益"。该协议计划成立一个部门理事会，由其负责制订一揽子政策指导计划和项目执行计划。同时，协议还计划筹建一个协调委员会，来执行部门委员会的决议和具体处理同大湖流域相关的事务。值得注意的是，该协议没有具体规定在大湖区资源利用上，成员国应如何处理同其他沿河流域国家的关系，从而导致在东共体内部在利用尼罗河资源方面仍存在政策整合的困难。

---

[1] East African Community. *Secretariat, Protocol for Sustainable Development of Lake Victoria Basin.* East African Community, November 29, 2003 ［2016-08-06］. https://www.internationalwaterlaw.org / documents / regionaldocs/Lake_Victoria_Basin_2003.pdf.

之后，通过在东非议会会议上的数轮辩论，东共体明确了涉及尼罗河流域问题的立场，主要聚焦在两个方面：一是殖民时期条约问题；二是尼罗河水资源管理和使用的相关协议及其同东共体国家的关联。东非部长理事会主席因明确支持殖民主义时期条约"过时论"而受到了普遍欢迎。他认为，"东非国家能够使用谈判技巧，推动我们在利用尼罗河水资源方面的权利"①。不过，东共体虽认为1929年《尼罗河流域条约》应当废止或必须修正，但始终强调要采取和平与协商的方式予以处理，"这种和平路径会比废除现存协议使东非地区获益更多"，因为"假如我们废除历史协议，我们可能遭到国际制裁。如果我们拥有足够资源来进行我们自己的共享水资源计划，我们应当这样做"②。人们普遍认为，"现状不会永远继续"③。因此，在有关管理和使用尼罗河水资源的辩论中，主流声音明确支持通过谈判解决相关争端。尽管如此，也有人坚持认为，在重新谈判签订新条约时，埃及和苏丹必须在尼罗河水资源分配方面做出让步。

1999年5月，布隆迪、刚果民主共和国、埃及、厄立特里亚（观察员）、埃塞俄比亚、肯尼亚、卢旺达、苏丹、坦桑尼亚和乌干达等十个尼罗河流域沿河国家以倡议的形式直面水资源分配问题。该倡议首先讨论了建立永久合作框架机制的必要性，之后经过了马拉松式谈判，最终在2002年11月，与会各国达成共识，即组建《尼罗河流域倡议》机制，总部设在乌干达的恩德培。《尼罗河流域倡议》旨在在保证繁荣、安全与和平的情况下，以可持续及平等的方式开发尼罗河资源。④但《尼罗河流域倡议》的实施进程较为缓慢。

2004年3月，东共体国家召开会议，表示支持《尼罗河流域倡议》，研究解决分歧，并就如何实现所有成员国从尼罗河水资源中获益做了新的安排。2005年4月，乌干达水利部常务秘书卡班达透露，东共体国家为一方、埃及和

---

① East African Community Secretariat. *The East African Legislative Assembly Debates*. East African Community, February 14, 2002.

② Ibid.

③ Ibid.

④ World Bank. "The Nile Basin Initiative: Building a Cooperative Future". *Water Week*, February, 2009 [2016-03-22]. http://siteresources.worldbank.org/EXTWAT/Resources/4602122-1213366294492/5106220-1234469721549/33.1_River_Basin_Management.pdf.

苏丹为另一方进行了针对殖民时期争端条约的会谈。[1]2006年1月，肯尼亚水利部部长卡图库公开披露："一个新的尼罗河流域合作框架的磋商已经取得实质性进展，就平等使用尼罗河水资源达成了协议草案。"[2]同年4月，尼罗河倡议部长理事会在此基础上最终成立了一个由九个尼罗河流域国家组成的常设组织——尼罗河流域委员会（Nile River Basin Commission）。尽管如此，有关尼罗河水资源分配的1929年条约问题仍然悬而未决。坦桑尼亚水利部长瓦什拉曾反复强调1929年条约的无效性："我们不是协议的一部分，因为条约缔结时，我们的国家还是殖民地。当时，我们不是作为独立民族国家存在的。"[3]客观而言，东共体国家非常期待出台新协议，以作为未来利用包括尼罗河及大湖区水资源相关问题的依据。2010年5月，经过数轮磋商，埃塞俄比亚、坦桑尼亚、乌干达和卢旺达四国签署《尼罗河倡议合作框架协议》（*Nile Initiative Cooperation Framework Agreement*），并建立尼罗河流域四方委员会。该协议的签署及委员会的建立标志着东非地区内部有关尼罗河水资源分配取得了初步进展。目前，布隆迪、刚果民主共和国、苏丹和肯尼亚等国已经在协议上签字，但埃及至今仍拒绝签字。

《尼罗河流域倡议》认为，水力发电是引发潜在冲突的重要因素。实际上，东共体国家一直在尝试通过电力贸易计划来化解建设水电站可能导致的冲突。[4]2006年4月，《尼罗河流域倡议》执行主任卡汉基勒公布了两个半独立投资计划，来推进有关水电站开发协议落实：一是包括埃及、埃塞俄比亚和苏丹在内的东尼罗河支流行动计划；二是包括布隆迪、刚果民主共和国、肯尼亚、卢旺达、坦桑尼亚和乌干达在内的尼罗河赤道大湖支流行动计划。[5]目前，卢旺达和坦桑尼亚边境卡格拉河上的鲁苏莫瀑布水力发电项目已投入使用，布隆迪也从中受益。另外，埃塞俄比亚和苏丹的联网输变电工程、赞比亚—坦桑尼亚—肯尼亚的支柱电力工程及布隆迪—卢旺达—坦桑尼亚的鲁苏莫瀑布水电工

[1] "East African States Negotiate with Sudan, Egypt on River Nile". *Sudan Tribune*, April 9, 2005.
[2] Elizabeth Mwai. "Countries to Formulate Fresh Laws on Nile Use". *Africa News Service*, January 23, 2006.
[3] Pan-African News Agency. "Nile Basin Countries Form Commission". *Angola Press*, April 16, 2006.
[4] Evelyn Lirri. "Uganda: African Countries to Protect River Nile". *The Monitor*, March 8, 2006.
[5] David Malingha Doya. "East Africa: Nile Basin Countries to Explore Joint Power Generation". *The East African*, April 11, 2006.

程等均获得成功。^①这也是东共体国家推进"东非电力征服计划"（East African Power Master Plan），应对该地区电力短缺现象共同努力的结果。但由于该计划所需资金庞大，当前成果与实际期待还相差甚远，还有不少项目至今仍难以落实。

客观而言，在某种程度上，泛非地区倡议也起到了一定作用。其中，非盟为东共体提供了不少可资借鉴的政策参考。非盟成功提供了用来指导和管理自然资源的相关机制。1968年，非洲统一组织制定了《非洲自然和自然资源保护公约》，对水资源使用有着深远意义。非洲统一组织成员国承诺"确保为民众不间断地提供充分的公共用水"^②。在预防并解决日益严重的水资源争端问题方面，非洲统一组织坚持采用包容性磋商方式。2003年非盟对该公约进行修正，要求各当事国"为了顾及下游社区和国家，应采取措施防止过度用水"^③。此外，非盟在2003年修正版公约中规定了解决资源争端的集体机制，在必要地方建立国家间委员会解决水资源冲突，以实现"理想管理，和平使用共同资源"^④。修正版公约非常清楚地放弃支持1929年《尼罗河流域条约》的立场。

东共体认可有关尼罗河问题国际社会契约的中心作用。如前所述，东共体国家没有公开宣称废除相关国际条约，主要是担心遭到国际制裁。因此，在此问题上，尼罗河流域倡议是作为地区主义和国际主义而产生的。对尼罗河流域倡议来说，国际社会已经并将继续起重要的支持作用，尼罗河流域国家的水务部长理事会也已呼吁世界银行牵头并协调援助其活动。世界银行、联合国开发署和加拿大国际发展局利用同沿河流域国家对话之机，成为支持该倡议的伙伴方。^⑤

---

① Word Bank. "The Nile Story: Powering the Nile Basin". *Briefing Note 2*, May, 2015 ［2017-11-04］. https://openknowledge.worldbank.org/bitstream/handle/10986/23590/The0Nile0story000powering0the0Nile0basin.pdf?sequence=1.
② OAU. *African Convention on the Conservation of Nature and Natural Resources*. African Union, 1968, Article V(1).
③ Ibid, Article VII(1)(c).
④ Ibid, Article VII(2)(b)and (d).
⑤ 胡文俊、杨建基、黄河清等：《尼罗河流域水资源开发利用与流域管理合作研究》，《资源科学》2011年第10期，第1830—1838页。

第四节 尼罗河水资源冲突中的规范、认同与东非共同体

有关尼罗河水资源问题的《尼罗河流域倡议》是在1999年提出的。东共体国家以一种饱满的欢欣鼓舞之情接受了这项倡议，成为该倡议的积极支持者。后来的东共体秘书长姆瓦帕朱曾在一次演讲中指出，"我们为东共体对这一进程所做出的贡献而感到骄傲和高兴"[1]。坦桑尼亚官员也认为，"尽管遇到许多障碍，但东共体总是在坚持不懈地寻求一种和平而能全面解决尼罗河水资源争端的途径"[2]。

如前所述，东共体主要希望能够最大限度地分享尼罗河水资源，并寻求和平解决争端，以便维护其和平解决争端和地区问题地区内解决的规范，但这两者之间存在矛盾。因为，东共体既把自己当作冲突的当事方，又把自己当作一个没有外部大国干涉情况下保证和平解决冲突的调解者。尽管两个目标并不相悖，却是东共体处理方式中较大矛盾态度的基础。

在尼罗河水资源争端解决过程中，东共体的作用对其规范和认同产生了自相矛盾的影响。在国际外交舞台上，东共体在使尼罗河水资源分配问题引起国际社会的关注方面发挥了作用，如赢得世界银行、国际货币基金组织、欧盟、美国和联合国等的援助支持。另外，尼罗河水资源问题对东共体寻求一种区域认同发挥了积极的影响。在以其规范为基础，共同要求埃及进入地区秩序体系的探索失败以后，东共体把埃及在水资源分配问题上威胁说要使用武力的行为视为剥夺了他国平等享受国际水域的权利，也看成是违背了国家间关系中不使用武力或武力威胁原则的行为。[3]东共体在某种程度上起到了孤立埃及的作用，并不失时机地充当了外交解决冲突的先锋。与此相反，埃及穆尔西政府时期的"威胁言论"及拒绝合作的政策与东共体的"睦邻友好"政策及希望地区政治稳定的要求形成了鲜明对比；埃及通过让步及与苏丹结盟，同东共体吸纳南苏

---

[1] Juma V. Mwapachu. *Challenging the Frontiers of African Integration: The Dynamics of Politics and Transformation in the East African Community*. E&D Vision Publishing, 2014, p.341.

[2] "Is the Nile Cooperative Framework Agreement Doomed to be Stillborn?". *The Reporter*, April 13, 2010.

[3] Juma V. Mwapachu. *Challenging the Frontiers of African Integration: The Dynamics of Politics and Transformation in the East African Community*. E&D Vision Publishing, 2014, pp.343-345.

丹建立一个"和平、自由与共同发展"的目标形成了对比；埃及强烈的民族主义单边政策与东共体发展主义的多边合作政策形成了对比。东共体在尼罗河水资源问题上的立场不仅有助于提高其国际地位（因而在国际外交事务中得到了独特的认同），而且至少加强了其内部的团结。它激励东共体成员国克服组织内冲突的安全利益和领土争端，而向着一种安全共同体的道路发展。《尼罗河流域倡议》及之后的《尼罗河流域倡议合作框架协议》比较符合东共体制定的条款，包括利益共享，需要对尼罗河水资源进程重新分配。东共体国家在此问题上团结一致，尽管仍面临诸多严峻挑战，但在此问题上没有给东共体带来过于严重的负面影响。因此，正如前东共体秘书长穆谢加所言，东共体"在形成一种我们能够在一起的共识方面总是成功的"①。

此言不乏夸大，因为尼罗河水资源争端对东共体的团结和凝聚力事实上也存在一种潜在的威胁。当埃及与苏丹和埃塞俄比亚实现暂时的和解，使尼罗河水资源争端向着政治解决的方向进展时，肯尼亚外长评论道，"尼罗河是东共体的黏合剂，是一个普遍而又带有历史错误的假设"，在尼罗河水资源分配问题上，包括东共体国家在内的东非国家内部始终存在分歧。②

另外，东共体在尼罗河问题争端中对其规范造成了某种损害。尽管东共体自称是争端或冲突的斡旋者，但为了孤立埃及，东共体寻求一种来自共同体内部的政治和军事支持来做保障，对东共体一直避免成为一个军事同盟，而成为非战共同体的规范和方向有所损害。对于东共体来说，东共体没有通过地区对话为解决冲突提供一个中立的政治框架，而是充当了一个次区域的政治的而非军事的角色，与埃塞俄比亚等国协调一致，联合反对埃及。因此，就如一位学者评论东共体在该问题上的作用时所认为的那样，"就东共体政策本身而言，如果旨在找到一种彻底解决尼罗河水资源争端的办法，那么东共体失败了。或者说，必定会失败。该地区任何国家都不可孤立地或独自地解决这个跨地区问题。没有外部干涉，区域问题区域内解决，充其量不过是一种口号，或者说是

---

① Nathan Etengu. "Amanya Mushega to Give Views on White Paper". *New Vision*, November 12, 2014 [2015-11-02]. http://pt.mashpedia.com/East_African_Federation.
② Asa Mugenyi. "The New Water Controversy, Uganda and the Position of International Law". *Vision Reporter*, July 2, 2013.

一种期望和抱负，至少在尼罗河水资源争端上是这样的。解决尼罗河水资源争端只有在埃及等主要国家发挥各自作用，实现利益共识时，才有可能实现"①。

《尼罗河流域倡议》为东共体和埃及等其他尼罗河国家之间和平解决问题打开了更为广阔的调和进程的大门。东共体对埃及政策的目标是改变其基本方式，并通过签署《尼罗河倡议合作框架协议》取代原来仅仅反对埃及的一种平衡战略，显然，东共体转向了更为广阔的"东非地区视野"，将把苏丹甚至埃及纳入一个地区秩序的体系。

① "Disputed Nile Agreement Signed". Al Jazeera.net, May 14, 2010 ［2015-11-02］. http://www.aljazeera.com/news/africa/2010/05/2010514124988188812.html.

第五章

塑造地区安全共同体（二）：
东非共同体吸纳新成员

　　不管是20世纪60年代建立的东共体，还是21世纪初重建的东共体，都大体形成了共同体的基本属性。但就东共体的地缘范围来看，不管是第一次建立抑或是重建，其成员仅限于历史上存在传统交错联系的三个国家，显然远远小于一般意义上的"东非地区"，甚至狭义上的"东非地区"（除东共体成员国外，还包括埃塞俄比亚、厄立特里亚、索马里、吉布提）。这就意味着东共体并不等于东非地区。而东共体的地区秩序框架，依据《东非共同体条约》的最终目标应该是包括建立一个和平稳定的东非政治联盟的计划。因此，现实中的东共体更多是作为一个次区域联盟来实现预设目标的，而不是作为一个真正的泛地区安全共同体而真实存在的。

　　随着卢旺达内战的结束、布隆迪局势短暂稳定、南苏丹的独立及其族群冲突得到暂时缓解，以及索马里无政府状态暂告结束，对东非地区安全稳定造成重要影响的动荡之源有所减少，因而对东共体在构建东非地区安全共同体中的作用需要重新定位。随着《东非共同体发展战略》的推进实施，重建后的东共体显然已发展成为一个内向的次区域实体，但如果按照东共体建设的远景目标，东共体应该仍面临着发展成包括创始三国毗邻国家（埃塞俄比亚、索马里、卢旺达、布隆迪、刚果民主共和国、南苏丹）在内、范围更广的安全共同体的挑战。

　　东共体国家的政治精英们在卢旺达种族冲突和布隆迪乱局结束后，就已意识到这种挑战，当然，他们已根据东共体接纳新成员的标准在物色对象国。[①]东共体成员国在不同场合以直接或间接的方式表达着接纳新成员的意向。2002年肯尼亚力挺卢旺达申请东共体成员国资格。之后，东共体成员不停地向其周边国家发出类似的友善邀请。2010年，坦桑尼亚邀请马拉维、刚果民主共和国和赞比亚加入东共体；2011年，肯尼亚和卢旺达邀请南苏丹加入东共体。同

---

① 《东非共同体条约》规定的入盟六项标准是认同依据条约建立的共同体；遵守善治、民主、法治、恪守人权和社会正义的普遍接受的原则；对加强东非地区内的一体化有潜在贡献，地缘上和现有成员国相邻，相互依赖；建立并维护市场经济；社会和经济政策与共同体政策相一致。

时，有些国家还主动期望尽快加入东共体。2011年6月，苏丹申请加入东共体；2012年3月，索马里政府代表向东共体理事会递交入盟申请。①

本章主要考察东共体如何致力于实现在东非地区达至远景目标进程中的扩容问题。

第一节　自然容纳的曲折：接受卢旺达

卢旺达地处东非内陆，国土面积狭小，无出海口，独立后经历长期战乱，是世界上最为贫穷的国家之一。卢旺达是典型的农业国，农业收入占GDP的90%左右，人均年收入约为200美元，低于撒哈拉以南非洲国家的平均水平。加入东共体前，2006年卢旺达的GDP仅为19亿美元，经济增长率为5.5%，但通胀率居高不下，达11%。②卢旺达经济最大的特点就是经济结构不合理，发展水平低。卢旺达爱国阵线获得政权后，国内局势渐趋稳定，经济得到逐步发展。在积极探索本国经济发展道路的同时，卢旺达开始注重加强同外部的经贸联系。因此积极申请加入东共体，希望借助该组织较为广阔的市场以扩大对外贸易，促进经济社会发展及实现本国政治稳定自然成为其战略规划。

1994年8月，卢旺达政府与爱国阵线签署的《阿鲁沙和平协定》改变了肯尼亚、坦桑尼亚和乌干达三个国家对卢旺达的外交政策。然而，卢旺达与东共体关系的建立和全面提升始于其在一个核心问题上的和解，即乌干达同卢旺达的和解。

卢乌两国不仅是邻邦，而且卢旺达的爱国阵线组织同乌干达曾保持着特殊的盟友关系。1959年卢旺达发生族群冲突时，逃亡至乌干达的包括现任总统卡加梅在内的第一代图西族难民及其子女，他们在乌干达生存下来并接受教育。1980—1986年穆塞韦尼进行游击战期间，这些卢旺达难民参加了穆塞韦尼领导的民族抵抗运动，为穆塞韦尼夺取政权立下汗马功劳。卡加梅因战功赫赫，得

---

① 东共体首脑会议讨论了该申请，要求东共体理事会和索马里共同调查核实申请要求。2015年2月，东共体故意拖延，没有调查取证，也未拒绝，但也没有准备同索马里政府做出最终决定。

② "Rwanda's Development-Driven Trade Policy Framework". Prepared by the United Nations Conference on Trade and Development（UNCTA）and the Ministry of Trade and Industry of Rwanda, 2010 ［2017-06-30］. http://unctad.org/en/docs/ditc20092_en.pdf.

到重用，成为乌干达全国抵抗军情报处处长。1994年，卡加梅领导的爱国阵线部队打回卢旺达，在乌干达的支持下，一举推翻胡图族政权，建立起以爱国阵线为主导的民族团结政府。这一时期，卡加梅总统与穆塞韦尼总统因私人关系甚笃，两国关系相对友好。因此，1994年11月肯尼亚、坦桑尼亚和乌干达三国签署协议、宣布成立东非合作体秘书处时，就已考虑到卢旺达局势稳定对其同东共体关系的意义，而卢旺达过渡政府也同样意识到加入东共体的意义所在。

　　尽管坦桑尼亚和肯尼亚注意到卢旺达冲突彻底解决的前景和可能性，且在1996年卢旺达就启动了加入东非联合体的申请，但是由于刚刚经历大屠杀且国内乱局并未完全结束，加之其于三国边境滞留了数百万难民，致使其与坦桑尼亚、肯尼亚和乌干达三国关系陷入全面停滞局面。1996年1月，因卢旺达政府指责肯尼亚政府庇护卢旺达大屠杀中前胡图族政府官员，导致肯尼亚总统莫伊关闭卢旺达驻肯尼亚大使馆，驱逐卢外交官，两国虽未断交，但关系已至冰点。[①]因此，尽管有乌干达明确表示支持卢旺达，但三国对卢加入东非合作委员会申请的讨论结果仍是，"卢旺达政局在五年过渡期内仍充满变数"，"新的联合政府并不表明卢旺达政治的绝对稳定"[②]。这一决定本质上意味着三国在东共体重建准备过程中不愿横生枝节，仅愿意在原东共体三国范围内进行协商合作，将卢旺达的请求暂时搁置。因此，1997年原东共体三国在制定并实施第一个尝试性的共同发展战略时，也未将卢旺达考虑在内。

　　之后不久，卢旺达和乌干达关系恶化，使卢旺达申请东共体的进程一再受阻。介入刚果民主共和国冲突是卢旺达和乌干达关系从特殊的亲密关系到反目成仇的分水岭，这进一步影响到卢旺达加入东共体的进程。1998年8月，卢乌两国联手干涉刚果民主共和国冲突，支持刚果民主共和国叛军对抗由津巴布韦、纳米比亚、安哥拉和乍得支持的刚果民主共和国政府军，恰恰这一军事合作使乌干达和卢旺达关系急转直下，由原来的亲密关系转变为激烈的军事对

---

① Moyiga Nduru. "Rwanda-Kenya: Relations Hit All-time Low". *IPS News*, June 21, 1996 [2017-06-30]. http://www.ipsnews.net/1996/06/rwanda-kenya-relations-hit-all-time-low/.

② Kibiriga Anicet. "The Effects of Regional Economic Integration on Rwanda's Trade and Economic Development: 'Case Study Rwanda in EAC'". A Thesis for Master Degree, Central China Normal University, 2013, p.41.

抗。1999年8月，卢乌两国军队在刚果民主共和国东部基桑加尼市发生大规模武装冲突。这表明卢乌两国虽表面上行动一致，但彼此间早已产生了裂痕。政治上，卢旺达不甘心长期受制于乌干达，而乌干达则倚仗曾支持卢旺达爱国阵线夺取政权，一直充当卢旺达的"老大哥"。卢旺达则抱怨乌干达，认为卢旺达难民支持了穆塞韦尼的游击战争并助其取得政权，但后者对其立下的汗马功劳拒绝给予应有的承认，同时还认为乌干达无权对卢旺达内政指手画脚。此外，两国在刚果民主共和国的战场上也因目标各异和利益不同，在战略上和支持对象上存在严重分歧，①最终反目成仇。

2000年5—6月，卢乌两国军队在刚果民主共和国的基桑加尼市再度交火，导致两国关系急剧恶化。不仅如此，每当乌干达国内不稳定时，穆塞韦尼总是将其归罪于卢旺达，对卢旺达曾经的政治信任也已荡然无存。"每当乌干达出了问题，乌干达政府不停地谈论人民正在受到一个外国的支持。而很多人认为'外国'的委婉说法实际上是指卢旺达及其总统。"②尽管如此，令人不解的是，乌卢两国最高领导人仍然保持着畅通的对话渠道。2000年7月至2002年2月，卢乌总统共有五次会晤。其中，在2001年11月的伦敦会晤中，穆塞韦尼和卡加梅均表示渴望和平。穆塞韦尼说，"乌干达人民不要麻烦"，"没有战争的理由"，③但在最后商讨缓和两国紧张关系的具体实现途径时，双方仍未达成共识。④在此情况下，穆塞韦尼直言不讳，容忍不了卢旺达的不听话，在卢旺达申请加入东共体这一具体事务上，他明确表示"反对卢旺达加入东共体"⑤。

2002年10月，东共体部长理事会议就有关卢旺达申请加入东共体问题进行了激烈辩论，最终因卢旺达达不到建立关税同盟的准入条件，辩论未果。实际上，乌干达代表在这次会议上的强硬立场起到了决定性作用，这也是后来迫使卢旺达不得不在加入东共体问题上妥协，并重新审视同乌干达关系的重要原

① The South African Institute of International Affairs. "Uganda and Rwanda: The Rocky Alliance". *Intelligence Update*, No. 2, 2002.
② Hilary Heuler. "Uganda, Rwanda Move to Mend Troubled Relations". *Turkish Weekly*, December 13, 2011.
③ "Tea and Talk on the Edge of War". *The Economist*, November 8, 2001 [2017-07-04]. http://www.economist.com/node/853179.
④ 于红、吴增田：《列国志·卢旺达、布隆迪》，社会科学文献出版社2010年版，第208页。
⑤ The South African Institute of International Affairs. "Uganda and Rwanda: The Rocky Alliance". *Intelligence Update*, No. 2, 2002.

因。2003年1月，卢乌两国恢复外交关系，互派大使。同年4月，乌干达对卢示好，表示摒弃前嫌，支持卢旺达加入东共体。5月，卡加梅与穆塞韦尼在伦敦会晤，表示要彻底解决影响两国关系中的一切问题。2004年1月，卡加梅与穆塞韦尼在伦敦再次会晤，双方一致认为两国关系已无重大隔阂。卢乌两国关系的改善，受到肯尼亚和坦桑尼亚两国的欢迎，这也为卢旺达申请加入东共体之路剔除了主要障碍。

毫无疑问，卢乌关系的缓和消除了东共体较为关切的成员国与非成员国冲突的三个问题：首先，乌干达有能力对卢旺达构成安全威胁；其次，乌干达有意将卢旺达作为控制对象；再次，难民、族群和跨国冲突等威胁到地区安全。然而，在卢乌两国关系缓和之前，尽管坦桑尼亚和肯尼亚曾就两国卷入刚果民主共和国冲突进行过积极斡旋，但从地区层面而言，东共体的各级会议并未将相关问题纳入议程，而是选择了中立立场，这在某种程度上与东共体尊重国家主权原则相一致。另外，在是否接受卢旺达成为一个正式成员国的问题上，暴露出东共体成员国之间的深刻分歧。一方面，肯尼亚和坦桑尼亚明确表示，卢旺达是可以加入的，两国虽因政治和难民问题有所龃龉，但仍与卢旺达保持着相对正常的经贸往来。正如卡加梅总统所言："如果卢旺达赞成东共体的主张，那么，它的政府运作系统就不应该是造成其获取东共体成员资格的障碍。"[1]与此同时，肯尼亚与卢旺达的关系得到恢复和提升。2000年，卢旺达总统卡加梅将肯尼亚作为其就任总统后的首访国家，双方发表公报强调两国友谊与合作。同年5月，肯尼亚总统莫伊出访卢旺达，双方建立了双边合作常设委员会。7月，卡加梅再度访问肯尼亚。2002年12月，卡加梅祝贺齐贝吉当选肯尼亚总统。2003年5月，卢肯合作委员会举行会议，就加强双方友好关系和合作进行磋商。

在卢旺达与东共体成员国前述关系背景下，时任东共体秘书长祖马·姆瓦帕秋认为，通过吸纳卢旺达加入东共体，东共体能够"消除地区敌对状态"[2]。尽管如此，坦桑尼亚在支持卢旺达成员国资格申请的同时，对卢也提

---

[1] Jeff Danziger. "From Massacres to Miracles: A Conversation with Paul Kagame, President of Rwanda". *World Policy Journal*, Vol. 29, No. 4, 2012.
[2] A. K. Nderitu. "Regional Integration as a Tool for Economic Development: A Case Study of the East African Community". A Thesis for Master Degree, University of Nairobi, 2014, p.39.

出其要求，如2003年1月坦桑尼亚议长皮尤斯·姆塞瓦访问卢旺达时，提出了卢旺达加入东共体之前，应该变革其经济体制，消除族群冲突，实现政局稳定这一观点。①

事实上，在涉及改善同卢旺达的关系问题上，东共体内部的分歧与疑虑一直延续到2005年。2005年5月，乌干达内政部长访问卢旺达；7月，两国外长主持第六次双边合作委员会，讨论加强两国边境安全、打击走私犯罪等问题，并重开两国边境贸易。2006年5月，卡加梅赴乌干达出席穆塞韦尼总统就职仪式，预示着卢乌两国重归于好，这也是卢旺达迈进东共体组织和寻求成员国支持的关键一步。②这种努力的成果在2006年东共体部长会议的公报中得到了肯定。公报认为，"东共体应该与卢旺达在友好合作基础上，铸造一种更为密切的关系，并考虑卢旺达申请东共体成员资格的最后审议"③。卢旺达最大的英文报纸《新时代报》称赞这次会议公报"将有利于在东非地区建立一种新的秩序"④。之后，东共体国家领导人纷纷前往卢旺达访问，东共体和卢旺达关系直线升温。2006年3月，坦桑尼亚总统基奎特在首次访问卢旺达时，表示支持卢旺达获得东共体成员国资格，"我们正在组织一次大型庆祝活动欢迎卢旺达加入组织（注：指东非共同体）"⑤。2007年2月，坦桑尼亚国民议会议长塞缪尔·希塔到访卢旺达。同年5月，乌干达东共体事务部部长和难民与人道事务部部长分别访问卢旺达。卢旺达同东共体国家间关系的大幅度改善，使其加入该组织已水到渠成。

2007年6月18日，在东共体第五次特别首脑会议上，卢旺达和布隆迪正式成为东共体成员国。卢旺达加入东共体受到了现有成员国的欢迎，它们将卢旺

---

① Shedrack C. Agbakwa. "Genocidal Politics and Racialization of Intervention: From Rwanda to Darfur and Beyond". *German Law Journal*, Vol. 6, No. 2, 2005, pp.513–531.

② 田野、卢娟：《布隆迪与卢旺达加入东非共同体》，新华网，2007年6月19日，http://news.sohu.com/20070619/n250648351.shtml，2017年7月8日。

③ East African Community Secretariat. *East African Community Communique*. East African Community Secretariat, April 26, 2006.

④ Kibiriga Anicet. "The Effects of Regional Economic Integration on Rwanda's Trade and Economic Development: 'Case Study Rwanda in EAC'". A Thesis for Master Degree, Central China Normal University, 2013, p.51.

⑤ Aimable Twahirwa. "East African: Controversy Over Plan to Join East African Economic Community". *Inter Press Service News Agency*, November 5, 2006.

达的加入视为加强该组织应对地区安全与发展问题，以及同欧盟、美国等世界其他强势经济体谈判时的重要力量。

当时，部分非政府组织人士和学术界对扩大后的东共体表示担心。他们指出，在若干关键问题上达成共识的过程中，扩容后的东共体可能会面临一系列挑战，如卢旺达政局可能不稳、基础设施落后及社会经济发展水平低下等因素使其难以同其他成员国进行无缝对接。卢旺达国内社会各界也存在类似看法，如卢旺达国立大学的一位研究人员公开发表评论称，"卢旺达经济面临着被其他东共体国家残酷的价格消灭的威胁"①。针对上述质疑之声，卢旺达总统卡加梅则有不同的理解。他认为，加入东共体对卢旺达国家发展至少能发挥如下推动作用：有利于吸引外资，有利于同地区国家发展和保持友好合作关系，以及促进卢旺达国内政治重建。他同时还认为，卢旺达加入东共体将使"东共体趋于更深、更广的融合，并将进一步促进该地区的稳定与繁荣"②。也许卢旺达著名作家斯克拉斯蒂克·姆卡逊迦在一次采访中所言更为实在："在政治上，由于东共体有很高的地区影响力，成为东共体成员国会提升卢旺达的外交地位，把卢旺达的安全与整个东非地区安全融为一体，因而不仅会创造一个有利于经济发展的外部环境，而且会促进卢旺达国内善治水平，可避免1994年卢旺达大屠杀的悲剧重演。"③

客观而言，卢旺达政府官员多次毫不避讳提到其将从成员国资格中获得战略收益，如早在东共体正式宣布卢旺达加入之前，卢旺达税务署署长玛丽·贝纳就认为，"如果卢旺达成为东共体成员，将会带动国家和地区贸易"④。同样，卢旺达金融与地区规划部部长詹姆斯·穆索尼认为，中非国家加入东共体，对通过东共体国家出海口进出口贸易特别重要，"加入东共体不久将会感

---

① Aimable Twahirwa. "East African: Controversy Over Plan to Join East African Economic Community". *Inter Press Service News Agency*, November 5, 2006.
② 田野、卢娟：《布隆迪与卢旺达加入东非共同体》，新华网，2007年6月19日，http://news.xinhuanet.com/world/2007-06/19/content_6259805.htm，2017年7月8日。
③ Suzy Ceulan. "Interview with Scholastique Mukasonga". *New Welsh Review*, No. 102, 2013.
④ Aimable Twahirwa. "East African: Controversy Over Plan to Join East African Economic Community". *Inter Press Service News Agency*, November 5, 2006.

到是一大成功"①。2006年8月，总统卡加梅在一次新闻发布会上坚定地表达了加入东共体的无悔之心："……卢旺达无须属于众多地区组织。我们必须将优势置于国家能够赢得主要优势的方面，尤其是在经济和社会福利领域。"②此外，卢旺达显然期待通过加入东共体，同东共体伙伴国联合起来反对西方国家对其人权和国内政权的批评，尤其是在人权问题已经成为东共体处理与西方关系的一个核心问题的当下。

综上所述，卢旺达申请加入东共体的过程，是卢旺达接受并遵守该组织的义务与规范的过程。从理论上讲，这为卢旺达和其他成员国最终在一种共同的政治和外交文化框架下的合作与融合奠定了基础，尤其是在处理同域外国家关系方面，存在更多的共识。卢旺达以往在处理周边关系上基本持"依附于邻国"的旧观念。这种观念及其实践均与"同一个民族，同一个命运"的东共体精神和建立一个政治联邦的终极目标相悖。卢旺达积极融入东共体，恰如东共体部长卢格瓦比扎所言，"对东非地区国家来说，最为受益的方式是同该地区域内外国家保持一种恰当的平衡关系"③。这种对恰当的平衡关系的渴望，表明卢旺达需要利用一种地区机制以抵消来自欧美国家和若干非政府组织对其政权和人权的指责。这同东共体国家采取措施在域外国家寻求广泛联系暗相契合，这种寻求共识的努力也是之后东共体主导下的大湖区论坛得以建立的重要原因。

第二节　不干涉原则的突破：与布隆迪的"亲密接触"

布隆迪与卢旺达在地缘位置、政治形态、社会结构和经济发展情况等诸多方面相似。布隆迪也是中非地区的内陆小国，没有出海口，境内多山，有"山国"之称。境内主要有图西族和胡图族两大族群，人口居少数的胡图族长期掌

---

① Aimable Twahirwa. "East African: Controversy Over Plan to Join East African Economic Community". *Inter Press Service News Agency*, November 5, 2006.
② Ibid.
③ Emmanuel Mushimiyimana. "Benefit-Cost Analysis of the Integration of Rwanda in the East African Community: 2007–2013". Almas Heshmati. Ed. *Economic Integration, Currency Union, and Sustainable and Inclusive Growth in East Africa*. Springer Link, 2016.

控政权，族群矛盾突出。布隆迪经济结构单一，以农业为主，人均年收入在200美元左右，是诸多非政府组织、联合国和世界银行等国际组织认定的世界上最为贫穷的国家之一。[①]1993年，布隆迪种族冲突全面爆发，一直持续到2002年图西族和胡图族在国际斡旋下签署停战协定，布隆迪局势才渐趋稳定。2005年布隆迪实施《后过渡时期宪法》后，政治、经济和社会重建全面铺开，但许多问题仍悬而未决，包括种族冲突问题及难以逾越的贫困问题。2006年9月，最后一支反政府武装组织"民族解放力量"同布政府签署《达累斯萨拉姆全面停火协议》，标志着布隆迪国内政治各派实现全面和解，国内政局最终稳定下来。不过，不管布隆迪政治如何风云变化，其历届政府一直希望获得成为东共体成员国的资格，因为获得东共体成员国资格将成为"布隆迪是一个值得重建的国家的最后证明"[②]。

布隆迪加入东共体较之卢旺达来说，申请争议较少，申请过程并不曲折。但东共体处理布隆迪问题更为侧重善治规范的落实。东共体国家一直将卢旺达大屠杀和布隆迪国内族群冲突中的杀戮行为视为对上述规范的践踏，这也是以往东共体对卢旺达和布隆迪申请成员国资格表示拒绝的重要考量。在卢旺达与乌干达和解以及卢旺达从刚果民主共和国撤出军队后，同时卢旺达也度过五年的政治过渡期，政局相对稳定后，其申请才得到东共体的认真讨论。简而言之，东共体经过了最初的徘徊，再也没有更为充分的理由反对卢旺达的成员国资格申请。几乎同时，同样的逻辑成为东共体吸纳布隆迪的前提条件。尽管东共体接纳布隆迪为成员国的决定遭到国际社会的普遍谴责，认为这是将布隆迪独裁体制合法化和支持非法政权。但在东共体看来，布隆迪的政治制度不能作为拒绝布隆迪的理由，因为这样会对布隆迪的主权造成伤害，即有违尊重主权、政治意愿和主权平等原则。[③]

在后冷战背景下，布隆迪的政治情况为东共体恪守主权平等、政治意愿和善治原则提供了重要的试验场。当布隆迪国内政局变化时，东共体一体化进程

---

① Nigel Watt. *Burundi: The Biography of a Small African Country*. Columbia University Press, 2008, pp.1-5.
② Manirakiza Floribert. "Burundi in EAC Integration: The Opportunities and Challenges". A Thesis for Master Degree, Shandong University, 2014, p.26.
③ Ibid.

正在有序推进，并在地区安全事务合作中逐渐从双边机制迈向多边机制。总体来说，东共体显现出重建后的高度团结一致，2004年三国成立关税同盟，2005年具体实施，且有要将规范拓展到整个东非地区的雄心。但是，布隆迪国内政治动荡状况及其所造成的人权问题，在很大程度上成为东共体与其关系发展的一种潜在障碍。

1996年7月布隆迪发生军事政变后，比利时、德国等一度中断同布隆迪的合作并中断对布隆迪的援助，联合国谴责皮埃尔·布约亚政府破坏政治稳定、侵犯人权和破坏民主进程。肯尼亚、坦桑尼亚和乌干达等国也对布隆迪被武力改变政权的做法极为不满，东非国家进而在大湖区会议框架下宣布对布隆迪实行严厉的经济制裁。在此情况下，布约亚政府同意与布隆迪国内各党派进行谈判，最后在坦桑尼亚前总统尼雷尔的协调下，分别在1998年6月、7月、10月和1999年1月进行四轮和谈，最终成立了"冲突性质""民主善治""和平与安全"和"重建与发展"委员会。①

尼雷尔过世后，时任南非总统曼德拉作为国际调停人继续负责斡旋工作。2001年11月，布隆迪长达8年的残酷内战终于告一段落，布隆迪过渡政府成立，布约亚出任过渡期前18个月的总统，原民阵总书记、胡图人恩达伊泽耶出任副总统。2003年4月30日，根据《阿鲁沙协议》，政权交接顺利实行，恩达伊泽耶接任总统，图西族人卡德盖出任副总统，布隆迪平稳进入第二阶段过渡期。11月，布隆迪政府和最大的反政府武装"保卫民主力量"签署一揽子和平协议，"保卫民主力量"加入过渡政府，布隆迪和平进程取得重大进展。2005年2月28日，布隆迪举行了宪法全民公决，新宪法以92.02%的高票率通过。②2005年6—8月，布隆迪又顺利举行地方选举、立法选举和总统选举。"保卫民主力量"在地方议会、国民议会和参议院选举中赢得优势席位，成为执政党，其领导人恩库伦齐扎当选总统，8月26日就职，随后组成新政府。2006年9月7日，布隆迪政府与最后一支反政府武装全国解放阵线签署全面停火协议。布隆迪政局的相对稳定助其在加入东共体之路上迈出了决定性的一步。2007年6

---

① 于红、吴增田：《列国志·卢旺达、布隆迪》，社会科学文献出版社2010年版，第259页。
② 同上，第272页。

月18日，东共体第五次特别首脑会议上，布隆迪正式加入该共同体。

实际上，布隆迪从未掩饰过对加入东共体的渴望，1999年肯尼亚、坦桑尼亚和乌干达三国签署《东非共同体条约》后，布隆迪就递交了申请书。虽然因内乱而远离地区政治，但所有主政布隆迪的各政权均将获得东共体成员资格作为重要政治任务。值得注意的是，东共体在接纳布隆迪的过程中，一直对布隆迪局势采取较为积极的接触政策，甚至"干涉"政策，如东共体成立前的国家层面的参与，成立之后的区域层面不止一次地反对把一国的人权记录和缺乏真实的民主作为是否进行外交接触的基础。最为重要的是，东共体之所以接受布隆迪，一方面，与布隆迪的政治意愿强烈及布隆迪与东共体的良性互动密不可分；另一方面，是布隆迪接受东共体规范的过程。主要表现在以下几个方面。

第一，布隆迪政府的善治努力。善治规范是东共体的一个重要原则规范，布隆迪历届政权或多或少地积极向善治规范看齐。众所周知，布隆迪是东共体国家城市化水平最低和最贫穷的国家，也是联合国人类发展指数一直排在倒数前五的国家，其经济总量小，人口增长快，财政来源有限（农业、矿产和外来援助），加之族群矛盾根深蒂固，[1]等等，严重制约着布隆迪的善治实施。尽管如此，布隆迪政府的善治努力及其成果仍清晰可见。

在政治民主化方面，布隆迪政府颁布实施《后过渡时期宪法》（2005年3月18日），规定实行多党制和两院制（国民议会和参议院），并顺利举行了过渡后的首任总统选举，原善治部部长皮埃尔·恩库伦齐扎当选新总统；在腐败治理方面，善治部部长兼公共督察总长约瑟夫·恩塔卡鲁提玛娜要求腐败官员在2005年12月31日之前上交贪腐所得，否则严厉惩处。到2006年1月，被监察总长称为"大鱼"的100余名贪腐者受到查办。[2]

在经济发展和减少贫困方面，布隆迪政府接受世界银行为其制定的2000—2001年的过渡性战略计划。2002年3月，世界银行分别批准1.87亿和5400万美元贷款，用于资助布隆迪经济重建、抵御艾滋病，以及推进私有化等方面的工作。同时，英国政府的"英国援助"（UK Aid: Changing Lives, Delivering

---

① 于红、吴增田：《列国志·卢旺达、布隆迪》，社会科学文献出版社2010年版，第308—346页。
② *Good Governance Minister Attacks Graft in Burundi*. Angola Press, 2006［2017-07-08］. http://unpan1.un.org/intradoc/groups/public/documents/un/unpan022315.htm#GSIAF02.

Results）全球减贫计划也积极为布隆迪政府提供援助资金。2003年3月，布隆迪政府制定了过渡期的减轻贫困战略报告，将脱贫作为经济政策实现的核心目标。同年11月，布隆迪政府重修减贫报告，确定了六大战略行动方针：促进和平与善治；振兴经济，减少贫困；提供基本社会服务；重新安置退伍作战人员和弱势群体；同艾滋病做斗争；推动妇女参与社会和经济发展工作。[1]2006年布隆迪政府又发布"客观真实、承受得了"的《减贫战略报告》（The Poverty Reduction Strategy Paper）。[2]

在人权方面，2000年，布隆迪政府成立国家独立人权委员会（National Independent Human Rights Commission）。同时，布隆迪政府也接受世界银行、国际货币基金组织、东共体及圣公会联盟（Anglican Church Alliance）等政府间组织和非政府组织有关人权方面的监督和援助。如圣公会联盟组织2005—2006年就按计划完成了102所小学和29所初级中学的建设，分别为40919名小学适龄儿童和8570名初中学生提供受教育的机会。[3]

第二，东共体国家层面对布隆迪走向善治的互动。布隆迪连年战乱，难民暴增，加之经常侵犯坦桑尼亚边境，导致1995年3月坦桑尼亚向边境增兵并关闭两国边境，两国关系紧张。同年10月，姆卡帕当选坦桑尼亚总统后，积极与布隆迪政府沟通，并同恩蒂班通加尼亚总统举行会晤，寻求解决难民的办法。与此同时，尼雷尔受国际社会委托作为国际调解人，推动布隆迪各派到姆万扎和谈。但这一进程被1996年6月的军事政变所打断，坦桑尼亚拒绝承认政变上台的布约亚政权，并立即推动召开东非和大湖区7国首脑会议，会议一致决定对布隆迪进行经济制裁，两国关系再度恶化。

1997年4月，姆卡帕总统主持召开关于布隆迪问题的地区首脑会议，决定放宽对布隆迪的禁运，同时敦促布隆迪各方通过谈判解决冲突。9月，在坦桑尼亚举行布隆迪问题第五次地区首脑会议，并请尼雷尔继续担任布隆迪问题的国际调停人。先后经过四轮和谈，1999年1月，关于布隆迪问题第七次地区首

---

① 于红、吴增田：《列国志·卢旺达、布隆迪》，社会科学文献出版社2010年版，第306页。
② Nigel Watt. *Burundi: The Biography of a Small African Country*. Columbia University Press, 2008, p.216.
③ "Written Evidece Submbitted by Anglican Alliance and Anglican Church of Burudi". Congress UK, May, 2011 [2015-08-11]. http://www.publications.parliament.uk/pa/cm201012/cmselect/cmintdev/writev/burundi/aid.pdf.

脑会议最终决定终止对布隆迪的经济制裁。坦桑尼亚等七个邻国中止对布隆迪的制裁后，两国关系改善。1999年2月，布隆迪外交部部长访问坦桑尼亚；4月，坦桑尼亚复派驻布隆迪大使；5月，布约亚总统访问坦桑尼亚；8月，两国国防部长会晤，决定采取措施，保证两国边境地区的安全。2000年8月，姆卡帕总统出席在阿鲁沙举行的《布隆迪和平与和解协议》的签字仪式。2001年布隆迪总统访问坦桑；6月，两国国防部长签署协议，同意将坦桑尼亚境内的大约五十万难民遣返到布隆迪境内安全区；7月，两国国防部长再次会晤，决定加强双边磋商，维护边境和平安全；8月，布约亚总统再访坦桑尼亚。2002年1月，布隆迪国民议长米纳尼访问坦桑尼亚；3—9月，布隆迪各派在坦桑尼亚举行多轮和谈，并召开布隆迪问题地区首脑会议；4月，姆卡帕出席布隆迪过渡政府总统多米蒂安·恩达伊泽耶的就职仪式；5月，布隆迪总统访坦桑尼亚；8月，布隆迪和平进程首脑会议再次召开。2005年5月，在坦桑尼亚的推动下，布隆迪过渡政府与反叛武装"民族解放力量"在坦桑尼亚签署了停火协议；8月，恩达伊泽耶当选布隆迪新总统，坦桑尼亚总统姆帕卡出席就职典礼仪式；12月，恩达伊泽耶总统出席基奎特总统就职典礼仪式。2006年3月，在坦桑尼亚推动下，布隆迪政府和反政府武装全国解放阵线在坦桑尼亚首都达累斯萨拉姆签署停火协议。

1996年7月，布隆迪发生政变后，乌干达与布隆迪关系趋冷，乌干达对布隆迪制裁态度强硬。1997年5月和9月，布隆迪总统布约亚两次访问乌干达，以求改善关系。1998年，布隆迪启动和平进程后，乌干达总统穆塞韦尼成为布隆迪和平地区倡议组织主席。1999年，乌干达中止对布隆迪的制裁后，两国关系彻底改善。2000—2002年，布约亚总统五次出访乌干达。2003—2004年，恩达伊泽耶总统三次访问乌干达。2004年9月，布副总统卡德盖访问乌干达。2005年10月，恩达伊泽耶总统对乌干达进行正式访问。2006年5月，恩库伦齐扎总统赴乌干达出席穆塞韦尼总统就职仪式，10月又赴乌出席该国的国庆活动。

第三，东共体区域层面对布隆迪走向善治的互动。东共体对布隆迪申请加入的正式讨论是在2002年的部长理事会会议上。在此次会议上，东共体三国一致认为，布隆迪缺乏入盟的基本条件。2003年4月，《东非共同体关税同盟协议》签订前夕，东共体成员国部长理事会会议就讨论了卢旺达和布隆迪加入的问题，提出的唯一条件就是东非关税同盟的建立。2004年9月，东共体第八届部长理事会会议，成员国同意考虑接纳两国的申请，并为此成立了一个十二人的工作小组来开展相关工作。经过两年多的谈判协商，2006年11月29日东共体第八届首脑峰会批准两国加入。2007年6月18日，在东非共同体第五次特别首脑会议上，布隆迪和卢旺达正式加入该共同体。卢旺达总统卡加梅在签署协议后说，随着新成员国的加入，东非共同体将趋于更深、更广的融合，并将进一步促进该地区的稳定与繁荣。

积极接触政策的特征和范围在某种程度上相对明确。东共体国家将1996年作为该政策的产生起点进行的考虑是非常适宜的。因为正是这一年，东共体国家与西方在如何处理布隆迪问题上出现了许多分歧。积极接触政策的实质是阻止采取"使其难堪和孤立"的措施反对布隆迪军人发动军事政变。如前所述，该政策的关键目标在于反对域外大国干涉，寻求地区自治，特别是反对西方对布隆迪内政的干涉。再者，积极接触政策也是在塑造一种信条，即认为布隆迪危机也是东非地区的一个难题，该问题可以由该地区国家自行处理。因此，东非地区七国跟风西方国家和国际组织使用制裁的方法惩罚布隆迪布约亚政权仅一年后，这些地区国家就意识到，制裁别国是对东共体尊重主权和主权平等原则的挑战。

东共体的积极接触也有其依据，依据就是东共体成员国考虑到国际上对其人权和民主状况的指责。正当人权和民主问题作为东共体成员国同西方"对话"的一个主要问题出现时，布隆迪的危机就暴露出来了，并为2007年肯尼亚大选后的暴力事件所激发。就在国际媒体对此进行大肆报道时，美英两国停止对肯尼亚的援助，使肯尼亚的国际形象遭到严重损害。其他东共体国家，如坦桑尼亚和乌干达也因为国内腐败问题受到国际人权组织的指责，甚至自2002年开始的欧盟在与东共体自贸区的谈判中也开始加入人权因素，双方为此产生严重分歧。①之后，欧盟委员会副主席警告说，不尊重人权将严重影响欧盟与发

---

① East African Community. "EAC–EU EPA Negotiations Move Forward". *Bridges Africa*. Vol. 3, No 1, 2014.

展中国家之间的关系，包括东共体在内。[①]即使是在人权问题上，相对温和的世界银行和国际货币基金组织等也在援助条件上同东共体存在相左之处。在此背景下，就有关人权和民主在东共体成员国和西方国家彼此的政治、经济和安全关系中的地位问题，积极接触政策成为一个重要因素。

不仅西方政府或人权组织反对积极接触政策，而且东共体内部某些人权组织对其也表示反对，其理由是，积极接触政策并非真正意味着东共体认真努力地说服布隆迪进行真正的政治民主化。至少在公开场合，东共体最初是避免直接介入布隆迪内政的。只是在强烈的国际批评及来自域外的直接压力下，东共体才于2004年8月成立了一个十二人的调查认证小组前往布隆迪，考察其申请东共体成员国资格的条件，其中包括其人权状况。该调查小组收效颇丰，对布隆迪政府施加了相当大的压力，直接导致其在2004年11月部长理事会讨论有关成员国资格问题中未获通过。

东共体以实际调查回应了域内外对其积极接触政策的批评，认为积极接触政策迫使布隆迪政权做出了让步，如同最后一个反对派签署和平协议。但仍有批评认为，东共体对布隆迪的积极接触的驱动力固然有布隆迪政变政权急于获得东共体国家的认可的因素，但真正的驱动力应该是坦桑尼亚和乌干达的经济利益，如两国参与了布隆迪的自由化经济改革。[②]

实际上，东共体寻求对布隆迪的积极接触政策始终受到内部分歧的困扰，其政策难以代表三国的集体立场。2004年8月，东共体部长理事会会议在讨论是否同意布隆迪和卢旺达两国的资格申请时，乌干达和坦桑尼亚表示支持，但肯尼亚则表示反对。乌坦两国认为，一个国家的内部事务与东共体成员国资格无关。"我们一贯采取这样的立场，即一国国内形势是一国自己的事情。"[③]但是，肯尼亚仍坚持《东非共同体条约》规定的成员国资格申请条件，如布隆迪无法实现关税同盟和非关税壁垒。当然，三国最终在2007年就布隆迪加入东共

---

① 刘晓平：《欧盟对外援助之"人权导向"对非洲的影响》，《世界经济与政治论坛》2009年第3期，第37—42页。

② Ebby Ijai Khaguli. "Factors Affecting Trade Facilitation in East Africa and Their Impact on Kenya, Uganda, Tazania, Rwanda, Burundi Border Points". A Thesis for Master Degree, University of Nairobi, 2013, pp.26-27.

③ Boru Zeleke. *Is the East African Community Ready for a Monetary Integration?*. Lap Lambert Academic Publishing, 2015, pp.24-25.

体达成一致决定，消除分歧的是布隆迪政府让步与反对派签署和解协议。有一点必须指出，东共体及其成员国对布隆迪的积极接触政策不可能再被视为严格的尊重主权和主权平等的政策。它充其量意味着这是对支持布隆迪政权的一种特殊干预政策。因为，一种严格的不干涉政策意味着对布隆迪采取一种绝对中立的立场，而东共体接纳布隆迪赋予了该政权一种更高的国际合法性意义。

布隆迪的经历表明，当东共体对一个安全共同体的特性抱有非常大的期待时，它并非不希望把自身变为一种"民主的安全共同体"。在东共体的区域秩序路径中，坚持主权平等和不干涉规范比获得更积极的国际形象及进行一种地区性努力来促进人权和民主占有更为核心的地位。从这个角度，同欧洲、拉美和其他非洲次区域组织相比，已经证明东共体已在某种程度上承认通过干涉来促进人权和民主的必要性。

第三节 全面规范性困境：南苏丹的成员国资格申请

在接纳卢旺达和布隆迪申请时，东共体拒绝把一国政治体制作为获取成员国资格的准入条件。该政策同东共体把不干涉内政和尊重主权作为处理国家间关系的规范是相一致的。但就南苏丹情况来说，其申请加入东共体对该组织是否能够严格遵守加入规范是个严峻的考验，并让人们对这些规范是否仍然能得到遵守产生怀疑。

南苏丹是东非地区最多元的国家之一，其国土面积约有62万平方公里。不包括当前争端地区，南苏丹的面积约为肯尼亚、乌干达、卢旺达和布隆迪的面积之和。南苏丹与埃塞俄比亚、乌干达、肯尼亚、刚果民主共和国及中非共和国为邻，境内有60余个不同民族，①如考虑不同的族群和亚族群，民族数量达90余个。这些族群并不同质，使南苏丹显示出多元性特征。

南苏丹在政治、经济和文化上一直受苏丹政府的深刻影响。1955—1972年和1983—2005年的两次内战彻底破坏了苏丹的基本社会政治秩序，导致200多

---

① Mwangi S. Kimenyi. *Making Federalism Work in South Sudan, South Sudan: One Year After Independence: Opportunities and Obstacles for Africa's Newest Country*. The Brookings Institute, 2012 ［2016−08−02］. http://www.brookings.edu/~/media/research/files/reports/2012/6/south-sudan/06-federalism-work-kimenyi.pdf.

万人死亡，400多万人流离失所或成为周边国家和世界其他地方的难民。[1]2005年1月，苏丹政府同苏丹人民解放组织在内罗毕签署《全面和平协议》，结束了长期内战。根据协议，苏丹将组建由北南双方政治力量共同参与的民族团结政府。此后，苏丹将进入为期6年的过渡期；在过渡期结束后，南方居民可通过公投方式决定自己的未来。同年9月，北南双方根据协议组建了民族团结政府。2011年1月1—15日，南苏丹地区就是否脱离苏丹进行公投，98.83%的民众赞成独立。[2]7月9日南苏丹共和国正式成立，7月14日南苏丹加入联合国，成为世界上最年轻的独立主权国家。

南苏丹自独立后，也获得了苏丹政府的正式承认，苏丹总统巴希尔还参加了南苏丹的独立庆典。原苏丹第一副总统兼南方政府主席萨尔瓦·基尔就任南苏丹总统，全面负责国家事务。在某种意义上，南苏丹政府采取了超级总统制的政治制度，也即意味着总统独揽大权。2013年4月，基尔总统开始削弱副总统马夏尔的权力。7月，基尔总统干脆解除马夏尔的职务，同时重组内阁。12月，基尔和马夏尔之间的权力争夺战爆发。基尔指控马夏尔派试图发动"军事政变"，而马夏尔指责基尔搞独裁和武装清洗。[3]双方还分别依托各自控制的南苏丹政府军及倒戈支持马夏尔的前南苏丹武装力量，在全国6个省进行军事对抗。[4]这本来是南苏丹执政党苏丹人民解放运动内部两大主要派系之间的内讧，却因该国族群认同和地区认同超越国家认同而迅速演变为部族间的仇杀。马夏尔派袭击支持基尔的丁卡人（Dinkas），基尔政府军则打击努尔人（Nuers）。南苏丹第一大部族和第二大部族之间的杀戮，使南苏丹局势不断恶化，冲突造成10万余人死亡，40多万人流离失所，继而成为肯尼亚、苏丹、乌干达等的难民，[5]马夏尔等人被基尔政府指控为犯有叛国罪。[6]无疑，南苏丹内战对其能否获得东共体成员国资格产生了严重的负面影响，同时对东共体实现再次扩容的

---

① United Nations Mission in the Sudan（UNMIS）. *United Nations Documents on UNMIS*. UNMIS, 2011 [2016-08-02]. http://www.un.org/en/peacekeeping/missions/unmis/index.shtml.

② Maggie Fick. "Over 99 Percent in Southern Sudan Vote for Secession". *USA Today*, January 30, 2011.

③ Nicholas Kulish. "New Estimate Sharply Raises Death Toll in South Sudan". *The New York Times*, January 9, 2014.

④ 贺文萍：《南苏丹局势走向及其影响》，《当代世界》2014年第3期，第60—63页。

⑤ Peter Martell. "50,000 and Not Counting: South Sudan's War Dead". *ReliefWeb*, November 16, 2014.

⑥ "South Sudan 'Coup Leaders' Face Treason Trial". *BBC News*, January 29, 2014.

规划制造了新的障碍。①

尽管如此，在基尔与马夏尔之间的冲突愈演愈烈时，不仅东共体成员国对南苏丹内斗密切关注，东共体领导人还亲赴南苏丹做斡旋工作。在南苏丹权力斗争演变为大规模族群冲突后，东共体事务部部长穆萨·什尔马在有关新成员资格申请问题的一次讲话中宣称，"南苏丹政局并非其加入东共体的障碍，南苏丹内乱是两个总统之间的争斗，完全是南苏丹自己的内政。南苏丹是一个主权国家，人们不能随心所欲地对其横加干涉"。但在有关南苏丹资格审议问题上，他向媒体表示，"它们必须遵守条约范围内的某些问题，还有它们从未遭遇过的特定条件，我们正在与它们谈判"。同时，他也强调："国家必须稳定，一国必须拥有以良好的营商环境为基础的自由经济。"②2014年7月14日，东共体代表团访问南苏丹。东共体秘书长理查德·塞兹贝拉说："'接触'之旅旨在使南苏丹领导人透彻理解加入东共体五国集团的标准和义务。"③同一天，南苏丹外交部部长本杰明认为南苏丹加入东共体的时机已成熟，"我们彼此已经谈了很长时间。现在的想法就是如何通过法律程序使南苏丹成为东共体成员国"。同时，塞兹贝拉在朱巴的一个演讲中称，"东共体很高兴同南苏丹保持对话。南苏丹在许多方面属于东非地区。我们的人民在一起生活的历史悠长"④。东共体积极支持南苏丹加入其中的态度显而易见。

不过，东共体成员因南苏丹内部冲突，在其入盟资格申请过程中的表现各异。2011年7月9日，肯尼亚和卢旺达两国领导人参加南苏丹独立庆典期间，邀请南苏丹加入东共体。2011年7月南苏丹递交加入东共体的申请，并被东共体吸纳为观察员。但是，2013年部长理事会会议决议认为，由于南苏丹"治理能力弱、市场结构不合理和司法制度不完善"，其入盟申请被暂时搁置。尽管如此，东共体国家仍积极参与南苏丹内部冲突的调停工作。2013年南苏丹内战爆发，因政治不稳定其资格申请再次被推迟，这同东共体国家为实现南苏丹的

---

① Galgallo Fayo. "Conflict May Hurt Juba's Bid to Join East African Community". SouthSudanNation.com, September 18, 2012 [2017-08-02]. http://www.southsudannation.com/conflict-may-hurt-jubas-bid-to-join-east-african-community/.

② Ibid.

③ "South Sudan a Step Closer to Joining East African Community". *Sudan Tribune*, July 16, 2014.

④ Ibid.

稳定，以不同方式深度介入其内政是分不开的。

一是坦桑尼亚的和平对话和谈判的模式。2014年10月和2014年12月，坦桑尼亚前总理马勒塞拉分别主持了南苏丹两大派别的两轮和解对话。2015年1月，坦桑尼亚执政党革命党（Chama Cha Mapinduzi）主持了南苏丹冲突各方之间有关结束危机的第三轮谈判。南苏丹人民解放军反对派高级官员优伊说，"我们希望双方达成某些共识，而不像亚的斯亚贝巴和解对话（伊加特）那样仅仅关注权力分配"，并对对话结果感到满意。①马夏尔派认为，基尔政府必须释放遭拘押的政治犯并撤走支持基尔方政府军的乌干达军队。②

二是乌干达的武力干涉模式。乌干达因同南苏丹保持长期的经济联系和安全利益而深入介入南苏丹冲突。冲突之始，南苏丹政府邀请乌干达帮助平叛，③致使乌干达以武力协助该国政府，不仅大量武器弹药从乌干达进入南苏丹，乌干达还派遣成建制的部队进入南苏丹，从而加剧了南苏丹局势的恶化。④但在为南苏丹成员资格进行辩解时，乌干达前外交部部长认为，不采取行动将"意味着东共体宽恕……诉诸武力更换政府"⑤，"东共体不能漠视或容忍这种出于违反宪法的目的而使用武力造成的冲突……作为一个有原则性和建设性的组织，如果东共体不能有效缓和和制止南苏丹局势，东共体的声望就会受到损害"⑥。

事实上，在回应南苏丹危机的过程中，东共体宣布或至少重申过对使用武力的态度，这对其恪守不干涉主义原则具有重大意义。因为，如果是一国对另一国使用武力的情况，那么东共体的行动同其和平解决争端的规范是一致的。但是，南苏丹族群战争是国内执政党内部一个派别运用武力反对另一派别的个

---

① "Tanzania Hosts 3rd Round of Talks between Warring Parties in South Sudan". *Global Times*, January 6, 2015 [2015-11-20]. http://www.globaltimes.cn/content/900156.shtml.
② Aaron Maasho. "East African States Mull Stabilization Force for South Sudan". *Reuters*, March 4, 2014.
③ Fanny Nicolaisen, Tove Heggli Sagmo. "South Sudan—Uganda Relations: The Cost of Peace". *Conflict Trends*, No. 4, 2015.
④ John Tanza. "UN Blames Uganda, Kenya for Fueling Conflict in South Sudan". January 29, 2018 [2018-03-02]. https://www.voanews.com/a/un-blames-uganda-kenya-fueling-south-sudan-conflict/4229939.html.
⑤ Michael Wilkerson. "An Interview with Sam Kutesa". *Foreign Policy*, August 10, 2009 [2015-11-20]. http://foreignpolicy.com/2009/08/10/an-interview-with-sam-kutesa/.
⑥ Placide Kayitare. "Questions Remain Over UPDE Involvement in South Sudan 6 Months On". March 6, 2014 [2015-11-20]. http://www.redpepper.co.ug/questions-remain-over-updf-involvement-in-s-sudan-6-months-on/.

案。因此，乌干达外交部部长的观点暗示着在原则方面转变的可能性，即一种国内权力斗争对现政府的武力挑衅将违反东共体规范。值得关注的是，因为东共体国家虽不是《阿鲁沙和平协议》的缔结国，却是见证者，东共体拒绝给予南苏丹成员国资格有其行动依据。严格意义上讲，南苏丹内战并非其内部事务，它牵涉包括东共体成员在内的诸多外部国家。塞兹贝拉向南苏丹派遣东共体专家小组和访问代表团辩解时援引了《阿鲁沙和平协议》。不仅如此，东共体的应对试图掩藏其所陷入的困境，这种困境是由马夏尔对东共体国家领导人，如乌干达总统穆塞韦尼所做的斡旋尝试的公然抨击所造成的。

换句话说，即使南苏丹已经成为东共体成员国，东共体也不可能对其有所作为。再者，塞兹贝拉的立场尽管可代表东共体的立场，但该立场并非由东共体以同样方式正式宣布。因此，这一事实将东共体有关和平解决争端的规范引入了一个意义不甚明确，却很重要的领域。不过，基尔本人并未把东共体推迟南苏丹成员国资格的行动视为对东共体内部事务的公然干涉。他仍然请求东共体等国际组织参与其内部事务。

实质上，东共体推迟南苏丹的成员国资格，重申了东共体对其政权安全的关切，这种关切是东共体善治的重要来源。值得注意的是，当决定推迟南苏丹的成员国资格并派遣一个代表团解决这次危机时，这可被视为一种温和的干涉方式，东共体并未像当年应对布隆迪军事政变那样采取集体经济制裁的方式。东共体坚持认为，推迟成员国资格和派遣调查团并不违背尊重主权原则规范。

不难看出，东共体决定推迟南苏丹成员国资格的情况揭示了东共体扩容后的一个主要困境。正如美国密歇根大学贝妮和斯奈德所指出的："南苏丹当前的状况可作为东共体的一个教训。虽然通过接纳卢旺达、布隆迪和南苏丹的做法对实现东非地区政治联邦长远抱负具有战略益处，但行动过快并不总是有利的。"[1]当东共体把主权平等和不干涉主义作为东共体地区主义的基础时，就反映了所有民族国家在主权方面的担心和不安全的情绪。尊重主权意味着不干涉主义，即保护东共体成员国不受外部干涉，而不是预防其内部的崩溃。东共体

---

[1] Laura Nyantung Beny, Matthew Snyder. "Analysis of the Republic of South Sudan's Accession to the East African Community: Benefits, Detriments, and Recommendations". *University of Michigan Public Law Research Paper*, No. 337, 2012.

选择了一种干预政策，但东共体不仅不会采取强制形式干预某成员国内政，相反会提供积极的支持和帮助，防止该国政权垮台，维护该国社会政治稳定。这同东共体的传统制度化倾向基本保持一致。因此，在一般意义上，这已成为东共体地区主义的一个主要基础，也是不干涉主义的一个主要依据。

2016年3月2日，东共体第十七届阿鲁沙首脑峰会决定，南苏丹被接纳为东共体新成员。新任东共体轮值主席、坦桑尼亚总统马古富力表示接纳南苏丹是经过深思熟虑的，并将这一事实表述为"我们的奠基人试图实现在一个东共体屋檐下联合所有东非地区国家的梦想。南苏丹加入东共体将为其人民创造许多优势，尤其是在经济发展和提高供给水平方面"①。南苏丹总统府新闻秘书沃克认为，加入东共体将使南苏丹从东非国家，尤其是农业方面的专长中获益，"南苏丹肥沃的土地将会得到耕种，这样人民就会得到足够的粮食"②。尽管这是迈向集体区域认同的关键一步，但在南苏丹加入东共体这件事情上始终存在较大争议。

同南苏丹政府额手称庆不同的是，南苏丹学术界对此颇有微词。朱巴大学经济学系主任阿沃伍教授认为，南苏丹不应该此时加入东共体，因为南苏丹在东共体共同市场中只会弱化当地产品的竞争力，并导致南苏丹同其他东共体国家间形成新的贸易不平衡。③南苏丹战略研究多元性中心经济学者约翰·大卫有着类似看法："南苏丹的成员国资格不会有益于当地工业，南苏丹的未来只会成为东非国家产品输出的一个市场。"④

不管如何，南苏丹加入东共体需要在南苏丹和其他东共体国家共同的历史、社会经济和政治联系的背景下理解。南苏丹政府首席外交官本杰明·马里阿尔反复强调南苏丹和东共体国家的密切联系，他指出，在肯尼亚和乌干达注册的南苏丹学生有七万人之多，这解释了南苏丹和其他东共体公民之间的亲密关系史，但东共体是否具备处理成员国扩大后带来的负担的能力，让人们感到

---

① Sekou Toure Otondi. "South Sudan's Entry into EAC and What It Portends for Regional Integration Efforts". *African Foreign Policy and Reional Integration*, March 15, 2016.

② "South Sudan Economics Professor Criticizes Joining East African Community". *Radio Tamazuj*, March 2, 2016.

③ Ibid.

④ Ibid.

担忧。

客观而言，南苏丹成功加入东共体对其自身和东共体均提出了挑战。南苏丹总统经济顾问萨布尼曾明确指出，南苏丹应当权衡加入东共体的成本收益，因为"南苏丹的东共体资格可能意味着丧失政治独立性"，"南苏丹此时放弃政治和经济主权是否受益很难确定"[①]。有学者对南苏丹加入东共体后的利弊做了详细分析，认为除了潜在的诸多利好，不利方面也十分明显，包括"贸易投资自主权和关税收入减少"[②]，食品价格增加，不利于国内工业竞争，并且一旦贸易机会多元化失败，全面限制贸易获利会导致成员国之间的政治紧张。事实上，东共体市场协议的劳工自由流动条款的执行已经导致了紧张气氛并出现抵制运动。土地和公民权问题在东共体构建联邦规划中居中心地位，但各成员国依据国内法来处理。然而，未来政治联邦的成功程度取决于能否对这两个问题进行成功处理。南苏丹加入东共体期待的获益包括：营商成本降低，贸易效率提升，运输成本降低，南苏丹人可在东共体就业。但是，多数能够举出的利益在完全执行东共体市场协议后并不能持久存在，要想长期获益，则需依靠东共体其他一体化计划的成功，如执行统一标准，建立更为有效的清关程序及降低非关税壁垒。[③]土地和公民权两个解决不了的问题被留了下来，它们将会成为东共体成员国进入政治联邦进程中难以逾越的难题。

第四节　东非共同体的扩容对其规范和认同的影响

东共体的扩容在评估该组织能否成为安全共同体的未来上至关重要。首先，新成员有不同的政治意识形态和经济运作方式及国内形势的脆弱性，这些结构性因素使扩容本身对奠定东共体地区主义的基本规范有着重要考验；其

---

① East African Community. "East African Body Rejects S. Sudan, Somalia Membership Bids". *Sudan Tribune*, December 4, 2012 [2017-07-09]. http://www.sudantribune.com/spip.php?article44743.

② Laura Nyantung Beny, Matthew Snyder. "Analysis of the Republic of South Sudan's Accession to the East African Community: Benefits, Detriments, and Recommendations". *University of Michigan Public Law Research Paper*, No. 337, 2012.

③ Laura Nyantung Beny, Matthew Snyder. "South Sudan and the East African Community: Pros, Cons and Strategic Considerations". *South Sudan News Agency*, December 26, 2012 [2017-07-09]. http://www. southsudannewsagency.

次，扩容后的东共体意味着将面临新的政治、经济和战略层面的挑战。如前所述，安全共同体理论认为，成员国之间的互动在范围和程度上不断升级时，很可能会把新的压力强加给正在崛起的安全共同体，甚至会导致安全共同体的瓦解。这可从欧盟和海合会的现实中得到警示，它们虽未瓦解，但已出现衰落的某种征兆，如英国意欲脱欧、卡塔尔孤立等。东共体的扩容虽然旨在形成范围更广的区域安全共同体，但也使东非地区包括国家和非国家等各类行为体之间的互动变得异常复杂，并且会使主权国家面临多样性政治、安全和社会难题的挑战。而正是这些挑战，可能使共同体内部产生新的紧张关系，这就涉及对新成员的管理，而且多样性提出了保持共同立场以便同外部国家进行对抗或对话的任务，进而会增加管理新成员的难度。因此，通过增加地区互动的范围，在将新成员社会化为地区共同体的合格成员过程中，东共体在防止冲突和建构共识方面无形之中对东共体原来的行为模式施加了压力。

从积极层面看，东共体的扩容将主要产生两个方面的影响。

第一，区域主义意识和实践得到强化和拓展。卢旺达、布隆迪和南苏丹表示正式接受了《东非共同体条约》，表明这些国家需要遵守条约中规定的若干原则，即地区"行为规范"。这种契约精神有助于处理区域内部国家之间的关系，尤其是处理彼此间的冲突和争端。如卢旺达与乌干达的分歧比卢旺达当时在东共体框架之外时更容易得到处理。不仅如此，东共体的扩大在很大程度上刺激了东非区域的经济合作，从关税同盟建设到共同市场的推进及货币联盟的设计等，这实际上已成为国家关系中的一种信任制度。同时，东共体的扩容加强了社会及人们跨越国界的联系，有助于消除利己观念的隔阂，无疑促进了更高层次的地区主义意识。

而在实践上，成员数量的扩大对于地区认同建构具有重要意义。如前所述，一个通过政策协调反对内部威胁的地区，是通过安全合作来反对这些威胁的，这种安全合作能够促进安全共同体的发展。东共体的扩大可能会加强新成员的体制安全。以前，卢旺达、布隆迪和南苏丹的反对势力挑战中央政权能在邻国中得到庇护。而在东共体框架下，邻国必须拒绝为新成员中任何反对其中央政权的叛乱集团提供庇护和支持。

东共体扩大也会增加地区经济的相互依赖，这也是集体认同的重要来源。

它会使地区内部贸易额和东共体整体贸易额都得到增加。[1]新成员加入东共体关税同盟和非关税壁垒会提升东共体的集体竞争力，增加东共体内部市场对外国投资者的吸引力，防止投资转向埃塞俄比亚等周边其他国家。对于东共体来说，当传统的西方市场转向保护主义时，新成员的经济自由化议程就提供了新的经济机遇。一个扩大的东共体通过给原来三国提供廉价的原材料资源、能源和产品市场，也提升了三个创始成员国的竞争力，而当它们获得普惠制的资格时，也就获得了重要好处。尤其是，三个东共体创始国从新成员所享受的非关税壁垒的优惠中受益，它们以普惠制为出口平台，向世界其他地区出口农产品等。这也使三个创始国能够拥有更多的资源开发更高级的产品，这与它们不断增长的比较优势相一致。这在相当程度上，又有助于卢旺达、布隆迪和南苏丹内陆国出口量增加。新成员尽管会蒙受关税收入锐减的损失，也能期望从东共体扩大中获得更大的利益。这将结束它们的经济孤立状态。它们从原来的东共体三国的投资中受益，特别是在发展劳动密集型企业和基础设施建设方面。另外，新成员能够利用东共体的集体谈判体系，成员资格将使新成员能够通过多边而非单独谈判进入世界市场。

第二，提升新入盟国家的国际地位。东共体的扩展尤其有利于像布隆迪、卢旺达这样的内陆小国和南苏丹这样的"大型穷国"，这些国家现在不仅可以期望同比它们更强大的邻国以平等伙伴相称，而且会有实实在在的多种好处。有学者曾预估，南苏丹加入东共体后能够享受到八个方面的潜在益处，而这些益处实质上已在卢旺达的发展中得到了很好的体现，对于这三个国家来说，成为东共体成员国就意味着结束了它们在国际政治中的孤立地位和避免了被边缘化的危险。

作为建构地区认同的重要一步，东共体的扩容是值得称赞的，但东共体的扩大已经产生了诸多难以预料的问题。早在讨论卢旺达和布隆迪的申请时，坦桑尼亚前总统基奎特就已经预见到扩大成员会给东共体带来新的问题，但是，也会提升东共体"处理这些问题的能力，因为我们是一个整体，不是分开的三

---

[1] East African Community. *4th EAC Development Strategy (2011 / 2012—2015 / 2016): Deepening and Accelerating Integration*. East African Community, 2011 [2016-05-06]. https://www.eac.int / documents / category/key-documents.

个国家加上三个国家"①。简而言之，东共体扩容虽然存在诸多潜在的有利条件，但也带来了若干严峻的挑战，主要表现在以下几个方面。

第一，影响成员国之间达成某些共识。一方面，东共体三国和新成员国之间的经济发展严重不平衡，影响成员国之间达成某些共识。卢旺达、布隆迪和南苏丹在国内政局相对稳定后，顺利加入东共体。在此之前，东共体一直并未真正拒绝三国的申请，而是积极介入并参与三国的政治和解进程，期待三国政局能够尽快安定。但增加三个贫穷而又不稳定的国家显然不是很平常的事情，甚至是极端危险之事。由于新成员对体制安全的关切，它们加入东共体也会把诸多不同的政治观点带入组织内部，特别是在人权和民主等善治问题上。这些分歧，连同无法在外交上与东共体方式相联系，可能会导致新成员对东共体的幻想破灭进而疏远，使其对东共体成员国资格的好处产生怀疑，2016年布隆迪被东共体推迟轮值主席国即为一例。此外，还有它们对东共体内部干涉主义争论的担心，并有可能在东共体内部新成员和老成员之间出现一种事实上的两极分化。这样一种动态，已在关税同盟还未建立时，肯尼亚、乌干达和卢旺达三国在2014年建立单一旅游签证的事实中得以证明。②

第二，原则规定受到侵蚀。围绕卢旺达、布隆迪和南苏丹成员国资格进程的讨论表明，扩容对东共体规范产生多重压力，东共体的若干原则可能因为成员数量的增加而遭到损害。2016年3月，坦桑尼亚总统马古富力对这个进程做了一系列明显矛盾的阐释，他将东共体的规范概括为：主权平等与通过共识做出决策，互不干涉内政，通过和平手段更换现政府或更改一种国际认可的政治秩序，开放经济，使东共体成为我们外交的基石。显然，第二和第三个规范明显出现了一定程度上的冲突，这种矛盾性叙事在南苏丹和2016年布隆迪新政权危机中表现明显。如何才能坚持一种不干涉政策，并以和平方式实现政府更迭呢？东共体扩大对其和平解决争端的规范也带来了其他方面的挑战。这在无形中给东共体施加了新的安全压力，包括尚未解决的大湖地区边界及其他领土争

① Jaime de Melo. "Trade Strategy Pillars for South Sudan". *International Growth Center Working Paper*, May 11［2016-08-02］. https://www.theigc.org/wp-content/uploads/2015/03/De-Melo-2013-Working-Paper-1.pdf.
②《肯尼亚、乌干达和卢旺达将实施单一旅游签证》，中国日报网，2014年2月8日，http://www.chinadaily.com.cn/hqgj/jryw/2014-02-08/content_11169606.html，2016年8月2日。

端。当前，东共体内部关系也面临着其他双边问题，如肯尼亚与乌干达、乌干达与卢旺达、乌干达与坦桑尼亚、南苏丹与乌干达之间的领土和资源争端。此外，新成员是否会遵守和平解决争端的东共体规范，也是不确定的。如布隆迪媒体对东共体支持现任总统违反宪法继续第三任的问题提出质疑，布隆迪是遵守国内宪法还是遵照东共体的裁定，这明显有违于尊重主权原则。乌干达和卢旺达卷入与邻国刚果民主共和国的内政，肯尼亚和坦桑尼亚卷入索马里的内战等，也在无形中增加了内部政治争端对东共体区域主义的压力。这些问题交织在一起，使得扩大后的东共体可能更需要坚持东共体模式。东共体成员不熟悉东共体处事方式所具有的高度的正式性和国际关系特征，这些新成员能否被"社会化"到东共体模式之中仍有待观察。

第三，区域自治规范能力遭遇困境。东共体的扩容也给东共体对外关系增加了新的压力，如何保持与外部主要大国的积极关系，将进一步考验东共体的区域自治规范能力。近年来，由于欧盟强烈反对将南苏丹纳入与东共体的合作协议中，造成了东共体与欧盟的自由贸易区屡次谈判无疾而终。另外，东共体的扩大将其推入苏丹与南苏丹的对抗之中，在东共体的安全挑战中，又增加了同苏丹出现争端的因素。2011年6月，在南苏丹递交了申请加入东共体后，苏丹也递交了申请，但苏丹的加入申请遭到了坦桑尼亚和乌干达的强烈反对，反对的理由是苏丹与东共体现有成员国没有直接的共同边界，并指控苏丹政府对黑人的歧视性行动、苏丹政府践踏人权，以及历史上与乌干达和南苏丹存在敌意。[1]2011年12月，苏丹加入东共体的申请被正式拒绝。正如有位学者所指出的那样，"东共体因苏丹与其不毗邻而拒绝其加入东共体，而南苏丹当前已经成为东共体的正式成员国。如今，苏丹应该与东共体接壤了，如再申请，东共体以何种理由拒绝呢"？[2]不仅如此，南苏丹领导人基尔曾指出，东共体决定接纳南苏丹是出于"经济和防务原因"的私心行为。[3]因此，今后南苏丹能否真正配合和支持东共体的区域自治，还很难说。

---

① Sheila Naturinda. "Uganda, Tanzania Reject Sudan's EAC Entry". *Daily Monitor*, November 28, 2011.

② "EAC Expands with South Sudan Entry". *Daily Nation*, April 25, 2016.

③ "South Sudan EAC Entry Key for Regional Integration, Kenyan Businesses". *Trade Mark East Africa*, April 25, 2016 [2016-04-29]. https://www.trademarkea.com / news / south-sudan-eac-entry-key-for-regional-integration-kenyan-businesses/.

　　总体来说，东共体的扩大既推动其朝着一种安全共同体的方向发展，又妨碍了东共体发展成为一种安全共同体的进程。东共体的若干核心规范，包括主权平等、互利合作、和平解决争端及善治原则的规范，正面临着新的考验，从整体上增加了地区问题解决进程及实践的压力。这些压力有可能会瓦解东共体建构的过程。东共体的集体认同意识，虽然作为安全共同体的一个关键方面在某种程度上得到了增强，但这种共同体意识的程度仍然是不确定的，整体影响也尚待观察。

第六章

塑造地区安全共同体（三）：东非共同体区域内关系处理

当一个国家集团旨在消除争端，集体放弃把暴力作为解决彼此分歧的一种手段时，安全共同体就出现了。①在大湖地区冲突和围绕尼罗河水资源的长期争端中，东共体开始在外交领域中表现出它的独特作用。如前所述，东共体对尼罗河争端的集体行动在处理东共体内部关系方面发挥了重要影响。客观而言，东共体联合起来消弭外部挑战有助于分散人们对其内部分歧的关注。早在20世纪90年代，一位坦桑尼亚官员宣称，原东共体国家之间尽管分歧巨大，但已经是"非对抗性的了"②。2007年，乌干达国际事务研究人员就东共体对区域和平与稳定的贡献进行了概括性总结：东共体"已经将多难的东共体国家带到了一种多元型安全共同体的角色中了。……但没有东共体的存在，也不会有当前这样成为地区稳定器的多元安全共同体。东共体的建立、瓦解、重建、发展的曲折历史告诉我们，共同的安全威胁既能导致分裂，也能产生团结"③。

这位学者将东共体的特征简约归纳为一个多元安全共同体应该算是合理的。作为贝内特视角下的初级阶段的安全共同体，东共体在某个重要层面的确有其不足之处，即东共体内部冲突是否已被彻底解决或只是被掩盖起来？客观而言，在东共体在国家层面的关系得以妥善处理、达成政治互信后，考验东共体有关和平行为规范的新挑战也应运而生。

第一节　区域内部冲突及处理

2008年索马里过渡政府和反对派签署的《吉布提协议》和2013年由十一个地区国家签署的《刚果（金）和大湖区的和平、安全与合作框架》文件之

---

① Emanuel Adler, Barnnett Michael. *Security Communities*. Cambridge University Press, 1998, p.11.
② Syed A. H. Abidi. *Revival of the East African Community*. Konrad Adenauer Foundation, 1994, p.26.
③ Judy Kamanyi. *The East African Community and the Struggle for Constitutionalism*. Kituo Cha Katiba, 2007, pp.124-125.

所以受到普遍欢迎，是因为这两份协议为决该地区主要冲突的全面解决带来了曙光。然而，在东非地区仍存在着大量国家内部、国家之间及跨地区的动荡根源，"东非国家的任何一个冲突都有着深远影响，因为其不可避免地以某种方式影响着整个地区"[①]。归纳起来，影响东非地区稳定的根源主要有三类。

第一类是有关国内冲突的外溢，特别是种族、部族、政治派系、宗教教派、跨国犯罪及极端主义等对国家结构和政权安全的挑战。尽管该地区冷战时期意识形态之争引起的冲突已难以死灰复燃，但国内的政治分离势力、极端势力、边境无序及城市中各类非国家暴力行为体（Violent Non-State Actors）等对跨国安全产生重要影响。[②]

从政权角度看，种族和部族冲突始终困扰着东共体国家的内部治理。卢旺达和布隆迪两国的图西族与胡图族之间的历史仇杀和当前南苏丹的丁卡族与努尔族之间的持续冲突等都是造成这些国家曾经和现在政权极度不稳的重要因素；从主权安全角度看，分离主义一直存在于刚果民主共和国、索马里、卢旺达等国，特别是南部苏丹经过多年的不懈努力，终于脱离苏丹，成立南苏丹国，对某些刚果民主共和国分裂势力有着较大影响；从跨国安全角度看，活跃在索马里的极端组织"索马里青年党"及"伊斯兰法院联盟"多次在肯尼亚和埃塞俄比亚境内制造严重恐怖袭击事件，导致2006年埃塞俄比亚越境打击伊斯兰法院联盟[③]和2011年肯尼亚越境打击索马里境内的索马里青年党。但肯尼亚和埃塞俄比亚的境外军事行动并未得到联合国或非盟的授权，明显违反国际法，引起了索马里新政府的不满。另外，乌干达经常越境进入南苏丹追缴"约瑟夫·科尼圣灵抵抗军"（Lord's Resistance Army of Joseph Kony），使得两国也龃龉不断；从社会安全角度出发，随着东共体一体化的推进，区域内居民的自由迁徙带来的安全问题日益显现，贩毒、偷盗、绑架、偷猎、抢劫及农村中的偷牛等犯罪率明显上升。这也是东共体国家在2014年全球综合景气指数排名中处于后

① Annie Barbara Chikwanha. "The Anatomy of Conflicts in the East African Community: Linking Security With Development". Keynote Speech to Development Policy Review Network-African Studies Institute, Leiden University, 2007.

② Lambert M. Surhone, Miriam T. Timpledon, Susan F. Marseken. *Violent Non-State Actor*. Betascript Publishing, 2010, preface.

③ 孙德刚：《危机管理中的国家安全战略》，上海人民出版社2010年版，第342—359页。

位的重要原因。①

　　第二类是东共体国家之间及同周边国家的领土争端。这些争端包括肯尼亚和索马里有关"北疆区"（North Frontier District）的争端②和印度洋海洋边界线的划分争端③；肯尼亚和南苏丹有关榄香三角地区（Elemi Triangle）归属的争端；肯尼亚与乌干达有关明格岛归属的争端；坦桑尼亚与乌干达的卡盖拉河地区（Kagera Region）归属的问题及坦桑尼亚和马拉维有关"马拉维湖"归属的争端；乌干达与刚果民主共和国有关艾尔伯特湖区归属的争端；布隆迪和卢旺达边界争端，如阿坎亚鲁-坎亚鲁河（Akanyaru-Kanyaru）和卡格拉-恩亚巴闰格河（Kagera-Nyabarongo）归属的争端。这些争端均有引起武装冲突的可能，尤其近年来涉及海洋区域的边界划分、专属经济区、捕鱼权利及海上资源开发等问题，不时造成地区国家关系的紧张。如乌干达和其他东共体成员国之间存在的边界问题，曾对内部和平造成过严峻考验。1978年10月，乌干达总统阿明在与坦桑尼亚发生政治分歧后，转向了领土要求，并入侵坦桑尼亚的卡盖拉地区，还声明称该地区本来就属于乌干达；乌干达与肯尼亚之间的海上边界划分争端方面，并没有取得多少进展。而肯尼亚与索马里3.8万平方公里的海上领土争端随时可能爆发。④

　　第三类是东非地区国家之间的敌意或仇恨。这些敌意或仇恨有种族的、文化的、宗教的和民族主义的源头。坦桑尼亚和乌干达的关系就是这种冲突类型的典型例证。1978年乌坦战争结束后，乌干达政局仍然不稳，使坦桑尼亚军队不得不在乌干达继续驻扎维和。乌坦战争是自近代以来，非洲大陆上首次由一邻国以武力推翻另一国政权的恶性政治事件。虽然对于坦桑尼亚来说是自卫行动，但战争的继续和推翻阿明政权毕竟严重侵犯了乌干达主权，从而受到部分

---

① 2014年全球景气指数对142个国家进行排名，涉及各国在经济、企业家精神和机遇、政府治理、教育、个人自由、健康、社会治安及社会资本等8个方面的表现。东共体国家指数排名分别为卢旺达第99名，肯尼亚第109位，乌干达第111位，坦桑尼亚第139位，布隆迪第139位。参见《东共体国家2014年全球景气指数排名靠后》，中华人民共和国商务部网，2014年11月29日，http://www.mofcom.gov.cn/article/i/jyjl/k/201411/20141100815202.shtml，2016年2月15日。
② Carl G. Widstrand. *African Boundary Problems*. Almqvist & Wiksells Boktryckeri Atiebolag, 1969, pp.168-182.
③ "JointReport, Simmering Border Disputes to Control Oil Gas". *The East African*, August 26-31, 2012.
④ Kang'aru W. "Scramble for Resources Fuels Conflict in East Africa". *Daily Nation*, June 18, 2013.

国家的猜疑和担忧，尤其是坦桑尼亚与其邻国如肯尼亚的关系变得紧张，增添了两国双边关系的脆弱性。这种紧张的政治关系直到东共体的重建方才缓和，但负面影响至今仍难以完全消除。

客观而言，东共体的重建实际上已使东非地区的民族主义情绪相对弱化，但上述诸多矛盾和冲突使东共体处理内部双边关系时经常受到新民族主义情绪（此种情绪充斥着共同市场建设的过程）的影响，尽管这种民族主义情绪还并不高涨。肯尼亚同乌干达的明格岛之争即为例证。

2009年2月，肯尼亚与乌干达有关明格岛之争点燃了这种情绪。肯尼亚一个地方长官带领十余名警察登上明格岛，撤下乌干达国旗，升起本国国旗，并宣布该岛为肯尼亚领土。但在24小时之内，乌干达派出军警上岛驱逐肯尼亚官员和警员，控制该岛。同年5月，乌干达总统穆塞韦尼发表讲话称，虽然明格岛是肯尼亚的，但该岛周边绝大部分水域属于乌干达，岛上肯尼亚居民没有捕鱼权。这次事件虽未引起军事冲突，但损害了双边安全关系。2012年6月，乌干达当局夜袭维多利亚湖并以非法越境为由没收8艘肯尼亚渔船，使明格岛问题再次恶化。不过，肯尼亚政府保持了高度的克制和容忍，始终对外宣称要通过协商方式解决争端。

运用东共体原则始终是缓和与化解争议的一个重要因素，然而这仅在高层政治层面有效。对于两国渔民来说，他们对东共体的原则精神基本上一无所知。这种巨大落差从侧面证明了东共体地区主义的精英化和民族国家中心论的属性，还远未在社会层面形成一种与之相匹配的强烈的共同体意识。

一般来说，安全共同体并不以没有冲突本身为标准，而是以社会和政府和平处理冲突的能力为标志。尽管乌干达和肯尼亚之间的紧张关系只是短暂而突然的，但是东共体国家领导人已预料到在领土争端方面发生武力对抗的可能性。乌胡鲁·肯雅塔总统曾经明言，肯尼亚政府将把精力放在推动非洲复兴的一体化议程上，"东共体是1.3亿人口的市场，拥有经济快速增长的可能和大量的工作机会"，"我们可能存在问题，但这些问题并未严重到爆发战争的地步……无论何时，我们从来没有使用过武力方式解决我们同邻国的问题"①。

---

① "Uhuru Kenyatta Calls for Common East African Community Tourist Visa". *Standard*, June 25, 2013.

但这并不表明这样的争端不具有军事行为的特征。乌肯岛屿之争及有关捕鱼授权的武力事件实质上具有军事摩擦性质。

在冲突处理过程中，东共体模式所具有的回避法理和正式程序的特征并非都得到了明确阐释。如乌肯问题当事方并未将争端提交到东共体法院或国际法院，仍在双边层次而非上升到多边区域层面来协商解决。但有的得到了明确解释，如肯尼亚与索马里边界争端则被赞比亚总统提交到非洲统一组织首脑峰会上讨论，之后赞比亚总统卡翁达从中斡旋而实现了彼此和平。更为重要的是，肯尼亚政府表示，如果争端方接受第三方任何形式的调解，那么调解结果应该得到认可。这同之后东共体重建中强调采取和平方式解决争端的规范相一致。但有意思的是，上述争端并未进入东共体的解决程序。因而，从某种意义上来看，当事双边自行和解或借助第三方斡旋所实现的和平解决争端，对东共体追求的地区问题地区解决的规范造成隐而不露的本质伤害，即东共体规范并未得到真正落实。

2013年2月15日，东共体国家签订《东非共同体和平与安全协议》，成为借助法律机制解决冲突的一个重大进展。该协议明确规定，签订该协议旨在预防、遏制且和平解决成员国之间的冲突和争端，[①]但该协议并未提出具体的预防手段及实现和平的方式。从现实实践来看，在东共体重建后，其成员国基本选择并强调将政治对话作为解决争端的主要手段，而没有将法律程序作为最后的选择，如将有关领土或政治争端提交到东非法院。但毋庸置疑，该协议成为东共体解决区域安全合作的一个里程碑。迄今为止，东共体在武器控制方面除了加入《非洲无核武器区条约》和《不扩散核武器条约》外，不愿意再接受其他正式的限制武器开发或交易的国际机制，包括《东非共同体条约》都并未将此列入条款，但《东非共同体和平与安全协议》中明确规定"控制非法小武器和轻型武器的扩散"[②]。无论如何，在安全与和平问题上，人们可认为东共体国家已从重视双边安全合作开始走向区域框架下的安全合作。

---

① East African Community. *East African Protocol on Peace and Security*. East African Community, 2013, p.9.
② Ibid, p.11.

第二节　非洲大湖地区的冲突与和平努力

非洲大湖地区通常指的是坦噶尼喀湖以北、维多利亚湖、基伍湖、爱德华湖和艾尔伯特湖四湖以西的地区，包括布隆迪、卢旺达、刚果民主共和国东北部、乌干达及肯尼亚和坦桑尼亚两国的西北部。大湖地区的概念也会扩展到肯尼亚和坦桑尼亚的全境，但通常不包括南部的赞比亚、马拉维和莫桑比克及北部的埃塞俄比亚。大湖地区面积约700万平方公里，人口约2亿，是世界上人口最为密集的地区之一，同时也是非洲自然资源最富集的地区。[①]

大湖地区是"非洲地区的火药桶"，也是同东共体国家有着重要关联的冲突区域，它也对东共体的团结及和平解决争端原则形成了严峻考验。2002年非洲11国政府和非国家武装组织签订和平协议，结束了长达7年的破坏大湖地区的大规模武装冲突。[②]但时至今日，该地区政治纷争和暴力冲突仍层出不穷，在和平、安全和治理方面形成复杂局面。不仅如此，该地区的长期无序造成大量人口流离失所，难民数量巨大，缺衣少食，人道主义问题极为严峻，[③]从而增加了该地区国家的民族和国家构建的难度。

在大湖地区和平进程中，当事多方曾签署过多份和平协议，产生了不同的谈判结果和协调倡议[④]，成为当前解决大湖地区安全和发展问题的主要依据。[⑤]从目前来看，大湖地区会议逐渐成为解决该地区一揽子问题的主要多边主义平台，且同东共体的支持密不可分。

---

① 丁丽莉：《动荡不安的非洲大湖地区》，《现代国际关系》1997年第2期，第34—38页。

② Rigobert Minani Bihuzo. "Unfinished Business: A Framework for Peace in the Great Lakes". *Africa Security Brief*, No. 21, 2012.

③ Chiris Huggins. "Conflict in the Great Lakes Region: How Is It Linked with Land and Migration?". *Natural Resource Perspectives*, No. 96, 2005.

④ 《大湖地区互相防御与不侵犯协议》《民主与善治协议》《司法合作协议》《预防与惩戒大屠杀罪、战争罪和反人类罪以及一切形式的歧视行为》《打击非法使用自然资源协议》《特定重建和开发区协议》《预防和打击对妇女和儿童的性暴力协议》《保护与援助国内流离失所人员协议》《返回人员财产权协议》和《信息和通讯管理协议》。参见 Volker Hauck. "Understanding the International Conference on the Great Lakes Region (ICGLR)". European Center for Development Policy Management, March 2017 [2017-09-02]. http://ecdp. org/wp-content/uploads/ICGLR-Background-Paper-PEDRO-Political-Economy-Dynamics-Regional-Organisations-Africa-ECDPM-2017.pdf.

⑤ Jean Mingabo Kalere. *Textes Fondamentaux Sur Le Processus de Paix en DRC*. CPRS, 2008, pp.42-44.

"大湖地区国际会议"路径（ICGLR Approach）是为解决大湖地区冲突问题而产生的影响最大的一份和平倡议。该协议最早可追溯到2000年联合国1291号决议，这份决议支持非盟和联合国合作，将包括涉及冲突的11个国家①拉到谈判桌上。因此，大湖区问题开始并未成为东共体等次区域组织的议题。但东共体五国参与其中，并以一系列大湖地区首脑会议的形式，创立了一种正式机制来处理冲突，旨在推动该地区实现持久和平、安全与稳定（见表6-1）。

表6-1   非洲大湖地区国际会议首脑会议一览表（2004—2017年）

召开时间	召开地点	主要内容	签署协议
2004	达累斯萨拉姆	与会首脑围绕和平与安全、善政与民主、经济发展与地区一体化以及人道主义与社会事务4个方面的议题进行讨论	《达累斯萨拉姆宣言》
2006	内罗毕	围绕"和平稳定、善政民主、经济发展与地区融合、人道和社会事务"等4个方面的主题展开，并审查2004年首届首脑会议通过的《达累斯萨拉姆宣言》的落实情况，讨论并通过部长级委员会制定的行动纲领	《安全、稳定与发展公约》
2009	卢萨卡	主要议题为回顾前两次峰会达成的和平协议在各国的执行情况，并促进各国继续落实该协议	—
2013	布琼布拉	主要议题为：正义与和谐；冲突转型；恢复共同体和民族统一；结构性冲突与转型	《刚果（金）和大湖区和平、安全与合作框架》
2016	卢安达	主要讨论了加速有效执行公约和协议问题	—
2017	布拉柴维尔	关注刚果（金）东部安全局势，呼吁国际社会帮助加速实现刚果（金）和平进程，消除该国东部所有非法武装威胁	—

---

① 安哥拉、布隆迪、中非共和国、刚果民主共和国、肯尼亚、刚果共和国、卢旺达、苏丹、坦桑尼亚、乌干达和赞比亚。

　　大湖地区首脑会议得到东共体国家的支持，因此其被视为东共体的一个重要集体认同平台。另外，出于政治策略考虑，东共体国家并未将首脑会议发展成为一个排他性的东共体论坛，而是邀请了环大湖地区所有国家参与，并在各届会议中针对此问题形成了一个共同的东共体立场。

　　然而，在已召开的首脑会议上，参会发言者均未涉及敏感的领土问题。如在2004年首届会议上产生的《达累斯萨拉姆宣言》，仅表示将共同努力实现大湖地区的持久和平与安全。这可从当时几位发言人的观点中得以管窥。

　　时任联合国秘书长安南认为，尽管目前出现了可喜局面，这一地区依然面临着许多挑战。他要求这一地区的领导人切实履行本次峰会达成的共识，为本地区的成千上万饱受战乱之苦的民众创造一个和平家园。前非盟委员会主席科纳雷要求大湖地区各国确保民主进程取得进一步发展。坦桑尼亚总统基奎特在大会上发言时指出，大湖地区国家要加强团结，巩固来之不易的民主成果。他呼吁有关各方珍惜来之不易的民主刚果的和平成果，称这样做符合本地区利益。乌干达总统穆塞韦尼指出，人们要团结一致，消除不稳定因素。他要求修改本地区有关协议，以便在某一个成员国受到威胁无力抗拒的情况下，其他成员国有义务提供援助，来消除不利于稳定的各种消极因素。曾经历过1994年种族大屠杀灾难的卢旺达总理马库扎则表示，希望各成员国加强合作，将那些破坏本地区和平与稳定的不法之徒绳之以法。肯尼亚总统齐贝吉称，刚果民主共和国的选举是一块试金石，对本地区集体努力结束内战是一个考验。他表示坚信，通过民主选举产生的合法政府是能够带领本国人民最终走向和平，也有利于减少本地区的潜在冲突。①

　　大湖区国际会议有两个最主要的贡献：一是考虑了东共体国家最为关心的经济问题；二是考虑了刚果民主共和国东部冲突的动机，理顺了冲突各方的利益。其缺点在于未将制止大量不同行为体践踏人权的行为写进条约。②所以，有评论认为，"不同国家行为体为了满足眼前的安全和经济利益，对结束其眼

① 上述领导人的讲话请参见各界首脑会议公报。"International Conference On the Great Lakes Region" [2015-11-12]. http://www.icglr.org/index.php/en/.
② UN Office of the High Commissioner for Human Rights. "Report of the Panel on Remedies and Reparations for Victims of Sextual Violence in the Democratic Republic of Congo". UN Office of the High Commissioner for Human Rights, March 2011.

前依赖的军事行动和代理人的贡献几乎没有"①。

大湖区首脑会议取得的进展有限，但大会为解决大湖区国家危险制定了旨在减少该地区国家之间军事冲突的行为规范，也在某种程度上将其规范进行了推广。因此，在国际社会对大湖区问题及大湖地区国际会议表达失望之时，东共体国家则宣称在成员国之间就处理大湖区争端问题已经取得了重要进展。另外，值得注意的是，大湖地区争端问题并未被安排到东共体的议事日程中，而始终在确保国际社会同意的情况下，在东共体国家和其他大湖地区国家之间进行安全问题的多边磋商。东共体期望大湖地区各国能够在《安全、稳定与发展公约》的框架下解决安全问题。一方面，东共体国家努力把争端问题带到国际舞台的中央，使各国考虑使用武力所要付出的潜在外交成本或被制裁的可能；另一方面，东共体尝试将其地区主义规范进行推广落定，期待地区问题能在地区解决。上述公约是一份采取正式条约形式的行为规范，因此带有不少法理色彩。当前坦桑尼亚坚持致力于大湖地区及非洲大陆的和平、安全、稳定和发展，在调解科摩罗、肯尼亚、津巴布韦、刚果民主共和国、马达加斯加及索马里等国的政治危机与内战中都发挥了重要作用。

由此可见，东共体国家将外交和规范的制定作为预防在大湖地区安全或发生战争的有效手段。事实也很明显，大湖地区争端并未成为东共体国家军事现代化进程中所考虑的主要因素，它也并未使该地区国家进行军备竞赛。因此，在相当程度上，大湖地区问题促进东共体组织内部达成一致意见，从而加强了东共体的团结。

大湖地区和平与安全问题难以解决的重要原因，也许正如一份报告中所言的，"从传统安全框架衍生的和平与安全思想，假定一个同质性的公民社会或由政府主导或忠诚于政府；假定国家或国家签署协议形成区域经济共同体保证提供安全"②。当然，这些假定同大湖地区所牵扯的不同行为体追求的利益存在相当大的差异，也许正如参与过数轮和平进程谈判的金萨沙社会行动中心

---

① Rigobert Minani Bihuzo. "Unfinished Business: A Framework for Peace in the Great Lakes". *Africa Security Brief*, No. 21, 2012, pp.1-8.

② "Widening Rich-Poor Gap is New Threat to EAC Peace and Security", 新华网，2014年5月24日，http://news.xinhuanet.com/english/africa/2014-05/24/c_126542036.htm，2016年7月31日。

政治部主任比胡柔所认为的，大湖地区争端的最终解决之法应该是结束支持代理人军事武装人员，给予军事武装人员参与政治的空间，保证地方群众代表及调控矿产分配。[①]因此，东共体国家是否愿意和有能力将东共体规范移至本国在此问题上的立场，仍是解决问题的关键。从现实实践来看，可谓遥遥无期。

第三节　经济互动中的规则认同及实践

就经济相互依赖对战争与和平的影响而言，一体化功能主义的提出者哈斯以欧洲经验过程为例，坚持认为，行为体最为重要的功能性关系是在地区内部把各行为体彼此联系起来，而非不断强化在全球层面的功能性联系。[②]如果该论断正确的话，那么东共体致力于区域内经济一体化对避免成员国之间发生战争、实现和平的可能性会产生较大的影响。

东共体创立者一直希望通过建立区域组织，来解决地区内部冲突，促进区域经济合作，从而增强社会和政治稳定。因此，欧洲区域一体化就成了东共体公开宣称的参照目标。[③]东共体国家认为，区域一体化对国家经济发展带来利好。为此，它们把促进区域内部一体化作为发展东共体经济的主要目标，并将其看得比保持同外界经贸联系更为重要。

东共体重建后不久，就正式启动了经济领域的区域一体化。2000年东共体就开始探索有计划的经济合作，以增加区域内贸易合作。东共体经济向着制造业发展不断转化的趋势，为东共体内部较高的劳动分工提供了前所未有的机会。另外，世界贸易组织使全球化趋势加剧，欧盟模式及其建立起来的单一市场的吸引力和东盟方式的成功，甚至大阿拉伯自由贸易区的启动等，促使东共体内部正在抬头的保护主义者的担心进一步被边缘化。

---

① Rigobert Minani Bihuzo. "Unfinished Business: A Framework for Peace in the Great Lakes". *Africa Security Brief*, No. 21, 2012, pp.1-8.

② 詹姆斯·多尔蒂、小罗伯特·普法尔茨格拉夫著，阎学通、陈寒溪等译：《争论中的国际关系理论》（第五版），世界知识出版社2003年版，第558—560页。

③ Stefan Johann Plenk. "The Uniting of East Africa and the Uniting of Europe?". *Journal of International Organizations Studies*, Vol. 4, No. 2, 2013, pp.39-51.

为应对外部挑战，2004年3月，肯尼亚、乌干达和坦桑尼亚三国总统在第五届东共体首脑会议上正式签署《东非共同体关税同盟协议》，使区域经济合作进入制度化进程，为肯尼亚、坦桑尼亚和乌干达三国加强经济交流和联合，促进各自经济发展，以及为自由化和增加东共体内部贸易提供了前所未有的制度便利。这些便利包括：各成员国将最终取消相互间进口关税和非关税贸易壁垒，原材料免征关税，对成品和半成品分别征收25%和10%的关税，共同体各国对组织以外的进口产品征收统一关税。①该协议计划在2004—2009年这一过渡期结束后进入文件规定的条款实施阶段。肯尼亚总统齐贝吉在签约仪式上称，"东非关税同盟是东非人民希望团结力量的表现，实现了该地区向单一市场与投资区域的过渡"②。同时，东共体一方面推进《东非共同体发展战略》的制定和落实；另一方面接受许多有助于区域经济合作的建议，包括：建立区域投资信息中心以确保投资者获得东共体成员国的投资信息；旅游、运输、电信、基础设施建设、商业及金融服务的自由化；建立知识产权法规等标准体系；等等。在实践中，该协议对提升东共体内部的贸易水平，起到了重要影响，大大提升了东共体整体贸易比例。

肯尼亚、乌干达和坦桑尼亚是区域内主要出口国。肯尼亚在区域内贸易中占据主导作用，它向乌干达和卢旺达等内陆国家大量出口制成品、化学制品和机械设备。东共体区域内主要出口的商品包括食品、饮料、烟草、水泥等制成品和石油再出口品，而东共体向其他区域则主要出口日用品。2004—2005年，三国贸易都有了大幅度提升，肯尼亚对坦桑尼亚和乌干达出口增长了14%，肯尼亚从坦桑尼亚和乌干达进口增长了40%，东共体内部贸易总额增加了21.2%。③自此，东共体国家间的贸易额增长迅速，从2006年的16亿美元（占东非贸易总额的7.8%）增长到2010年的38亿美元（占东非贸易总额的11.4%）。东共体内部出口额占整个东非出口额的比例也从2006年的14%上升

---

① East African Community. *Protocol on the Establishment of the East African Customs Union*. East African Community, 2004, pp.14–16.
② 邱晓军：《试析东非共同体发展历程（20世纪60年代至今）》，上海师范大学硕士学位论文，2010年，第58页。
③ East African Community Secretariat. *East African Community Development Strategy* (2001-2005). East African Community Secretariat, 2001.

至2010年的20%以上，不过内部进口额占整个东非进口额的比重仍然较小，在5%左右。①2013年12月，卢旺达与肯尼亚和乌干达率先达成协议，建立三国间单一关税区，并于2014年1月启动。2014年12月，卢旺达加入东共体结算中心，使其结束之前的跨国交易均通过欧洲银行中转的历史，能够与东共体国家跨境采购，交易可使用本币卢郎（卢旺达法郎的简称）支付。此外，2005—2010年，东共体国家年平均收入增长3.7%，高出南部撒哈拉地区3.2%的增长率。2011—2013年，东共体经济增长率分别为6%、6%和6.4%，②2012—2016年东共体经济年平均增长率为5.2%。③

同内部贸易自由化相比，东共体以集体谈判寻求与外部贸易伙伴更为有利的经济联系方面，尽管存在困难，但也产生了诸多积极影响，主要表现在4个方面。

第一，对外贸易额迅速提升。2007—2011年，东共体对外贸易额从263.34亿美元增至457.86亿美元，提高了73.9%；④特别是原来外贸额很小的布隆迪和卢旺达，对外贸易和区域内贸易的增长更为明显。可见，关税同盟的建立和发展的确为成员国带来了巨大的贸易效应。与此同时，2007—2012年，东共体吸收外国直接投资额从21.86亿美元上升至38.47亿美元，增长了约76%。截至2012年，东共体吸收外国直接投资存量达228亿美元，是2007年的两倍。⑤

第二，集体对外谈判。东共体启动关税同盟后，就开始运用集体力量同外界进行谈判，以确保出口商品保持更高的价格。同欧盟谈判建立双边互惠性贸易协定即为最早之例。根据东共体与欧盟的经济伙伴协定，东非国家向欧盟出口的农产品享有保护性优惠，如东共体国家出口欧盟国家的鲜花享受低关税，因而数量连年大幅提升。但在欧债危机爆发后，在同欧盟经济伙伴协议的谈判中，东共体内部因难以达成共识而错过了2014年9月的最后期限，且至今仍未

① 秦金月译：《东非共同体崛起 引印度青睐》，《非洲商业观察》2015年2月10日。
② Remarks by Richard Sezibera at the Norfund Annual Conference in Oslo, Norway, on August 21, 2013.
③ East African Community. *East African Community Development Strategy（2016/2017–2020/2021）*. East African Community, 2017, p.7.
④ 武芳、田伊霖、王婷：《东非共同体发展成效和问题研究》，《国际经济合作》2013年第12期，第24—28页。
⑤ 同上。

得到批准。另外，东共体在与其他双边或多边贸易谈判中也力图采取一致立场。之后，东共体同美国进行谈判，希望用欧盟经济协议的规范完成对美贸易规定，以替代《美国与非洲的增长与机会法案》。2015年3月，东共体和美国签署了一项协定，旨在加强双边贸易，这份协定被认为是实现跨非洲大陆的全面贸易协定的重要步骤，主要内容包括：精简并改革东共体的海关程序，使之符合2013年12月巴厘岛通过的世界贸易组织贸易便利化协定；美国为提升东共体国家能力建设提供技术援助，涉及《实施动植物卫生检疫措施的协议》和《技术性贸易壁垒协议》的支持。同时，东共体还与中国、印度、巴西等国建立了双边经贸论坛。

第三，形成良性内外联动。东共体还有一个同上述次区域合作类型不同的大非洲自由贸易区，包括东南非共同市场、南部非洲发展共同体和东非共同体，组成三方自贸区。①这些内外联动的经济区的出现，对东共体内部形成较高程度的地区和平与稳定局面起到重要作用。很明显，经济联系在促进东共体国家和大湖地区国家之间和解方面也起到了重要作用，这种经济联系使东非地区国家经历了从战场到市场政策的重要组成部分。尤其需要指出的是，虽然上述政策对坦桑尼亚而言在经济上是不够成功的（因为坦国的公司总体上不如来自肯尼亚和乌干达的公司），但在政治和安全方面取得了显著的效果。这种政策为原来持不同发展道路和意识形态的国家之间的投资和贸易，打开了方便之门。

第四，促进地区和平。东共体与区域外的经济联系在增强东共体地区内部和平方面同样意义深远。东非国家中的若干跨国问题一直或仍然处于争端之中。上述经济区的建立，使东共体国家与其他国家之间的边界地区联系起来，促进了更积极的双边关系环境的形成，出现了类似中国提出的一种思路——"搁置争议，共同开发"。正如东非议会议员尼雷尔所言，"我们不讨论边界问题，并不是因为该问题彻底解决了，而是我们现在是通过加强东共体和其他的跨界联系，促进彼此之间的经济合作"②。当然，将内外经济联系理念扩大到

---

① 刘洪德：《非洲最大自由贸易区建立》，《光明日报》2015年6月11日。
② "Kadaga Wants Parliament Involved More in East African Community" [2015-11-03]. http://www.weinformers.net/2011/07/15/kadaga-wants-parliament-involved-more-in-east-africa-community-affairs/.

其他区域，而超越了东共体成员国的范围边界，是东共体内部摩擦的一个重要原因。同时，经济相互依赖和一体化，也可能成为在整个地区扩散安全问题的催化剂。因为，自关税同盟和共同市场推进实施以来，坦桑尼亚同肯尼亚和乌干达之间的紧张关系证明，经济竞争和不平衡发展（既包括国家内部的不平衡，又包括国家之间的不平衡）已阻碍了东共体朝安全共同体发展的进程。偶尔的相互摩擦也表明，如果国家之间（布隆迪与其他四国绝对水平的差距，以及坦桑尼亚与肯尼亚的相对差距）存在着较大的经济差距，那么相互依赖的任何和平影响的实现程度就会打折。现实一体化推进过程中存在的种种张力也表明，相互依赖的政治收益极易受到经济收益的影响，尤其是当一个国家群体内部对这种下降的影响感到不平衡时，更是如此。

东共体采取的上述措施表明，其深受东共体模式的影响，这些影响包括偏好正式性和非敌对性的谈判、建立共识，以及尝试法律的决策程序。在实践中，东共体的关税同盟及共同市场虽建立在正式的制度和法律承诺的基础之上，但更像是建立在个体或双边关系网络和社会责任基础之上的。在出现的经济争端解决中，东共体并未采取欧盟式的正式争端解决机制，即诉诸东非法院。尽管当前东共体逐渐进入关税同盟和共同市场的建设阶段，但要认为东共体成员国信奉经济区域主义则未免言过其实。虽然2014年非洲发展银行认为东共体为非洲大陆一体化程度最高的次区域组织，[①]但东共体成员国之间的市场一体化程度低仍是不争的事实，以下两点可以作为明证。

第一，关税壁垒难以消除，共同市场难以向前推进。2010年7月1日，肯尼亚、坦桑尼亚、乌干达、卢旺达和布隆迪这五个东共体成员国签署了《东非共同体共同市场协议》，宣布实行资本、货物、服务和人员自由流动。该协定是实现本地区一体化进程的又一基础性协议和先决条件，决定着东共体的未来发展走向。在过去的八年中，由于地区内政治、经济、外交及社会诸多方面的原因，共同市场目标并未实现，有关协定如同废纸，本地区内依然存在着无数各类贸易壁垒和人员货物流动限制。除各国体制及经济发展水平的差异外，共

---

① 中国驻肯尼亚经商参处：《非发行称东共体为非洲大陆一体化程度最高的次区域组织》，中国商务部网站，2014年12月31日，http://www.mofcom.gov.cn/article/i/jyjl/k/201412/20141200854662.shtml，2016年1月20日。

同市场发展的最主要的困难是五国无法再让国民体会到共同市场给国民经济带来的好处，从而无法获得民众的普遍支持。[①]

第二，内部另起炉灶现象时有发生。东共体国家在其框架之外还发展了另外一种经济合作形式。如肯尼亚、乌干达和卢旺达之间签署贸易协定，试图整合两个或三个国家的行业领域，建设单一市场，目前至少已出现了肯尼亚、卢旺达和乌干达三国的单一旅游签证，同一区域通讯网，凭证（公民身份证、学生证及乌干达选民证）跨境自由流动，等等。

第四节　东非共同体的区域安全合作

和平与安全已被公认为区域一体化所有领域中最重要的一环，也是区域组织议程设置中最为重要的议题之一。东共体副秘书长基拉索曾表示，"使我们的地区安全和稳定是东共体高度重视的议程，因为没有和平稳定，其他一切一体化成果都是徒劳"[②]。简而言之，没有稳定的环境，发展无从谈起。综而观之，东共体国家在构建防务共同体方面做了不少努力。

从东共体国家联动层面来看，东共体国家建立了非常重要的双边基础上的防务合作与联系。这些联系包括：边境地区管理合作、情报共享、联合军事演习、军事机构之间的交流、高层互访、援助彼此训练设备、国防科技交流、打击恐怖主义等。东共体重建之前，在坦桑尼亚的倡议下，自1993年肯尼亚、乌干达和坦桑尼亚等东非三国恢复合作，尤其是1996年3月东非合作组织开始运作以来，坦桑尼亚就同肯尼亚和乌干达讨论过三国间的军事合作问题。1997年11月，三国军队总司令达成协议，决定加强三国在国防事务方面的合作。1998年6月，三国进行了联合军事演习。2001年1月，东共体重建后的《东非共同体条约》规定，三国要加强防务合作，以确保本地区的和平、安全与稳定。同年10月，三国签署《国防谅解备忘录》，决定加强三国在军事培训、军事技术、

---

① Albert Mafusire, Zuzana Brixiova. "Macroeconomic Shock Synchronization in the East African Community". *Global Economy Journal*, Vol. 13, No. 2, 2013, pp.261–280.

② Hon Beatrice Kiraso. "Speech at the EAC Consultative Meeting of Parliamentary Committees". August 18, 2009［2016–08–02］. https://appablog.wordpress.com/2009/08/18/speech–by–hon–beatrice–kiraso–deputy–secretary–general–political–federation–at–the–eac–consultative–meeting–of–parliamentary–committees/.

军事情报等方面的合作。2002 年 11 月，东共体首脑会议决定三国采取一致行动，打击东非地区恐怖主义势力。2005 年 9 月，坦桑尼亚、肯尼亚和乌干达军队各兵种在肯尼亚举行了联合反恐演习，三国海关、警察等相关部门也参加了演习。此次演习旨在使三国军队适应时代发展要求，在预防恐怖主义和打击恐怖主义方面实现有效联动。2009 年 9 月，东共体五国在坦桑尼亚举行代号为"乞力马扎罗山"的联合军事演习，各国选派三百名士兵参与演习，演戏内容包括和平支援行动演习、灾难处理行动演习和军演观摩三个部分。同年 10 月，东共体五国在乌干达首都坎帕拉举行和平与安全地区会议，商讨加强成员国间协作、建立区域安全机制等问题，以应对各类安全威胁，同时东共体开始酝酿改革决策机制并欲建立共同体机动部队。

从东共体组织层面来看，重建初期的东共体在和平与安全领域合作方面缺乏战略方向。之后，东共体政府间安全部门委员会（Sectoral Committee on Interstate Security）建议东共体部长理事会设立一个专家小组，通过制订并切实执行安全计划来促进地区安全发展战略的实施。同时，该委员会还建议要通过高度协调和统一发展，使和平与安全活动机制化，并提出了解决地区和平与安全威胁合作领域的具体方式。2006 年东共体第十三届部长理事会采纳了这一战略性建议，在和平与安全部（Peace and Security Sector）的指导下在东共体层面予以介入和干预。为了应对不断出现的安全威胁形式和内容，和平与安全部恪守职责，但在技术升级、情报交流及全球化多层面互动不断影响犯罪类型及变化的情况下，东共体相关能力相对滞后。

为了适应上述变化，东共体和平与安全部根据《东非共同体条约》第一百二十四条规定，出台了一份战略指导意见，以兼容面临的新兴安全挑战。2012 年 1 月，东共体理事会联席会议将会议主题确定为"防务合作、国家间安全和外交政策协调"，并通过《东共体和平与安全战略指导意见》草案，之后获得东共体部长理事会的批准，在反恐、反海盗和反绑架及报复侵犯者等问题上做出最终政策指导。

东共体认为，"和平与安全是保证未来东共体政治联邦的一个稳定的环境"①。显然，拥有和平与稳定的环境会加速东共体民众乃至整个东非地区人民生活水准的提升。上述战略指导意见还涉及跨境犯罪、偷盗机动车、贩毒、洗钱和其他犯罪等方面的合作。②这份战略指导意见实际上也是之后东共体为打击恐怖主义出台的《东非共同体和平与安全协议》的前身，它为东共体地区拥有一个良好积极环境做了前期准备，使个人生命和财产安全得到保障成为可能。尽管直至目前，很多活动仅仅是框架性的，但设立了一个政府间安全部门理事会来监督国家间安全合作领域的执行情况，表明框架性共同防务雏形已就。

从东共体区域层面的实践来看，东共体在共同安全防务领域的主要工作包括：第一，出台警察、监狱、反恐，以及小武器和轻型武器方面的政策和战略。政府间安全部门理事会在第六届会议上批准在每个成员国建立两个警察机构，服务于在不同护卫机构的优秀地区中心，包括交通管理、海警、空警、共同体护卫、灾难管理和反恐。③

第二，推进政策落实。东共体政府间安全部门理事会执行2014年4月的《东部和南部非洲—印度洋海洋安全战略与行动计划》海洋安全领域的行动计划，加速提升调查能力、监狱改革和司法及检控能力。

第三，注重实际问题解决，提升冲突的预防、管理和解决能力。2013年7月1日，东共体早期预警中心投入使用，配备两名技术人员利用公开信息分析数据，做到日日汇报，周周小结。另外，作为预防冲突与和平共存方式的第二届和平与安全大会的召开促进了各方友好对话。建立预防性外交的东共体名人委员会，使东共体早期安全预警机制更为完善。基拉索认为，"作为非洲人，到了我们发展自己的解决方式的时候了，而不要再寻求国际机构了"④。

---

① "EAC Defence, Security and Foreign Affairs Experts Meet to Finalize Regional Peace and Security Protocol" [2016-02-11]. http://www.modernghana.com/news/372059/67/eac-defence-security-and-foreign-affairs-experts-m.html.

② East African Community. *The East African Community, Peace and Security Sector* [2016-05-02]. https://www.eac.int/security.

③ East African Community Secretariat. *East African Community Annual Report 2013-2014*. East African Community, 2014, p.67.

④ "EAC Defence, Security and Foreign Affairs Experts Meet to Finalize Regional Peace and Security Protocol" [2016-02-11]. http://www.modernghana.com/news/372059/67/eac-defence-security-and-foreign-affairs-experts-m.html.

第四，同其他区域组织协调和平与安全方面的授权。将东共体地区解决和平与安全问题的区域组织授权和援助视为必要的补充，这些组织包括：国际刑警组织、地区小武器中心（Regional Center on Small Arms, RECSA）、大湖地区国际会议及联合国、欧盟和非盟。

当然，在地区层面的安全与防务合作实践方面，东共体内外各国之间缺乏应有的有效合作机制。以反恐合作为例，肯尼亚前总统肯雅塔曾表示："恐怖主义的挑战是非常独特的、动态的和冷酷无情的，我们必须作为一个地区和整个大陆共同协作，来擒住恐怖主义这条'恶龙'。"①埃塞俄比亚、坦桑尼亚、肯尼亚、乌干达、卢旺达和布隆迪等国都在同索马里青年党作战，但它们并未进行密切合作，这严重影响了反恐行动的效果。虽然各国已经意识到这一问题，并筹划实行统一的反恐战略，但始终未能取得一致。另外，东共体国家在地区安全防务层面"各怀鬼胎"。坦桑尼亚特别担心相互依赖，其将一体化视为对其资源和农地的一大威胁。当前，坦桑尼亚在安全方面更积极参与南部非洲共同体的相关工作，而乌干达则利用其作为"伊加特"、东共体、大湖地区倡议及东非后备部队等多个组织的成员国身份最大化其地区影响力，而对推进东共体地区层面的安全合作并不积极。②

由上述内容不难看出，东共体规范在安全防务领域虽有推进，但其社会化进程举步维艰，东共体国家力避将组织变成军事联盟，导致其在紧迫的反恐领域也难以实现同盟内部的有效社会化。

第五节　主权原则与地区问题的解决

如前所述，如果不是在安全防务合作领域，而是在争端解决领域的话，东共体规范将会面临重大压力。特别是就坦桑尼亚和乌干达的关系来说，有关不使用武力的规范一直经受着严峻的考验。尽管这些东共体国家避免公开的军事

---

① 王新俊：《非盟和平与安全理事会反恐峰会在肯尼亚首都召开》，《国际在线》2014年9月3日。
② Katja Lindskov Jacobsen, Johannes Riber Nordby. "East Africa's Fragmented Security Cooperation". ISN, September 11, 2013 [2016-02-11]. http://www.eurasiareview.com/11092013-east-africas-fragmented-security-cooperation-analysis/.

对抗，但它们曾经的历史纠葛确实影响了彼此间的军事关系。重建后的东共体并未受到来自军事关系方面的压力，就以坦桑尼亚为例，其已经裁军数万，国内政策重点也已经转向了经济发展。但东共体规范面临的来自国内和国际发展方面的其他挑战日益严峻。其中，主权原则及其衍生的不干涉主义已成为解决共同体内部问题和推进一体化进程的核心挑战。

毋庸置疑，尊重主权原则同东共体实践之间的矛盾已成为重建后东共体地区主义面临的最主要难题。在接受卢旺达、布隆迪和南苏丹加入东共体的问题上，尽管不干涉内政原则已经遇到一定的压力，但南苏丹政局动荡对作为处理地区内部关系的尊重主权原则形成了尤为特殊的考验。即便是在东共体组织内部，自由贸易区和共同市场显示出的种种危机已经被广泛视为对东共体信任度的打折。东共体在推进关税同盟及共同市场谈判中给人造成的印象是东共体的成员国之间存在的重大分歧难以弥合。这无形之中使人们对"同一民族，同一命运"的东共体精神、对成员国团结，以及对东共体精英的信任产生怀疑。

不仅仅在东共体经济一体化进程推进问题上存在争议，东共体政治和安全合作在涉及主权让渡问题上的争议也日趋公开化。如坦桑尼亚在2011年11月召开的布琼拉首脑峰会期间，因拒绝签署互相防务条约，而被指责为导致一体化进程如此之慢的主要原因。①2013年11月，肯尼亚、乌干达和卢旺达在乌干达会议上的行为明显显示出抛却坦桑尼亚和布隆迪的特征。当有人指责东共体未能有效回应危机时，东共体秘书长塞兹贝拉在承认坦桑尼亚、布隆迪和其他东共体国家之间存在裂痕的同时，善意批评了坦桑尼亚曾经在一体化中的消极态度："人们关注国家问题和自己的主权，进而使其失去实现更大蓝图的机会。"②而针对布隆迪因大选造成的冲突外溢风险，肯尼亚前总理奥廷加认为"当国内事务对地区稳定形成威胁时，在适当的情况下，实施集体压力或善意

---

① Ahmed Salim, Aidan Eyakuze. "Tanzania and the East African Community: From Timid Defensiveness to Confident Engagement". *CLKnet Policy Brief.* No. 3, 2012〔2017-08-10〕. http://www.clknet.or.tz/.

② "East Africa: Tensions Threaten East African Community"〔2017-08-10〕. http://www.nigeriadailynews. news/africa/84201-east-africa-tensions-threaten-east-african-community.html.

的举动总是有益的"①，因而敦促东共体领导人任命一个政治家小组来解决坦桑尼亚和布隆迪各自在推进一体化进程中存在的问题，尤其是布隆迪国内政治不稳定问题。

2015年5月6日，东共体特使邀请布隆迪总统恩库鲁兹扎出席5月13日在坦桑尼亚达累斯萨拉姆举行的有关布隆迪国家紧急峰会（State Emergency Summit），特使团由肯尼亚、坦桑尼亚和卢旺达三国外交部部长组成，特使团之访的调查旨在收集"尽可能多的客观信息"②。坦桑尼亚外交部部长门姆贝认为："既然布隆迪宪法法院已经发布裁决结果，我们来确保拒绝暴力，保证举行自由、和平、公正的选举。"特使团还会见了布隆迪各政党领导人。事实上，恩库鲁兹扎第三次成为总统候选人，破坏了2000年的《阿鲁沙和平与和解协议》。③在此背景下，布隆迪政局出现动荡，首先是军事政变，之后是社会骚乱。从区域政治角度看，布隆迪总统大选引起的乱局本质上折射出的是区域规范同主权原则之间的矛盾，考验着东共体组织捍卫规范的能力。

2015年5月14日，东共体第十三届特别首脑会议讨论布隆迪局势，并形成决议：谴责在布隆迪的军事政变，呼吁回归宪法秩序；鉴于布隆迪形势，条件不利于布隆迪选举，首脑会议呼吁当局推迟选举，而不要超越当前政府的授权；随着地区继续与利益攸关方协商，以确保布隆迪形势正常化，并在宪法、法律及《阿鲁沙和平与和解协议》的规范之下举行自由、公正与和平的选举，首脑会议谴责并呼吁各方保证停止暴力；如果布隆迪不停止暴力或暴力升级，地区将不会袖手旁观。④这是自东共体成立以来，对一个成员国内部政治事务介入程度最深的一份决议。不仅如此，东共体借助布隆迪问题完成了之后为解决地区问题的一个重要的创制任务，即成立"政治家小组"（Statesman Panel）。"政治家小组"的提议实际上在经济一体化遭遇困境时（这里主要指统一货币

---

① East African Community. "East African Community: Tensions Threaten to Split Bloc". *Africa Research Bulletin: Economic, Financial and Technical Series*, Vol. 50, No. 10, 2013.

② Xinhua Agency. "East African Envoys Invite Burundi President to Attend Emergency Summit". Xinhua Net, May 7, 2015［2017-08-11］. http://news.xinhuanet.com/english/2015-05/07/c_134216151.htm.

③ 该协议规定，布隆迪总统连任不得超过两个任期。恩库鲁兹分别在2005年和2010年当选布隆迪总统，但布隆迪宪法法院裁定恩库鲁兹扎拥有总统选举资格。

④ South African Government. "Presidency on 13th Extra Ordinary Summit of East African Community Heads of State". South African Government, May 14, 2015［2017-08-11］. http://www.gov.za/nso/node/738452.

谈判停滞不前）就被提出讨论过，当时虽未被通过，但其观念已被深深植入东共体处理地区内部问题之中。"政治家小组"被希望用来处理东共体所面临的诸多新的跨国问题，包括难民问题、人权问题及跨国犯罪问题。不言而喻，这些问题均需要超越东共体传统主权原则和不干涉思维的某种方式才可能解决。如今，"政治家小组"已成为东共体对区域内处理跨国经济和社会问题甚至和平与安全问题解决手段不足的一种重要补充。这种方式有助于提高地区事务透明度，起到提前预警的作用。

但由于跨国问题对东共体国家政治稳定和安全影响重大，"政治家小组"的建立不仅反映了推动经济一体化落实过程中破解超越主权原则行事的一种需要，也反映了在诸如南苏丹难民流入东共体领土的情况下，东共体向南苏丹政府施加压力的一种需要，并且同是《东非共同体和平与安全协议》预防性干预观念的具体化。令人遗憾的是，《东非共同体和平与安全协议》并未得到所有成员国的国内法律的支持。①因为各国国内的主流观点认为，不干涉虽然在过去没有发挥作用，但也并未妨碍一国政府真诚坦率地发表对其他成员国的国内问题的看法。因此，肯尼亚提出的并写入协议中的观点并未得到普遍认同，坦桑尼亚甚至认为肯尼亚提出该建议，是企图全面主导东共体。这种怀疑也许是正确的，但针对这一规范的争论，多多少少暴露了东共体内部难以弥合的分歧。坦桑尼亚就是公开反对在某种程度上牺牲主权进而出现干涉他国内政的互防协议，其国防与国民服务部部长姆维尼纳霍扎认为，在合作中生成一种适当友好关系才是我们集体生存的关键。②需要指出的是，正是成员国长期坚持这种不干涉，才成就了自东共体重建以来成员国之间没有爆发上规模的军事冲突。前东共体秘书长姆瓦帕祖曾在一次采访中谈到，对东共体国家造成伤害的最有效且最快速的方式，就是评论成员国如何处理种族、宗教和其他意识形态等敏感问题。③显然，一种鼓励其他东共体国家指责或评论另一国家国内政治

---

① 此协议至今仅卢旺达和肯尼亚两国议会批准。

② Dares Salaam. "Tanzania Rejects Asylum Request by Eritrean Footballers". ASSENNA.com, October 13, 2011 [2015-10-21]. http://assenna.com/tanzania-rejects-asylum-request-by-eritrean-footballers/comment-page-1/.

③ Calestous Juma. "Juma Mwapachu: Legacy of an Entrepreneurial Leader". *The East African*, April 18, 2011; The SID Forum. "Back to the Future: SID President AMB. Juma V. Mwapachu Interviewed" [2015-12-22]. http://www.sidint.net/content/back-future-sid-president-amb-juma-v-mwapachu-interviewed.

局势的政策只会弱化政权安全。值得一提的是，东共体正式文件中一方面逐渐放弃超越主权提议任何话语和规定，而另一方面却暗暗地在实践中进行诸多超主权尝试。东共体的如此做法有其充分考量，即任何背离尊重主权原则的立场尤其会引起坦桑尼亚和布隆迪的警觉，这两个国家特别担心超主权预防性介入会损害其国内政治稳定和政权存在。因此，尊重主权原则和不干涉至今并未被颠覆，而东共体仍坚持这一规范的主要原因也不难据测。

首先，历史因素。殖民时期边界的随意划分造成当前东共体国家之间及其与邻国存在诸多纠纷和跨国问题，包括：领土纠纷、资源纠纷、跨国居民、种族冲突等。这些因素不仅敏感，且牵涉主权最核心之处也是最易受到域内外势力介入的。

其次，民主与人权因素。东共体议程设置中日益突出人权和民主问题。不管是内部民众的民主要求，还是西方对东非地区的民主化压力，都促使东共体成员国认识到提升人权水平和民主效率的必要性，进而使重建后的东共体在人权与民主方面形成了一种共同立场来回应欧美的指责和压力，最后发展为《东非共同体条约》中的一种规范。东共体的一致共识从侧面反映了该地区精英们的信念，即认为非洲存在一种"非洲价值观"。[1]在人权问题上，东共体许多决策者和学者反对照搬照抄西式民主观念，并认为推行西式民主最终将会损害东共体地区秩序的基础，而这些基础是建立在国家主权神圣不可侵犯和不干涉成员国内部事务的原则之上的。

再次，跨国或跨境问题。该问题以难民问题最为典型，它引起东共体内部相互之间关系的紧张，也对东共体的主权和不干涉规范形成了挑战。南苏丹、索马里及刚果民主共和国三国的长期内战再加上20世纪卢旺达和布隆迪两国内战，产生了数以百万计的难民，使东共体国家被难民所包围。难民数量的增多所造成的跨国界后果明显，难民遍及东共体国家的众多地方。国际难民署的估计数据显示，每年东非地区难民造成的经济损失高达100亿美元以上。而且，由于难民的大量涌入，肯尼亚、乌干达和坦桑尼亚等国不得不采取激进手段。尽管通过东共体框架来解决难民问题并未得到多少地区支持，但对该问题的争议

① 李新烽：《非洲文化的人文价值观》，《半月谈》2014年第13期，第35—36页。

至少表明，东共体国家需要对难民进行更好的管理。同时也表明，东共体成员国需要共同应对共同问题，而这种共同应对包括在不干涉主义原则问题上妥协。

总体来看，在面对诸多牵涉主权原则的具体事务时，东共体国家的领导人一方面倾向于通过建立信任、设定一种协商程序、相互包容，以及寻求共识等方式实现合作；另一方面却又普遍不愿意建立制度及依靠法律和认同的规则来解决问题。

但毋庸置疑的是，重建后的东共体地区周边安全环境恶化和内部一体化进程的曲折表明，东共体区域主义的核心目标，包括处理地区内部争端、塑造对地区问题的共同理解和处理方法，都是发展一个安全共同体的关键。东共体区域主义的这些核心目标在实现过程中已或多或少地正在结束这种主权原则外衣束缚的不干涉原则的支配。随着跨国活动的明显增加，各国国内诸如人权、环境、食品和卫生等问题日益突出，并不断进入东共体各级会议议程之中。在处理国内问题时，东共体已超越了不干涉主义原则，寻求到了一种创造性介入政策，凭借多边路径更为有效地处理这些问题，而对这些问题的成功处理，在一定程度上促进了地区认同的发展。这也是东共体一直所效仿的欧洲一体化成功的真谛所在。

但在东共体成员国内部，尤其是坦桑尼亚等特别担心主权问题的成员国，对东共体所提出的制度化方案及时间表经常持软抵抗态度。①如果得到东共体各国政府授权，要对该地区的突发危机做出回应的话，在东共体当前体制形式下，这种回应通常是无力的或是迟滞的。从理论角度看，多元安全共同体并不假设国家主权完全消失，但是要使安全共同体达到成熟程度，东共体国家需要达成对共同问题的一致共识，并且要将其逐渐诉诸多边合作来解决实际问题。东共体决定不放弃不干涉规范，实际上仍是出于实用主义的考量，这就导致用一种二律背反的方式证实了东共体传统规范的生命力。不过，这种现状也表明，外部挑战、跨国问题及国内政治变化等合力因素使东共体国家内部之间产

---

① Katja Lindskov Jacobsen, Johannes Riber Nordby. "East Africa: Regional Security Organizations and Dynamics". *DIIS Policy Brief*, August, 2012［2016-09-28］. http://www.operationspaix.net/DATA/DOCUMENT/ 7415~v~East_Africa__Regional_Security_Organisations_and_Dynamics__EASF_EAC_and_IGAD_-_What_s_ the_Difference_.pdf.

生分歧，分歧集中在东共体最为本质的且存在已久而又备受推崇的一个原则。对尊重主权原则及其衍生的不干涉主义是持续恪守，还是适当实现制度化超越，以及东共体是否有能力转变为更深层次的、兼具地区主义特征的成熟的安全共同体，还有待进一步观察。

第六节　东非共同体内部的民主化

东非地区形势一直处于变动之中。东共体一体化进展使该地区民主化进程通过该组织机构的活动和行动，正在悄然发生着深刻的历史变化。东共体组织机构同其他政府间组织类似，在许多领域运用相似的方式实现了哈斯等功能主义理论们所谓的"民族国家的功能"（这并不意味着东共体获得了威斯特伐利亚意义上的传统主权）。换言之，区域组织成员国已在有意或无意之中，通过履行条约义务转移了主权，形成了所谓的"共享地区主权"[1]或"主权地区国家"。[2]当然，这也并不意味着区域组织都拥有欧盟相对的"独立性"。当然，东共体有着走向这种相对独立性的迹象。

2006年，肯尼亚在其东非议会议员选举中，决定遵守并采用东非法院通过的法令，这一举措不仅被认为东共体拥有了一定的地区影响力，还被认为东共体进入了相对于成员国的"东非化"（Eastafricanisation）新兴主权的进程之中。[3]显然，这是由东共体推进区域一体化引起的成员国国内政策变化的结果。[4]换言之，区域组织成员国在收到区域组织的指令后，改变了其既定的政策。众所周知，在欧盟错综复杂的治理体系及其实践中，有学者将"欧洲化"（Europeanization）描述为"国内政策逐渐屈服于欧盟政策的过程"[5]。客观而

---

① Vivien A. Schmidt. "The Europen Union: Democratic Legitimacy in a Regional State?". *Journal of Common Market Studies*, Vol. 45, No. 5, 2004, pp.975-997.

② Robert O. Keohane, Stanley Hoffmann. *The New European Community: Decisionmaking and Institutional Change*. Westview Press, 1991, p.79.

③ Bheiki R. Mngomezulu. "What does the Africanisation of a University Entail? Lessons from East Africa". *Affrika Journal of Politics Economics & Society*, Vol. 3, No. 1-2, 2013, pp.97-113.

④ Maarten P. Vink. "What is Europeanization? And Other Questions on a New Research Agenda". *European Political Science*, Vol. 3, No. 1, 2005: 63-74.

⑤ Tanja A. Börzel. "Towards Convergence in Europe ?". *Journal of Common Market Studies*, Vol. 37, No. 4, 1999, p.574.

言，东共体国家已有形或无形进地入了东非地区化的进程之中，其中，东共体内部民主化社会化过程表现最为突出。

随着成员国和区域组织之间通过决策程序持续分享共有主权，东共体民主化的程度尽管还比较弱，但已逐渐扩散并植根于整个东共体地区范围内。

从理论角度看，共享主权的概念①有着国内和地区甚至全球层面的意义。如前所述，东共体是建立在六大规范与原则基础之上的。其中，多数原则在类似的国际组织中均有相似的表述和规定。通常认为，组织机构做出的决策往往意味着原来厘定的规范与原则已部分或全部实施了，且一旦实施起来，这些规范就会国内化、宪政化。2006年东非法院反对肯尼亚的东非议会议员选举结果事件，就已显示出某种程度上的"民主法治地区化或国际化"了，导致肯尼亚国家立法机构不得不将其选举程序民主化。当然，也有学者认为，东非法院缺乏制度支持和权威认同，妨碍了其在区域层面的法律功能的有效实施。客观而言，肯尼亚将法治和民主等东共体规范原则国际化，已表明成员国接受镶嵌在影响地区主权条约中的规范性规定，这在无形之中对其他成员国在东共体层面和国家层面理解与执行这些规范产生了重要影响。

当前，东共体主要扩大并巩固了经济政治和社会文化的互动成果。成员国和地区组织是这些法定程序的主要行为体或驱动者，二者起到休戚与共和互补的作用。需要强调的是，东共体旨在促进该地区经济社会发展和政治民主化。前述表明，东共体最为重要的实施原则及要达到的首要目标是以人为本和市场驱动的经济一体化。因此，《东非共同体条约》强调的是东非人民的自主权，这种影响注定落在东共体民主和合法化进程中。然而，东非人民和东共体之间缺乏清晰对接是个不争的事实，除非条约授权东非人民直接参与东非议会议员选举，否则东共体民众难以拥有真正的东非公民权，民主扩大也就难以真正植根于和实现于东共体内部。②2002年东共体政治联邦首届大会与会委员们在第十一轮会议讨论中普遍认为，有必要通过本地区全民公投来决定一体化的重大

---

① 本研究中使用的"共享主权"界定为"一种通过条约义务，成员国接受限制其主权并在一些领域让渡主权"。参见朱毓朝：《民族国家、民族主义与国际政治》，载王建伟主编：《国际关系学》，中国人民大学出版社2010年版，第四章。

② Korwa G. Adar. "Fast Tracking Federation: A Problematic Dynamic?". Rok Ajulu. Ed. *A Region in Transition: Towards a New Integration Agenda in East Africa*. Institute for Global Dialogue, 2010, pp.64–98.

决策。从当前东非议会运作的实践来看，东共体在区域层面推进的民主规范正逐渐被成员国接受并使之地区化，出现了以下几种特点。

第一，认同国际普遍原则，以性别平等为切入点，实现区域层面社会合法性的输入。1998年，肯尼亚、乌干达和坦桑尼亚三国的性别专家就曾开会讨论过性别平等问题。他们认为，未来战略规划需要将实现包括女性在内的所有利益攸关方纳入考虑范畴，东共体的发展和可持续性一体化进程视利益相关者的参与而定。在此观点推动下，1999年的《东非共同体条约》高度认同女性在发展和促进一体化进程中的地位。其中第一百二十一条规定："在社会经济发展的所有方面，尤其在决策方面，积极授权女性有效参与一体化进程"；"废除歧视女性的立法和习俗"；"推广那些有效的、旨在改变歧视妇女态度的教育计划"；"建立或采取确保女工拥有稳定就业和升职的制度"；"采取措施消除歧视女性，在一切计划中促进男女平等"。①在商务有关的方面，条约也规定了妇女拥有她们期待中的地位。更为详细的是，人们期待在东共体和成员国内部落实切实提高妇女地位的政策。

2015年统计数据显示，布隆迪女性文盲率为83%，坦桑尼亚为76%，肯尼亚为75%，卢旺达为68%，乌干达为67%。②此外，农业作为东共体的主要就业领域，布隆迪96%的女性从事农业劳作，肯尼亚为76%，坦桑尼亚为71%，卢旺达为84%，乌干达为77%。③2017年3月8日，东非立法大会通过《东共体性别平等与发展法案》（*EAC Gender Equality and Development Bill*），旨在进一步细化现存性别框架文件的实施过程。该法案被普遍认为是东共体国家在贸易政策中使妇女大范围进入主流职业领域的重要机会。④之后的东非各国的实践也表明，上述规定为提升东非地区女性地位打开了一扇窗。

---

① East African Community. *The Treaty for the Establishment of the East African Community*. East African Community, 2002, p.95.

② UNCTAD. "East African Community Regional Integration: Trade and Gender Implications". UNCTAD Nation, February, 2017, p. x ［2018-05-06］. http://unctad. org / en / PublicationsLibrary / ditc2017d2_en. pdf? utm_source=UNCTAD+Media+Contacts&utm_campaign=b444cc15a7-EMAIL_CAMPAIGN_2018_05_08&utm_ medium=email&utm_term=0_1b47b7abd3-b444cc15a7-64982837.

③ Ibid.

④ Nursel Aydiner-Avsar. "Gender Impact of Regional Integration in the East African Community". Centre for International Governance Innouation, April 3, 2018 ［2018-05-08］. https://www. cigionline. org / articles / gender-impact-regional-integration-east-african-community.

　　第二，以欧盟经验为蓝本，强调公民社会及参与东共体决策，实现区域层面社会参与民主政治的合法化。"缺乏强大的公民社会"是东共体曾经瓦解的一个重要原因。因此，《东非共同体条约》将公民社会和私有领域作为区域一体化和总体发展的重要组成部分。当前，虽然乌干达和布隆迪的民主化程度有限，但东共体民主的开放空间较大，这给东共体范围内跨境公民社会的形成提供了前所未有的机会。由于民主化潮流正在席卷整个东非地区，公民社会和其他利益攸关者将有更多的机会参与东共体的转型和发展进程。公民社会和其他非政府组织的参与和以东共体参与者的身份活动，对东共体一体化可持续性发展有着至关重要的作用。不少公民团体已同东共体机构合办会议，联合工作。其中，不少非政府组织为了同东共体建立信任关系而同东非议会合作。本质上，东共体一体化的探索计划就是市民社会与东共体的互动。有位学者曾敏锐地指出，"一个强大而活力十足的市民社会至关重要，如果我们要实现令人振奋的东共体目标，东共体必须在经济上是繁荣的，东共体范围内的标准必须是宪政主义、民主、善治、司法正义、管理公正、高效率的；认同、遵守、尊重、保护和促进东共体所有民族的人权"[1]。

　　在国家和地区层面，公民组织已成为东共体地区内选举监督的积极参与者。如坦桑尼亚的善治运动（Campaign for Good Governance）、选民教育信任组织（Voters Education Trust）、国家青年论坛（National Youth Forum）以及都纳米斯应用研究和咨询组织（Dunamis Applied Research and Consult）等一直参与监督本国东非议会议员选举的整个过程。在肯尼亚和乌干达，类似的公民组织也在国家和地区层面参与选举监督工作。这种监察机制非常重要，在相当程度上决定了选举过程中是否坚持公正自由原则。上述在坦桑尼亚参与监察的公民组织设定的目标是：评估选举结果是否自由公正；在肯尼亚、坦桑尼亚和乌干达三国监察东非议会的整个选举过程，包括《东非共同体条约》第五十条第1款的执行情况、候选人的注册情况、选举宣传、投票、计票及评估最终选举结果；监督并评估选举管理的公平性；总结选举经验教训，提升选举效率

---

[1] Donald Deya. "The Emerging East African Federation and Its Implication for Civil Society, Governance and Accountability, Particularly in Tanzania". *Policy Forum*, January 27, 2006, p.8.

和公正性。选举监督员的参与虽因东非国家政治环境及其政策规定而受到很多的限制，但在许多方面仍贡献颇多。

东非地区的公民组织和非政府组织受到限制和约束的主因仍是难以超越《东非共同体条约》，因为该条约是由民族国家缔结的。[1]客观而言，公民组织和非政府组织在参与东共体建设上仍处于起步阶段，但在地区一体化进程中是一个重要发展领域。除公民组织和非政府组织外，私人部门也可能会在东共体一体化进程中起到积极作用。随着以人为本的理念的深入发展，私人部门有望起到三个层面的作用。首先，东共体的特征使人们通过私人机构来参与社会发展；其次，私人机构的多元性为国家和地区层面东非民众和其他利益攸关者提供了更多机会；最后，通过私营机构的发展，"区域经济的利益共享会给东非人民带来广泛的收入"。

第三，强调大小国家平等，实现成员国之间的民主。东共体首脑峰会通过诸多会议，达成共识，出台了多项决议，强调成员国之间的平等性。首脑会议允许成员国之间的辩论，但不支持本质上属于赢者通吃的多数原则制度。具体而言，东共体缔造者们预想到该组织未来可能面临的难题，设定了当议题讨论出现僵局时，首脑会议通过整合共识，做出决策。20世纪60年代建立的东共体，其政府首脑或元首权威会议中的分歧，尤其是尼雷尔与阿明之间的分歧是造成东共体运作失衡并最终瓦解的重要因素。由此可见，《东非共同体条约》的起草者们考虑到这一潜藏的历史教训，在处理首脑会议可能出现的僵局时设定了首脑会议的平等原则。

理论上，东非议会应作为扩大和巩固地区民主的监管机构。客观而言，特定的运行机制和组织架构限制了东非议会通过立法成为负责促进地区民主的机构。首先，根据《东非共同体条约》，每个成员国选举产生9名东非议会议员，显然并未考虑各成员国的人口数量的差别和经济贡献的不同。东非人口约有1.27亿（有统计认为约1.35亿），东非议会共有45名议员（除南苏丹外），平均每名议员代表300万人。9名东非议会议员同其所代表的人口相比，差别更为

---

① Joe Oloka-Onyango. "Who Owns the East African Community?". A Paper Presented at the DENIVA Dialogue on the East African Community, November 23, 2003.

凸显（见表6-2）。布隆迪、肯尼亚、卢旺达、坦桑尼亚和乌干达五国中每位议员代表的人数分别约为90万、400万、100万、500万和300万。此外，成员国对东共体的经济贡献也存在着类似的不协调。平等原则严重限制了按人口多寡实现代表比例的原则。因过于强调成员之间的平等，东非议会的真正民主缺少建立在人口比例的公平原则基础之上的科学性。一言以蔽之，选民依附于代表更甚于其他政府官员，才能够让影响其选区的问题受到公共关注，也才能使东共体国家之间的民主化存在实质影响，东共体规范社会化才能真正实现。

表6-2　东共体国家的社会经济与政治指数

国家	国土总面积（千平方公里）	人口（百万）	人口增长率（%）	安全饮水率（%）	实际GDP（百万美元）	GDP实际增长率（2008年）	人均GDP（2006年）	GDP（亿美元）（2006年）	政府外债率（GDP%）（2008年）	通胀率（2006年）	军队人数	东非议会代表数	EAC年贡献（美元）
布隆迪	28	8	2.7	71	864	3.6	119	20	126.7	3.1	35000	9	4296532
肯尼亚	583	38	2.7	57	19842	7.0	725	170	17.9	11.5	24000	9	4296532
卢旺达	26	10	2.6	86	1973	7.9	365	40	15.4	5.5	33000	9	4296532
坦桑尼亚	939	40	2.9	67	10154	7.1	440	110	30.7	5.2	27000	9	4296532
乌干达	242	31	3.4	68	9123	8.6	473	90	11.7	6.5	45000	9	4296532
东共体	1818	127	3.4	82.8	83912	8.2	424.4	430	40.5	6.4	164000	45	21482660

其次，《东非共同体条约》规定，成员国的国民大会（National Assembly）负责东非议会议员的具体选举工作，这在很大程度上涉及议会本身及代表合法性问题。由于在共同体内缺乏统一的选举程序，得到授权的每个成员国在选举代表时，实际上遵循的是其本国选举法及相关规则。《东非共同体条约》第五十条第1款规定："成员国议会选出九名议员，尽可能在不同政党、不同意见、不同性别及成员国其他特殊利益集团中产生议会代表。据此，成员国议会可自

行决定选举方式及程序。"不难看出，这种间接选举程序侵蚀了大众参与原则和个人主权原则。具体而言，正是选民把主权权利授予当选代表，当选代表再代表选民来制定法律的。这是自由民主的关键，也是《东非共同体条约》所规定的。但是，共同体创立者们感兴趣的似乎是国家代表而非人民代表。因此，东共体和东非人民之间没有清晰的对接。

多年来，各界人士不停呼吁东非议会应成为东共体与东非人民联系的纽带。有代表认为，"组建东非议会的主要考虑之一，就是要将东共体建设成东共体与东非人民的纽带"①。为弥合与现实间的落差，东非议会采取了所谓的"通过东非议员在各成员国巡回演讲的方式，把议会带给人民"②。有东非议会议员承认，东非议会运行不规范，但它们至今未通过任何法律，也未提出任何要求让成员国采取直选的民主方式来选举东非议会议员。严格意义上，区域一体化进程中应以自由民主为基础，巡回演讲代替不了大众参与选举东非地区人民的主权权利。③

不难看出，从个人到选区，东非议会剥夺了人们效忠对象的授权和立法权威。④《东非共同体条约》授权政党和其他利益集团参与提名，之后由东非议会代表的议会选举把效忠转移到提名机构来反对选民。例如，在肯尼亚和坦桑尼亚，议会中有代表的政党是负责提名和选举东非议会代表的关键博弈者。在乌干达，那些"无党派民主人士"必须得到至少五十名国内议员的支持才有资格参选，⑤同时还要符合东非议会议员提名，且参加选举的个人必须符合特定标准：有成员国公民身份；非乌干达在职议员；不是成员国的部长，也不是东共体的职员；等等。简而言之，在此问题上，东共体层面实现了成员国之间的

---

① East African Community Secretariat, EALA. *Report on the Seminar on Roles and Mandate of the East African Legislative Assembly*. East African Community Secretariat, EALA, 2004, p.26.

② Korwa G. Adar. "New Regionalism and Regional Reconstruction: The Case of the East African Community". *Politeia: Journal for Political Science and Public Administration*, Vol. 24, No. 1, 2005, p.44.

③ Osita Eze. "The Electoral Process for Members of Regional Parliaments: Similarities, Differences and Cost Implications". A Paper Presented at the Workshop on the Role of Regional Parliaments, May 9-12, 2004.

④ Adams G. R. Oloo. "The EALA and the National Assemblies of Partner States: Conflict or Harmony?". Rok Ajulu. Ed. *The Making of a Region: the Revival of the East African Community*. Institute for Global Dialogue, 2005, p.84.

⑤ Richard Gibb. "Regional Integration and Africa's Development Trajectory: Meta-Theories , Expectations and Reality". *Third World Quarterly*, Vol. 30, No. 4, 2009, pp.701-721.

民主，但在各成员国国内并未真正实现。

第四，虽然强调区域机构的功能，但超国家主义的构建能力有待提升。东共体同其他政府间组织一样，其活动主要由国家驱动和精英主导。首脑会议是最高决策机构，负责该地区机构的总体指导。[①]《东非共同体条约》第四条规定，共同体可以作为国际法人独立存在，代表共同体的机构所影响的决策程序赋予地区组织这种权威。为了承担法定义务和责任，东共体作为促进并巩固其法律上的功能性的机构而存在，即作为一个地区主权实体而存在。[②]但最具代表性的超国家机构——东非议会，缺乏独立的主权权威，尤其涉及首脑会议、部长理事会、协调委员会、各国议会等等。东非议会在制度层面、结构层面和操作层面集中了大量弱点。一方面，《东非共同体条约》第五十九条规定，东非议会是立法机构，每年召开年度大会，主要任务是处理大量且重要的影响东共体的事务，这使东非议会立法权威性大打折扣；另一方面，《东非共同体条约》授予包括首脑会议的立法功能的全权，同样说明东非议会的自治和立法权威严重不足。简而言之，成员国及首脑会议（每年至少举行一次峰会）、部长理事会（每年举行两次会议，必要时举行特别会议），以及协调委员会（每年至少举行两次会议）使东非议会的超国家作用被限制在最小范围之内。另外，即使东共体机构在许多方面得到授权，拥有清楚的功能定位，但功能重叠领域、互补性及共生关系比比皆是，制度管理与运作对接并不存在。

第五，强调以人为本，但人权保护不足。东非安全地区形势脆弱，在东共体范围内，人权是个争议较大的问题。除了坦桑尼亚未发生过残酷的内战，东共体其他成员国都不同程度地有过内战经历。2007年12月，肯尼亚大选造成的基库尤族与卢奥族之间的大规模暴力冲突不仅引起该国的政治生态问题，也波及东共体的生存问题。如果之后的形势未得到有效控制，造成的后果可能是灾难性的。首先，作为东共体的经济发展的引擎，肯尼亚如果未能解决冲突，那么可能会使该地区产生连锁反应，甚至造成共同体再次瓦解。多年来，肯尼亚在东共体经济中处于主导地位，它是唯一持续在东共体内部贸易平衡中取得

---

① 李伯军：《当代非洲国际组织》，浙江人民出版社2013年版，第128—130页。
② Anne Pieter van der Mei. "Regional Integration: The Contribution of the Court of Justice of the East African Community". *Heidelberg Journal of International Law*, February 12, 2009, pp.403-425.

优势的国家，其经济对坦桑尼亚的经济影响相当大。其次，在选举结果出现争议和出现骚乱后，乌干达是唯一承认基巴基总统赢得大选的国家。联合国前秘书长安南及其非洲名人小组成功斡旋解决了这场政治危机。2007年的肯尼亚大选暴力不仅导致1500人丧生，而且践踏人权的活动此起彼伏。①

虽然《东非共同体条约》规定以人为本，但并未设置地区人权保护机制。尽管如此，东共体为了实现人权保护的善政目标，还是积极推进人权保护机制建设工作。2009年10月，东共体在基加利设立民族人权机构会议（National Human Rights Institutions），用以探讨"促进和保护东共体人权"的措施和实施路径，为东共体国家探讨未来人权问题提供了一个交流平台。这次国际会议提议实现这些目标：实施问责和善政；鼓励在法律机制框架下处理选举期间传播恶毒话语的行为；出台共同标准，统一全程监控各国选举过程；民众有权了解选举的权利和义务；在可能践踏人权的情况下，发布预警，要求政府迅速回应。②

2010年7—8月，在肯尼亚新宪法公投活动中，有人告发某些被推荐的议员曾发表过仇恨言论，使人权保护问题再次凸显，加之当时苏丹总统巴希尔正在肯尼亚访问，使国际人权组织、非政府组织及肯尼亚民众普遍怀疑肯尼亚政府所承诺的国际义务。③事实表明，国家主导下的人权机制和机构制度的作用和权力是非常有限的。2007年肯尼亚践踏人权、2010年布隆迪和卢旺达对人权的践踏，以及2015年布隆迪大选中出现的大量暴力事实已经证明，东共体建立的国际人权机构所能做的仅仅是记录这些暴行而已。

第六，东非法院输出的合法性能力初显。应成员国当事方请求，东非法院可仲裁东共体或其成员国为一方的问题协议。法院规定实行多数裁定原则，尽可能独立运作。2006年，肯尼亚东非议员选举合法性引起争端。肯尼亚议员尼勇和其他十名原告提起诉讼，控告肯尼亚总检察长阿莫斯·瓦科等五名被告，肯尼亚国民大会（Naitonal Assembly of Kenya）的职员向东非议会递交一份肯

---

① Korwa G. Adar. "The Riparian States of the Nile River, their National Interests and Regional Stability". *African Sociological Review*, Vol. 11, No. 1, 2008, pp.100–105.

② "Declaration of Kagali". October 28, 2009［2016-01-12］. http://www.kitu0cha-katiba.org.

③ 国际刑事法院判处巴希尔犯有战争罪和反人类罪。肯尼亚在2005年签订了《罗马条约》，根据条约，肯尼亚应当将巴希尔逮捕并引渡给海牙国际法院。

尼亚非法代表名单，要求东非法院"解释并将条约应用到肯尼亚的东非议员的提名和选举过程中去；宣布肯尼亚国民大会使用的选举规则破坏了《东非共同体条约》第五十条；宣布肯尼亚东非议会议员的选举、提名过程无效；指令肯尼亚遵守《东非共同体条约》第五十条，重新进行提名和选举；宣布肯尼亚副总统和政府商务领导人及国家彩虹联盟党主席（National Rainbow Coalition）无权决定肯尼亚在东非议会的代表人选；重新限制并禁止东共体秘书长和东非议会职员集会，承认并管理办公室宣誓或主持或参与发言人的选举或发布任何肯尼亚东非议会代表认可的任何消息"。

肯尼亚总检察长和其他应诉者提出反对意见，涉及东共体及其成员国的关键法律问题，主要集中在这几点：一是东共体法院缺乏决定该案的司法权，《东非共同体条约》第二十七条第1款规定司法权受到限制，"法院拥有解释和应用该条约的司法权"[①]。二是《东非共同体条约》第五十二条第1款将司法决定权留给了成员国机构。该条规定，"由任何当选议员或席位空缺所产生的任何问题，应由成员国相关机构决定"，但根据《东非共同体条约》，东非法院有权决定"由成员国的行动或东共体机构颁行的任何法案、规定、指令、决议或行动的合法性"。该条约第二十七条规定，居住在成员国的任何人都可以参阅法院决议，任何成员国或共同体机构的任何法案、规定、指令、决议或行动不能与该条款相抵触。

对于肯尼亚东非议员选举的合法性问题，东非法院的结论是："如果肯尼亚东非议员选举非法，那么就要重新选举，我们对东非议会和东共体本身能经受住不可修复的破坏感到满意。"东非法院的结论最终迫使肯尼亚议会利用其国内选举程序，但侵犯了其主权。具体说来，东非法院的规定可解读为地区主权凌驾于成员国主权之上的国际法规则。这是东共体根据条约建立起来的超国家法律秩序的一个重要案例，即建立了东共体主权，这也超越了国家宪法中的主权神圣不可侵犯的理论。因此，有人认为东非法院正在将至高无上机制慢慢地植根于东非地区。尽管成员国对此规定表现出敌意，但东非法院在东共体内

---

① East African Community. *The Treaty for the Establishment of the East African Community*. East African Community, 1999.

置于优先地位的决议为在东共体机构治理的认同方面打下了基础，并开启了长征之道。①

第七，国家对区域层面民主化的约束与控制仍旧明显。《东非共同体条约》（包括2007年修正版）没有将成员国主权通过参加选举程序授予东共体人民，这是东非地区民主化受到制约的主因。具体说来，东非人民没有直接参与选举东非议会议员的权利（这些代表是代表人民利益的，负有立法责任）。《东非共同体条约》第五十条规定，从政党提名候选人到所在国国家议会的东共体议会代表的选举，国家主导并控制整个选举过程。这一条款足以说明，成员国在决定重建东共体时，并未征得东非人民的同意。2004年东共体为了快速实现东共体政治联邦，首脑会议通过成立东非联邦快速推进委员会来研究其可行性，这一举措充分显现出民族国家主导东共体一体化的进程。因此，有学者批评道："没有征求人民的意见，试图快速建立东非联邦的最初路径有悖于《东非共同体条约》的精神和相关规定，这远离了以人为本的共同体精神，这是选择了一个以领导人为本的共同体。"②

国家对东非议会代表选举问题的制约有三点值得关注。首先，成员国政党仍纠缠于拓展其国内民主生存空间，即如何巩固制度架构以获得东非议会的提名；其次，在个人控制的多数地区，政党利用裙带关系，决定着东非议会议员候选人的资格。它们在提名过程中通过贿赂、购买选票、操控选举等多种方式打击反对派和反对党，产生选举过程的非民主化现象；最后，乌干达国内法特例。1995年乌干达穆塞韦尼政权与反政府武装实现政治和解，出台了新宪法。依据该宪法，乌干达拒绝政党制度，故不存在多党竞选东非议会议员的问题。乌干达《宪法》第二百六十九条实质上就是禁止政党的条款："禁止开放并启动政党分支办事机构；禁止举行代表大会；禁止一切可能为任何公开选举的候选人提供宣传或竞选的平台；禁止从事可能干扰政治制度的任何活动。"③本来公民组织能够参与宣传和进行大众教育，但乌干达对东非议会代表选举的限制

---

① 2010年8月东共体法院命令肯尼亚政府通过总检察长支付两百万美元的诉讼费。
② Paulie Kabudi. "The East African Federation: Legal Framework and Legality of Decisions". A Paper Presented at the 10 Workshop on Democratic Transition in East Africa, September 6–7, 2007.
③ *The Consitution of the Republic of Uganda* (1995) [2015-06-28]. http://en. africatime. com / ouganda / documents/constitution-republic-uganda-1995.

前所未有。[①]因此，东共体国家在未来的选举中，有两条路径可选择。如果选择乌干达路径，那么就意味着东非人民和公民社会的参与权和主权权利受到控制甚至被彻底剥夺，东共体就难以在区域层面实现真正的民主化，政治联邦的理想也将永远是海市蜃楼。

---

① Yasin Olum. "Election of Members of the East African Legislative Assembly: The Case of Uganda". *Uganda Living Law Journal*, Vol. 4, No. 10, 2007, pp.136-152.

第七章

东非共同体塑造地区安全秩序的困境与前景

21世纪初，东共体的合作模式已被视为在整个非洲地区构建安全共同体的基础之一。[①]历史上，构建一个东非区域组织的原动力并非来自东共体本身，而是来自摆脱殖民化命运和全球化进程中被边缘化的困境。因此，东共体尽可能将自身新的安全构想建立在自身发展模式的基础之上，并希望能在地区安全领域起主导作用。随着东共体成员数量的增加，东共体对东非地区制度建设走向安全共同体提出了两个重要问题：一是东共体的规范及其实现路径是否适合泛东非地区国家甚至更广的群体。对于这一问题，东共体的逻辑假设是，东共体的规范能够使其成为地区秩序的根基，即地区安全共同体的基础。二是东共体决定将其规范运用到东非地区层面上是否同外部安全形势息息相关。索马里问题、南苏丹问题、大湖地区问题及刚果民主共和国问题等均涉及域外大国，为安全共同体规范的外化和拓展带来难题，可能会使安全共同体停滞不前，甚至瓦解。

第一节　东非共同体能实现区域自治吗?

当前，东共体规范的实践虽受到诸多批评，但无法否认东共体在各类东非地区多边机制中的支柱作用。东共体所能起到的这种作用一方面得益于肯尼亚、乌干达和坦桑尼亚不计前嫌、重归于好之后互信倍增的结果，另一方面也是东非地区战略环境变化的产物。[②]这种环境包括东共体三国共同资产与债务问题的彻底解决；非盟安全理事会主导下的非洲安全问题解决的进展；美苏在非洲之角争斗的结束及经济全球化浪潮高起。这种内外环境的变迁既为东共体重建带来了挑战，也为东共体重塑地区秩序和实现地区自治带来了前所未有的

---

① Baruti Katembo. "Pan-Africanism and Development: The East African Community Model". *Journal of Pan African Studies*, Vol. 2, No. 4, June 2008, pp.107-116.
② Kartikeya Khanna. "Regional Integration in Africa: A Study on the East African Community". *Observer Research Foundation Paper #48*, October, 2013.

机遇。

冷战结束后，两极格局下的东非地区紧张局势实现了初步缓解，尤其是在美国介入索马里内战失败后，外部对东非地区的竞争性干涉相对弱化，但东非地区并未出现期待的安宁。一方面，东非地区"失败国家"长期治理失衡，地区"权力真空"相继出现，这种"多孔性"权力真空状态导致的不是传统域外大国在该地区的冲突和竞争，而是区域内各类非国家行为体的权力竞逐和互相倾轧；另一方面，出于地缘战略考量，多个域外大国在东非小国吉布提建设军事基地，无形之中，给东共体国家外部安全带来潜在危险。

在东共体国家邻邦中，出现了多个"失败国家"，对东共体区域自治及其规范的社会化实践提出了诸多挑战。以索马里为例，1991年索马里内战爆发，接着国家出现无政府状态，进而演变成一场人道主义危机。[①]1992—1995年联合国介入，安理会通过794号决议案，批准成立以美国为首的联合国索马里维和部队（United Task Force）。但美国并非出于人道主义来帮助索马里，而是为了获得石油开采权和勘探权，结果导致摩加迪沙地方军阀与联合国索马里部队发生冲突，最终迫使联合国维和部队撤出索马里。之后，索马里四分五裂，这一状态一直持续到"伊斯兰法院联盟"（Islamic Court Union）的崛起。2007年1月，美国再次介入索马里内战。同时，埃塞俄比亚因受"伊斯兰法院联盟"侵扰，越境向其打击。肯尼亚也因备受"索马里青年党"等极端组织的侵扰而实施跨境打击措施。这些情况使东共体国家产生了恐惧，认为"域外大国"和"地区大国"可能出现一种谋求填补真空的争夺。

在非洲传统地区大国中，一般把埃及、埃塞俄比亚、南非、尼日利亚和利比亚（由于利比亚当前的衰败，后文不再讨论）作为谋求地区影响的五个主要竞争者。但这些国家关注点不同[②]，从而使东共体内部在关于地区主导国家的

---

① Ken Menkhaus. "The Crisis in Somalia: Tragedy in Five Acts". *African Affairs*, Vol. 106, No. 424, 2007, pp.357-390.

② 埃及主要还是强化阿拉伯—伊斯兰中的政治影响力；埃塞俄比亚关注其在非盟及"伊加特"中的影响力；南非注重其在非盟、南部非洲共同体（SADC）和南部非洲关税联盟（SACU）中的主导地位；尼日利亚强调其在非盟的发言权以及西非经济共同体的主导权等。参见胡美、刘鸿武：《南非成为非洲区域发展领导者的优势与困境》，《非洲研究》2013年第1辑；赵军：《埃及与阿盟互动关系研究》，《阿拉伯世界研究》2015第5期；李伯军：《当代非洲国际组织》，浙江人民出版社2013年版；莫翔：《当代非洲安全机制》，浙江人民出版社2013年版。

看法上存在明显差异。肯尼亚担心埃塞俄比亚，而坦桑尼亚则更害怕南非，尽管曼德拉曾受邀斡旋布隆迪问题，但他仍表示了极大的担忧，认为东非区域外的力量介入会使东共体失去它的地区问题解决能力。[1]而在域外大国中，美国始终是干扰该地区的重要因素，如美国借打击恐怖主义的名义介入东非地区安全事务。[2]

东共体成员国的上述忧虑，证明了东共体国家正面临着一种共同的安全挑战。这种战略上不确定的共同威胁的出现，可能促使东非地区产生包括现存安全共同体在内的新的多边主义。另外，这种挑战还会使东共体对各类内外安全问题的态度发生变化，包括经济和安全领域及善治等地区互动，以及东非地区和非洲其他地区之间的相互依存。客观而言，东非地区和周边地区之间的经济联系一直伴随着不断增长的安全相互依存问题，如跨次区域的南苏丹问题、刚果内战、索马里内战，以及大湖地区等缠斗不休的难题。针对这些问题，现实的结果是双边的和次区域方式注定难以保证地区稳定，因此比以往任何时候都更需要一种广泛的地区安全框架。

诸如不断变化的均势或经济相互依存这些物质条件本身，并不能解释东共体决定参与和支持大湖地区会议论战的原因。源于地区外部的观念如"共同安全"和"合作安全"原则也产生了重要影响，同均势安排和以威慑为基础的安全战略相比，很多人认为多边主义更为有利，应该将其作为长期选择。[3]

联合国提出的大湖地区冲突对话机制，东共体提出的召开建设大湖地区会议等都是对东非地区实现和平安全及塑造地区秩序的一种努力。联合国的这种倡议旨在把"合作性安全"观念发展成为一种地区秩序方式。东共体决策者对这种倡议的最初反应是表现出某种程度的认可。在2010年召开的大湖地区大会上，东共体成员国建议该论坛在东非地区内部和非洲层面处理安全问题及组织地区安全对话。[4]但它们并未准备立即认同在该地区建立一种类似于欧洲安全

---

① Mammo Muchie, Sanya Osha, Matlotleng Matlou. "African Unity: If Not Now, When?". Mammo Muchie, Sanya Osha, Matlotleng Matlou. Ed. *The African World: From Fragmentation to Unity and Renaissance*. Pretoria, Africa Institute of South Africa, 2012, pp.10-11.

② Lawen Ploch. "Countering Terrorism in East Africa". *CRS Report for Congress*, November 3, 2010.

③ Joseph Rotblat, Laszlo Valki. *Coexistence, Cooperation, and Common Security: Annals of Pugwash 1986*. Macmillan, 1988, pp.255-260.

④复迪：《论非洲大湖地区的国际合作》，复旦大学硕士学位论文，2011年，第32页。

与合作会议的安全论坛。尽管东共体本身就是一种次区域合作安全模式，但正是提倡建立一种更有组织及更正式的像欧洲安全与合作会议（以下简称"欧安会"）一样的安全论坛才引起了人们的忧虑。牵涉大湖地区问题的东共体成员国政府领导人和专家学者认为，合作性观念和合作会议模式可以认同，但在非洲无法运转。他们认为，非洲缺乏欧安会成立的条件，即严格的两极框架和明确的联盟框架。东共体领导人认为，东非地区形势极为复杂多样，不能接受欧安会之类的秩序安排。另外，东共体领导人担心，如果用外来观念规定本地区的安全框架，就将会损害东共体的"地区问题地区解决"的规范。因为，尼雷尔早就指出，"屈从外来观念将会使东共体失去统一认识"①。

但有意思的是，出于共同的关切，东共体国家仍从更有利的视角看待多边主义。为了维护区域自治的规范，在寻求建构地区安全秩序时，东共体还是使用了组织外部行为体的倡议，如在安全问题上越来越多地接受伊加特和南部非洲共同体等组织的倡议。

因此，可以说东共体区域自治在现实实践中，不是一个简单的自我自理的绝对概念，而是一个同外部安全环境有着重要牵扯的较为复杂的复合自治，或者说是以东共体为自治核心的多层治理。

第二节　东非共同体会再次瓦解吗?

冷战结束后，众多政治或经济共同体土崩瓦解（如华沙条约组织）或停滞不前（如阿拉伯马格里布联盟），并引起区域内不同行为体之间的报复和厮杀。有一个现象值得注意，曾经瓦解的政治共同体大体上或因内部被骚扰或因从外部施加压力而被搞乱。再深究起来，不难理解的是，对于安全共同体的发展来说，核心价值观的兼容和集体身份是基本条件，但价值观和身份认同具有流变性，它们可以成为构建安全共同体的力量，同样也可以成为瓦解安全共同体的力量。因此，在安全共同体社会化进程中的推动力量同其衰落也密切相关。当

---

① Byase L. "Prof. Mamdani: East African Federation-Prospects and Challenges". *Jamii Forum*, July 5, 2011 [2015-09-02]. http://www.jamiiforums.com/threads/prof-mamdani-east-african-federation-prospects-and-challenges.152148/.

然，如果共同体成员之间丧失互信，并发生了战争，那么就表明该安全共同体在本质上已瓦解了。

客观而言，20世纪70年代东共体解散的原因至今并未得到很好的反思。当前，东共体正在努力推进共同市场的落实，以期尽快实现"四大自由"（商品贸易、人员流动、资本流动和服务贸易），进而实现政治联邦。那么，共同市场确然会带来政治联邦吗？新的公民身份的基础是什么，是族群的还是领土的？货币联盟会带来政治联盟吗？政治基础应在货币联盟之前建立吗？尽管东共体有着明显的共同安全威胁，《东非共同体条约》第五条、第一百二十三条、第一百二十四条、第一百二十五条有着明确规定，那么为何成员国没有实现共同安全政策呢？

在和平与发展领域，学界和政界曾有过共识，即有效国家是地区安全与发展的关键。有能力和负责任的国家作为合作伙伴是成功消除贫穷、疾病、跨国犯罪和恐怖主义的地区倡议的必要条件。在现存国际体系中，民族国家需要满足三项具体条件：权威政府、领土和人民。这些条件赋予国家客观独立性，同时允许它们在平等条件下同他国交往。拥有这样的能力就意味着产生韦伯式的国家，而这样的国家拥有的主要特点就是在其领土范围内拥有合法使用暴力的绝对垄断权。此外，非洲委员会（Commission for Africa）认为，国家和政府的核心正当功能应是建立有利的投资环境。这暗含着诸如提供安全、出台稳定经济政策的基本动力，并且像教育和健康一样，依法征税和提供充足的公共服务。[1]但当代非洲国家并非制度化发展进程的自然结果，而是源于殖民时代为殖民统治服务设计的政府和制度。各国独立时这种情况并未得到根本改变。新兴的非洲精英不是在改革国家，而是在继承相同的国家结构，完美地使这种国家结构服务于他们自身的绝对利益。因此，非洲国家先天缺乏合法性，它们在历史上并非是镶嵌在国内权力和领土间的关系，而是始终在权力和国家地位之间遭遇二分法的痛苦。这种情况解释了为何大多数非洲国家缺少使其成为国家的有效制度和机构，反而依赖个人化网络庇护的现实。[2]

---

① Leah Kimathi. "Statehood in Eastern Africa and Its Implications for Regional Peace and Security". *International Peace Support Training Center Issue Briefs*, No. 5, 2011, p.2.
② Ibid, p.3.

　　有研究表明，独立后的非洲国家采取了完全不同于西欧国家的发展方式，其形成经历两个阶段，大约持续半个世纪。第一阶段是欧洲殖民者将非洲大陆割裂为五十多个政治单位，这一进程将此前存在的族群和政治单位割裂开来。①地缘边界的如此状况成为后来国家冲突的主要根源。第二阶段的建立并在每个殖民地的异质社会中实施集权统治，成为国家内外动荡的最大根源。②殖民者严重扭曲了大量完全不同的社会族群，使族群之间产生了从贸易、共同自然资源分享到通婚完全不同的关系。③由此可见，共同体之间的合作不是一个新的概念。因此，将威斯特伐利亚体系下的合作方式完全移植进非洲国家并不合适，这在东共体地区同样不合适。在民族国家构建过程中，东非诸国强调最多的是国家安全的重要性，缺少对影响该地区安全的根本问题的关注，如合法边界勘定、族群凝聚力不足，以及对基本经济和政治的社会共识较弱等。

　　当前，东共体成员国领导人面临的问题是：是否接受国内及地区层面同质的一体化。众所周知，东非地区的贫困侵蚀着国家有效统一，有限的资源分配严重不公，从而滋生了大量的冲突和仇恨。为了赢得公众支持，东非国家被迫谋求丰富资源的战略，即同邻国探索区域一体化道路，寻求并利用外部资源，但此举严重受制于民族国家对自身利益的界定。国际社会经验已表明，民族主义是一体化道路的最大障碍，表现出三个方面的张力：第一，民族主义旨在建立各国自有边界，而区域一体化则要打破边界藩篱，实现彼此间人员的自由流动；第二，民族主义寻求提升文化及其他形式的身份认同，而区域一体化则在寻求一种超越民族国家范畴的新的公民认同；第三，民族主义旨在捍卫绝对主权，而区域一体化则是寻求超越主权制约。④价值观的本质差别使该问题进一步复杂化，但共同价值观决定着地区和平与安全的走向。例如，民主和平论认为，具有共同的民主观念的国家在很大程度上能够保持和平与安全，它们之间

① Ludeki Chweya. "Emerging Dimensions of Security in the IGAD Region". Mwagiru Makumi. Ed. African Regional Security in the Age of Globalisation, Nairobi, Henrich Böll Foundation, 2004, p.38.
② Ibid.
③ Mohammed Ayoob. *The Third World Security Predicament: State Making, Regional Conflict, and the International System.* Lynne Rienner Publishers, 1995, p.20.
④ Salie Simna Kayunga. "Deepening Political Integration of the EAC Countries: The Uganda Case". Ahmed Mohiddin. Ed. *Deepening Regional Integration of the East African Community.* DPMF, 2005, p.210–211.

不会发生战争。[①]该理论的片面性已受到诸多批评，因为现实中和平的地区未必是民主的，但该理论至少表明共同政治观念对国家关系中成员国的行为的影响及共同规范的重要性。

《东非共同体条约》对共同体应遵守的共同价值观进行了清楚的表述。共同体建立在以人为本和以市场驱动力作为组织构建的根本动力的基础上，以政治互信、和平共存、社会善治、睦邻友好、和平解决争端、民主法治、利益均分为基本原则依据。[②]有了这些规范，并不代表已经实现了共同价值观。现实中，整个东非地区缺乏共同价值观念是个不争的事实。成员国差异较大的政治制度对构建统一的地区安全框架的影响并不乐观。客观而言，这些国家基本上是弱民主与准威权制度的混合体，共同特征是它们在不同程度上制造并执行一种激化民众和政府之间张力的政策。这些政策包括：将部分民众边缘化；武力打击反对派；操控选举及扶植并武装非国家行为体。[③]在很多情况下，国家成为动荡的始作俑者，它们在地区层面做出的承诺仅仅停留在概念或理念的层面，且每个成员国政府都拥有在国内被视为最高法的宪法，但这些宪法规定同其他国家的宪法原则有着不同的内容。

在东共体国家，由于脆弱的地区安全形势，人权至今仍是最富有争议的内容之一。东共体成员国或多或少都经历过不稳定，如曾被称为"东共体稳定器"的肯尼亚，2007年大选后的暴力活动导致该国政治环境出现困境，甚至影响到东共体的生存。有人认为，如果肯尼亚局势失控，至少会勾起人们对东共体曾经瓦解的历史记忆。[④]

卢旺达和坦桑尼亚之间的龃龉不断再次表明缺乏共同价值观的不确定性的威胁。坦桑尼亚总统基奎特曾在一次采访中提及，卢坦两国缺乏互信，导致两国媒体的口水战。基奎特总统在谈话中认为，为了地区和平安全，卢旺达应考

---

① Stephen M. Walt. "International Relations: One World, Many Theories". *Foreign Policy*, No.110, 1998, p.39.
② East African Community. *The Treaty for the Establishment of the East African Community*. East African Community, 1999, pp.11-15.
③ Martin Hill. "Human Rights Challenges in the Horn of Africa". Sthlm Policy Group. Ed. *Faith, Citizenship, Democracy and Peace in the Horn of Africa*. Lun, Media-Tryck, 2008, p.65.
④ Korwa G. Adar. "New Regionalism and Regional Reconstruction: The Case of the East African Community". *Politeia*, Vol. 24, No. 1, 2005, p.29.

虑同卢旺达民主解放军(Democratic Force for the Liberation of Rwanda, FDLR)进行对话。[①]卡加梅总统对此表示强烈不满,公开谴责坦桑尼亚同情种族灭绝力量,因为该势力在过去二十多年中一直活跃在刚果民主共和国东部丛林,并不断制造出血腥惨案。针对卡加梅总统的批评,坦桑尼亚政府则采取了报复行动,其要求在坦的卢旺达难民即刻离开,这导致了两国关系恶化,并在一定程度上影响了一体化进程的正常推进。

就现实而言,东共体成员国都不愿意让渡主权,这是构建该地区安全框架的主要障碍。东共体在执行由成员国追求各自国家利益造成的冲突地区安全战略时,大多缺乏基本共识。在这一方面,成员国是否享有共同价值观同样值得怀疑。此外,东共体至今没有设置特殊机构负责制定整体安全战略,[②]导致东共体的各种机构如首脑峰会、经济理事会、协调委员会、经济委员会及秘书处等都会参与地区安全事务。

另外,成员国之间经济发展水平的差异和政治理念的差异的事实已使成员国间的互信度有所打折,进而使寻求共同安全战略之路受阻。1977年东共体解散后的资产分割虽早已结束,但分配不公的阴影至今仍在该地区挥之不去。成员国之间严重缺乏互信,阻碍了真正的合作,滋生了地区安全的脆弱性,导致和平与安全计划迟迟未能得到国内法的批准,因为成员国担心这类计划会制约其单边或双边安全战略的实施。这解释了东共体和平与安全协议被搁置的原因。此外,东共体在塑造地区安全秩序过程中,还受到以下因素不同程度的束缚。

第一,《东非共同体条约》本身对发展共同安全政策的阻碍。《东非共同体条约》是成员国倾向传统主权思维的重要因素,该条约将主权平等作为共同体的根本原则之一。从现实主义视角,国家被视为国际政治的主要行为体,在世界无政府状态下,每个国家以自助方式实现本国利益。主权的实现要求对内拥有合法且绝对的权力和权威,外在表现为行动自由。而一体化进程侵蚀这种独

---

① Edmund Kagire, Ignatius Ssuuna. "Tanzania Sends Rwandans Home, Relations Sour Further". *The East African*, August 10-16, 2013, p.10.

② Brian Finlay, Johan Bergenas, Veronica Tessler. "Beyongd Boundaries in East Africa: Bridging the Security / Development Divide with International Security Assistance". The Stanley Foundation, 2011.

立和自治会引起主权国家的恐惧。

由于这一原则规定，东共体缺乏介入成员国内部事务的合法性授权，导致其无法有效处理内部安全问题。欧盟经验表明，要实现共同安全政策，有必要让渡超国家权力。东共体尽可能按照成员国期待行事，但各国并不愿意让渡超国家权力。因此，东共体的执行机制至今仍缺少特定的和平与安全机构。尽管条约第一百四十七条第1款规定，失信的成员国或破坏《东非共同体条约》原则的国家将被取消成员国资格，但至今没有任何成员国因此被废除资格，哪怕是在消除非关税壁垒中粗暴践踏该条款的国家也没有受到相应的制裁。

毋庸置疑，非洲一体化进程中最大的障碍之一就是主权问题。它既是当年非洲统一组织的障碍，也是今天非盟的障碍。[1]有学者认为，非洲主权国家阻碍了能够产生长期经济和政治合作的超国家政治权威的形成。主权问题对于东共体国家来说同样是个难题。2004年成立了东非联邦快速推进委员会，在征求建立地区政治联邦的意见时，主权问题即刻成为焦点。既得利益者普遍认为，"民族国家在联邦中将会失去所有的独立权，且只是作为联邦内的一个省份存在"[2]。当前，对于失去主权的恐惧表现在诸多方面，如政权丧失、决策权丧失，以及国家使用绝对权力的灵活性丧失。

成员国拒绝让渡主权，使一体化进程不断受阻。现实中，东共体成员国经常通过牺牲地区利益来满足国家利益需求，如坦桑尼亚因国家需要增加收入，就提高了工作许可费用。这在本质上反映了东共体一体化进程还没有发展到免费获得工作许可的阶段，也使共同市场协议设定的"四大自由"的目标实际上只是一纸空文。东共体国家的官僚制度及保护主义对共同市场继续推行的制约由此可见一斑。迄今为止，只有肯尼亚和卢旺达对东共体公民持续降低工作许可费用。[3]

这些因素解释了至今东共体一体化实现程度甚为有限的原因。关税同盟和共同市场协议并未得到全面有效实施，其中最直接的原因是国内立法与共同市

① Kasaija Phillip Apuuli. "The Challenges Facing the Establishment of the African Union: Reflections on the Organization of African Unity and the Constitutive Act 2001 of the AU". Issiaka Mande, Blandine Stefanson. Ed. *African Historians and Globalization*. Paris, Karthala, 2005, p.113.
② East African Community. *Wako Committee Report*［2014-02-04］. https://www.eac.int/documents.
③ "Tanzania Defends Move to Raise Working Permits Fees". *Daily Nation*, August 8, 2012.

场协议未能进行及时有效的对接，导致成员国不得不花费大量时间进行反复协调，寻求共识。另外，不断扩大的非关税壁垒同样妨碍着一体化进程。当前，东非地区畅通的对话机制虽然有助于避免过度失衡、增加仇恨和共同体瓦解的可能，但这也反映出有的国家担心其他国家会主导经济。[1]在防御方面，有的国家在签订协议时犹豫不决，反对要求战时成员国要援助彼此的条款。[2]成员国的这种态度从某种程度上解释了在处理索马里恐怖主义威胁共同体生存的地区解决方式的失败。

《东非共同体条约》提供了一条通往一体化的渐进路径，起于关税同盟、共同市场、货币联盟，最终实现政治联邦。这条路径设计暗含的逻辑假设为：经济一体化必然导致政治一体化，而防御和安全领域的一体化被视为经济区域主义的副产品。由于《东非共同体条约》并未细化政治联邦的性质，东共体政治联邦实现的最大挑战是成员国在让渡主权方面首鼠两端，进而造成渴望建立的政治联邦没有清晰的架构，[3]使任何成员国都不愿意成为第一个吃螃蟹的人。

一言以蔽之，《东非共同体条约》主要关注经济一体化使命，如当前东共体发展战略关注的未来十年优先发展的领域是快速提升全球竞争力、经济的可持续发展及提升该地区的工业化水平，具体领域包括：建立活力十足的法律行政架构，利用地区经济实现创收和财富积累，改善和扩大基础设施建设，增大能源准入，宏观经济环境持续稳定，以及大力发展东共体内部金融市场。[4]显然，作为政治一体化核心问题的地区安全合作领域并未受到应有的重视。

《东非共同体条约》造成的挑战使得人们呼吁重新评估该条约实现政治同盟的可能性。有学者认为，如何实现政治联邦和货币联盟两个一体化阶段的规定不够清晰，而实现这两个阶段有赖于成员国让渡部分主权，条约并未清晰规定如何实现主权让渡。欧鲁认为，当前东共体并未发展到共同市场阶段，因为条约未对两个阶段进行详细规划，东共体领导人的乐观无助于跨越现实障碍，

---

① Halima Abdala. "Pains of Integration". *The East African*, January 30-February 5, 2012, p.6.

② Adam Ihucha. "Rising Crime a Threat to EAC Integration". *The East African*, January 30-February 5, 2012, p.13.

③ Luke Anami. "Experts Suggest Models for EAC Political Federation". *The Standard*, November 27, 2012, p.10.

④ East African Community. *East African Community Development Strategy (2011-2015)*. East Community Secretariat, 2001, p.15.

当前如果解决不够巧妙，人们可能会看到东共体的再次瓦解。基于此，他呼吁开展新的谈判，依据国际法而非国内法落实货币联盟和政治联邦两个阶段性计划。而对于政治联邦，他认为需要条约详细列出其权力及架构。①

此外，《东非共同体条约》中的地区安全构想可能会成为实现共同安全政策的最大障碍。从区域安全机制设计与合作实践来看，东共体仍从相对狭隘的军事视角来看待安全合作。实际上，军事和防务的概念需要超越单纯的传统军事范畴。因为，在大多数冲突和危机中，固有的社会政治或经济层面的原因并未得到充分理解和考虑。狭隘的安全概念对东共体至今未能实现共同安全战略负有不可推卸的责任。现实经验已证明，军事手段解决危机往往治标不治本。尽管在局势紧张和骚乱的形势下，军事手段的确是恢复法律和秩序的一种有效手段，但这种方式不太适合解决更深层次和由更多结构性原因造成的失序问题，而这些问题常常是由政治、社会或经济层面因素引起的。经济、政治、社会和人的问题在解决不稳定和不安全因素的根源上至关重要。②

因此，东非地区的安全环境应包括人的安全和国家安全两个层面，但现实中东共体选择了以国家为本的路径，甚至认为人的安全问题与国家安全问题浑然一体，人的安全被视为实现国家安全的手段而非目的。这种路径暗含的假定是，国家内部稳定，享有法治，威胁在外。③然而，这种假设并非东共体的现实。东非地区的现实威胁主要来自地区内部，国家往往成了制造不安全和不稳定的最大和最为可能的行为体。东非地区采取的战略显示，以国家为本的路径使该地区国家选择了裁军，从而失去了应对自己制造的安全真空的有效措施，结果出现了诸如轻小武器泛滥、毒品泛滥及人口贩卖等各类跨境犯罪带来的严重威胁。④

东共体缺乏共同安全政策同样可归因于该地区缺少安全利益共识，以及缺乏地区共同安全威胁共识。成员国仅追求国家利益，结果只会恶化当前安全形

---

① Julius Barigaba. "Review the EAC Treaty". *The East African*, September 5–11, 2011, p.12.

② Angela Meyer. *Regional Integration and Security in Central Africa–Assessment and Perspectives 10 Years After the Revival*. The Royal Institute for International Relations, 2008, pp.17–18.

③ Ayoob Mohammed. *The Third World Security Predicament: State Making, Regional Conflict and the International System*. Lynne Rienner Publisher, 1995, p.280.

④ Weisis T. "A Demand Side Approach to Fighting Small Arms Proliferation". *African Security Review*, Vol. 12, No. 2, 2003, pp.5–6.

势。①从目前来看，东共体从地区角度处理安全问题的失败，已经限制了该地区贸易、商务活动及劳工的自由流动。实际上，《东非共同体条约》第二十三条有关建立一个功能性区域安全机制的规定为此埋下了祸根，彻底暴露了在地区安全领域的这种传统军事思维。在当代地区合作中，需要扩大利益边界，使之更具包容性，而不应再像经典现实主义大师摩根索那样认为国家是国际政治中的首要行为体。②东共体亟须抛弃这样一种传统安全范式，并应提供更为广阔的地区安全视角，包括人的所有层面的非军事安全威胁，如贫困、疾病、环境恶化、失业、恶政等。经典现实主义学者对"安全"的理解相对狭隘，他们注重国家利益，特别强调领土完整和主权独立，以及在有限范围内，国家领导权安全（政府）、特定的根本生活方式（民族价值观）及像民主、自由和宗教等价值观安全。这种界定的假设前提是，国家是一个缺乏人性且独立于国内社会的抽象实体，忽视了公民个体、家庭、社会团体及地方社群的生活条件。③

同非洲其他地区进行比较，可能更有助于我们理解东共体的传统军事安全思维。南部非洲发展组织于1996年设立了政治、防御和安全机构，并授权该机构采取合理合法手段预防和巩固地区和平。2001年，该机构又在国家间政治和外交委员会的基础上，弥补了国家间防御和安全委员会的不足，通过积极和有效的预防措施，促进了该地区的安全稳定。④

国家、地区和国际安全的国家视角在东共体安全问题上起着重要作用。外交政策和安全政策相互缠绕，难以分离。一国的外交和安全政策是其对外观点的反映。它认同该国的外部利益、威胁认知和减少手段或消除威胁。国家安全战略设立有两个前提基础：国家利益和必要的资源保护基地。外交政策是实现国家安全战略的手段之一，并能够塑造一国同他国的关系。《东非共同体条约》第一百二十三条第1款规定了建立共同外交和安全政策，其目标是采取一切手

---

① Niyonzimia Stephen, Assistant Commissioner. *Political and Legal Affairs, Ministry of the East African Community Uganda*. Personal Interview, Arusha, Tanzania, August 28, 2012.
② 汉斯·摩根索著，徐昕、郝望、李保平等译：《国家间政治》（第七版），北京大学出版社2006年版。
③ Makumi Mwagiru. *African Regional Security in the Age of Globalisation*. Henrich Boll Foundation, 2004, p.32.
④ Angela Meyer. *Regional Integration and Security in Central Africa-Assessment and Perspectives 10 Years After the Revival*. The Royal Institute for International Relations, 2008, p.20.

段加强共同体安全。①如今，将近二十年过去了，这一目标的实现极为有限，至今除乌干达尝试发布了国家安全战略草案外，其他成员国不仅未能建立起自身的国家安全战略，而且地区形势更趋复杂。因此，地区安全战略的制定首先需要符合地区各国国家安全战略的发展，在此基础上才能形成地区层面的安全战略。②

其次，东共体的制度框架障碍。根据《东非共同体条约》第九条，共同体的制度框架包括行政、立法和司法机构。行政机构有首脑会议、制定政策的部长理事会和作为东共体行政机构与常设机构的秘书处。东非议会和东非法院分别组成立法机构和司法机构。条约相关条款详细列出了这些机构的功能、权限和运作框架，各机构在其特点上显示出许多差别。例如，《东非共同体条约》第十一条第5款规定首脑会议有权代表使用任何其认为合适的功能并强加给成员国、理事会或秘书长。③这条可理解为任何成员国均可从首脑峰会中得到授权，负责某些活动。然而，由于主权平等的规定，现实中一个成员国要想获得授权来处理涉及他国主权的事务，简直困难重重，且往往会被视为干涉他国内政。例如，乌干达一直坚持认为"圣灵抵抗军"问题是其内部事务，共同体的其他成员国就难以插手，不能参与冲突解决过程，则意味着冲突将持续进行，该地区的经济、社会和政治活动会受到负面影响，地区安全也会受到威胁。④

因此，曾有一名坦桑尼亚记者向东非法院提起诉讼，要求东共体秘书处停止推进一体化进程，原因是一体化进程规定及其实践是非法的。他认为，东共体秘书处通过设计一个路线图来强化有关关税同盟、共同市场和货币联盟的机构，篡夺了属于部长理事会设计政治联邦基本架构的权力。2011年11月，布隆迪布琼布拉首脑峰会授权秘书处负责此事，但这一指令同《东非共同体条约》第一百二十三条第6款规定（首脑峰会只能通过部长理事会启动政治联邦）

① East African Community. *The Treaty for the Establishment of the East African Community*. East African Community, 1999.
② Mwagiru M. "Human Security in the Horn of Africa: Emerging Agenda". Makumi Mwagiru. Ed. *Human Security: Setting the Agenda for the Horn of Africa*, Africa Peace Forum, 2008, p.255.
③ East African Community. *The Treaty for the Establishment of the East African Community*. East African Community, 1999.
④ Godfrey Okoth. "Regional Institutional Response to Security in the Era of Globalization". Makumi Mwagird. Ed. *African Regional Security in the Age of Globalisation*. Heinrich Böll Foundation, 2004, p.54.

相抵触。因此，作为行政机构的秘书处无权在成员国间进行有关政治联邦问题的谈判。首脑会议指令同样侵蚀了第六条和第七条中的基本政治原则。①

此外，东共体没有专门处理安全问题的实体机构。如前所述，《东非共同体条约》第一百二十五条提到防务问题。第五条规定共同体致力于第一百二十四条规定的在成员国睦邻友好的氛围中促进和平与安全合作。但如果认真审读就会发现其关注的是政治事务。第一百二十四条第5款规定，成员国在跨国犯罪和刑事犯罪方面需提供司法协助，包括逮捕和遣返偷渡者及在打击犯罪活动的国家机制平台上交流信息，但并未提及建立共同安全机构。相反，经济一体化支柱得到了详细探讨，并确立了关税同盟、共同市场和货币联盟三根支柱。那么，东共体能否在没有安全机构的情况下实现正常经济活动呢？在和平环境中实现东共体的授权是很难的。各成员国都有军队、警察和情报机构。这些配备足以保证成员国及东共体只能得到和平执行的结果。因此，有学者认为，国家仍是国际政治中的主要行为体，它与大多数国际组织不同，因为它掌握着其领土上人民的忠诚，从而使其拥有能力利用终极威胁（战争）。②但在处理地区安全问题时，需要东非地区抛弃国家主义思维，并以一种更为广阔的安全概念，关注非军事安全威胁，如贫困、疾病、环境恶化、失业及恶政。虽然《东非共同体条约》第六条和第七条规定，东共体将促进政治、经济、社会环境方面的发展及参与共同体的决策进程，但仍需要有宽泛的安全范式来涵盖东共体国家逐渐失控的跨国活动及由共同市场、关税同盟等带来的跨境需求。新的东共体安全合作范式必须服务于市民社会，必须配备相应的通讯和交通方式来加强同地区或世界范围的联系，并有向共同体之外地区或次地区学习的能力。

再次，经济一体化进程实践中对安全一体化认知的误判。《东非共同体条约》第五条设定的目标是互惠互利，拓宽并深化成员国在政治、经济、社会文化、研究和技术、防务、安全、法律和司法事务等方面的合作。为推进上述目标的实现，东共体本应在和平与安全领域起重要作用，但在一体化进程中地区安全并未获得令人期待的成果。国家间传统安全问题或得到基本解决或维持在

---

① "Court Holds EAC Integration Fate". *Daily Nation*, July 18, 2012.

② Holsti K. J. *International Politics: A Framework of Analysis, 5th ed.* Prentice Hall, 1988, p.65.

可控范围内，但诸多次级安全领域，如恐怖主义、贩毒和贩卖人口、（跨境）族群暴力和种族冲突、海盗及争夺牧场资源等持续阻碍着经济一体化进程。这些威胁已被视为经济问题中不可忽视的部分。东共体渐进式一体化路径在某种程度上催化了这种安全局势，东共体领导人认为经济一体化暗含的逻辑是其必然带来安全和政治一体化。防务和安全因此被视为经济地区主义的副产品或衍生品。

东共体经济一体化优于其他领域一体化的思维使各国追求国家利益的竞争呈白热化状态。东共体成员国也加入了其他政府间组织，渴望在维护安全和冲突管理中能起到作用。[①]东共体六国分属于"伊加特"、中非经济共同体、南部非洲发展共同体、西非经济共同体及东南非共同市场的成员国。[②]这种交叠状况不仅浪费资源，也加剧了国家和各地区组织机构之间毫无意义的竞争，同时在一体化进程中分散了为实现东共体的共同目标而做的集体努力。成员国不仅面临着多倍的金融义务，还必须处理不同的会议、决策、机构、程序及时间安排等方面的事务。[③]此外，虽然东共体国家属于不同的经济组织，但其地区安全框架的形成仍是挑战。这种交叠身份弱化了国家集中资源建立相关安全机构的能力，并可能引起国家之间通过相互冲突的政治承诺来反对不同次区域组织的目标。这也被有些国家通过宣称其效忠于其他地区组织，来逃避解决具体安全问题的责任。[④]

坦桑尼亚在大湖地区的安全形势就是明证。由于M23运动组织（March 23 Movement，简称"M23"）[⑤]与刚果民主共和国政府的对话中断，坦桑尼亚支持联合国维和部队进驻大湖地区。2012年，坦桑尼亚主持南部非洲发展共同

---

① Benedikt F. Franke. "Competing Regionalisms in Africa and the Continent's Emerging Security Architecture". *African Studies Quarterly*, Vol. 9, No. 3, 2007, p.36.
② 李伯军：《当代非洲国际组织》，浙江人民出版社2013年版，内附彩页"非洲大陆主要国际组织成员国身份重叠示意图"。
③ Benedikt F. Franke. "Competing Regionalisms in Africa and the Continent's Emerging Security Architecture". *African Studies Quarterly*. Vol. 9, No. 3, 2007, p.36.
④ Julius Kiprono. "Overlapping Regional Economic Communities in Eastern Africa". *International Peace Support Training Center Issue Briefs*, No. 5, 2011, p.39.
⑤ 又名"3月23日运动"组织，是刚果民主共和国东部地区的非政府军事组织，其经常和刚果民主共和国政府发生军事冲突，造成大量平民伤亡，产生无数难民。

体的和平与安全理事会期间，呼吁使用军事打击。[①]显然，大湖地区国际会议和共同体恪守的规范存在冲突，卢旺达和乌干达反对联合国在大湖区部署部队。根据东非议会和南部非洲发展共同体的行动研究结论，如果发生武力打击事件，不仅会加速战争，而且会导致该地区武器扩散，且这两个组织曾准备要求坦桑尼亚采取明确反对东共体的立场。

众所周知，功能性地区安全战略往往会提供协调框架，但东共体功能性安全战略的缺失否定了该地区一体化进程中所期待的获益情况。一份研究报告显示，自2008年起到2013年为止，东共体成员国间的贸易额下降了40.9%，且2013年维持在450亿美元。根据这份报告，肯尼亚对乌干达和坦桑尼亚的出口保持高位，从坦桑尼亚进口到肯尼亚的也保持高位，但肯尼亚与布隆迪和卢旺达的贸易量处于低位，乌干达是肯尼亚商品的最大目的地，坦桑尼亚是肯尼亚的最大出口国。除了成员国间的低水平贸易，经济政策的协调不足也是地区一体化前进的一个重要障碍。

2013年，迪拜大学的一份报告认为，东共体成员国的政治议程设置在某些方面存在巨大差异。[②]经济政策的一致性不够充分，国家短期利益优于长期合作受益的现象屡见不鲜，欧盟与东共体关于经济伙伴关系协议的多次谈判即为一例。最初，成员国与欧盟进行双边谈判。坦桑尼亚是首次作为南部非洲发展共同体成员进行谈判的。在欧盟的压力下，谈判开始不久便陷入僵局，坦桑尼亚谈判人员突然表示按照东共体规则谈判，[③]并采取了不利于东共体的方式达成协议。东共体为了继续沿着一体化道路前行，必须将一体化议程落定在地区安全战略之中。一旦可行，该地区就会有效利用非关税壁垒的挑战挫败经济一体化的目的。世界贸易组织将非关税壁垒视为会参与阻碍贸易的各类官僚或法律问题。东非地区非关税壁垒表明完全一体化市场准入与政策调控之间存在紧

---

① "Conflicting Loyalties: SADC Leaning Tanzania to Face EALA over M23". *The East African*, April 13–19, 2013, p.5.
② Stefan Reith, Moritz Boltz. "The East African Community Regional Integration Between Aspiration and Reality". *KAS International Reports*, October 9, 2011 [2017–01–25]. http://www.kas.de/wf/dockas_2875_544_2_30.pdf.
③ Ibid.

张关系。这是当前东共体条约目标实现需要克服的主要障碍之一。①东非地区的非关税壁垒的存在有四个主要原因：反对环境污染，保护人类和动植物的安全；保护家庭手工业和消费者；捍卫国家安全；反对降低收入。

非关税壁垒继续增加东非地区的商务成本，并对贸易和深化合作产生负面影响。人们已在努力消除不利因素或减少负面影响，但涉及废除行政手续、基础设施及违反条约规定禁止跨境贸易的单边行动仍未被克服。如卢旺达停止收取过路费的作法，会迫使其他国家放弃关税壁垒，否则它们要被告上东非法院。这种政策差异使一体化进程的好兆头有所打折。另外，缺少在东共体内的协调和确保遵守消除非关税壁垒的法律框架，已妨碍了消除它们的努力。东共体秘书处没有执行权使其变得更为复杂，善意和君子协定原则难以消除这种情况。因此，有学者建议修正《东非共同体条约》，建立一个拥有执行权的东共体委员会来落实东共体一体化决议，包括消除非关税壁垒。

为了建立安全和经济发展之间的联系，东共体需要有一个更好的安全概念。《东非共同体条约》规定成员国通过提供安全运输环境，保护运输网络，来保证东共体内人员和货物的顺畅流动。在民航及民航运输领域，成员国之间承诺协调措施，并在维护航行高度安全方面进行积极合作。因此，笔者认为只要成员国将各类基础设施视为其自身国家利益，这些规定仍然是合理的。但要真正联动起来，有必要将之放到地区安全思维中来。以东非地区的机场为例，东共体安全战略到底如何？由于介入了索马里内战，肯尼亚、乌干达和布隆迪三国的机场面临较高的恐怖袭击风险。②应该将这一问题置于东共体安全框架下考虑，才能实现地区安全利益。另外，最近几年东非地区最大的安全事件就是发生在肯尼亚内罗毕西门购物中心的恐怖袭击③，这次袭击本来应该上升到东共体安全战略层面，但肯尼亚政府认为这只是本国的一次安全事件，从而使地区安全思维更趋弱势。

---

① Julius Kiprono. "Overlapping Regional Economic Communities in Eastern Africa". *International Peace Support Training Center Issue Briefs*, No. 5, 2011, p.49.

② "Kenyan Airport Tragedy Forces the Region's Aviation Experts to Think Outside the Box". *The East African*, August 10-16, 2013.

③ 2013年9月21日，肯尼亚内罗毕高档商场西门购物中心发生恐怖袭击，袭击造成至少67人死亡，死者包括肯尼亚总统肯雅塔的侄儿和侄媳、加纳著名诗人和政治家埃乌诺及6名英国人、2名法国人、2名加拿大外交官和1名中国人。此次恐袭系索马里青年党所为，旨在报复肯尼亚出兵索马里。

综上所述，不难看出是由于《东非共同体条约》的制约及有限的一体化实践水平，当前东共体才难以形成成熟的安全共同体及一个共同的安全战略，但可以断言，这并不意味着东共体会走上瓦解之路，因为区域一体化与和平安全之间存在着积极联系。当国家拥有来自共同机构一致的核心价值观时，国家仍保留独立政府的法律独立性。国家间交往会促使政治共同体中一般的社会群体出现和平变迁。①安全共同体的发展随着国家机构和组织之间集中机制的产生和运作，最后形成成熟安全的合作形式。②当然，东共体构建的安全共同体需要综合思考，寻找一个更好的解决办法以应对严峻的安全问题。这些安全问题不仅包括政治、经济和军事安全的传统路径，同时也涉及次国家、国家和地区层面之间的安全关联。唯有考虑周全，方能促进成员国在所有经济活动领域的发展与合作，提高人民生活水平，培育成员国之间更亲密的关系。

第三节　东非共同体的发展前景

2012年8月，在坦桑尼亚尼雷尔和平中心举办的一次辩论赛中，一位辩手在预言东共体的未来时说道："由于普通公民还没有完全参与一体化进程，现在也没有意识到政治联邦会带来何种利益，如果不小心翼翼，未来的东共体政治联邦可能会瓦解。"③ 这种看法代表了不少人对共同体现状及发展前景的担忧。但2014年12月非洲发展银行发布的一份调查报告显示，在非洲八个次区域组织中，东共体是目前一体化程度最高、进展最大的次区域组织。④

应当指出的是，实现一个繁荣的、有竞争力的、安全的且政治上统一的东共体仍是东共体成员国未来努力的方向。该任务是拓宽并深化经济、政治、社会和文化一体化，通过增加竞争力、产品附加值及提升贸易和投资来改善东非

---

① Simon Koschut. "Regional Order and Peaceful Change: Security Communities as a via Media in International Relations Theory". *Cooperation and Conflict*, Vol. 49, No. 4, 2014, pp.519-535.

② Adler Emanuel, Barnett Michael. *Security Communities*. Cambridge University Press, 1998, p.3.

③ Ephraim Percy Kenyanito. "Working for a Truly United East African Community Political Federation" [2017-10-02]. http://thinkbrigade.org/africa/eac/index.html.

④ 中国驻肯尼亚经商参处：《非发行称东共体为非洲大陆一体化程度最高的次区域组织》，中国商务部网站，2014年12月31日，http://www.mofcom.gov.cn/article/i/jyjl/k/201412/20141200854662.shtml，2015年9月25日。

民众的生活质量。未来东共体的发展在很大程度上取决于区域一体化与地区安全战略形成的关联程度。

实际上，在次级安全领域发展共同战略，东共体曾做过几次尝试，但并未获得多少成果。在安全领域发展战略构建的失败是共同体将一体化设定时间表一再推迟的重要原因。地区安全战略是以在采取地区层面要实现的共同方向为前提条件的。东共体整体安全战略的缺失，就如社会经济方面的成就和一体化进程的主要支柱显示的那样，太多的挑战使一体化进程放慢了速度。地区安全战略解释了如经济、社会政治和军事问题的一体化的基本关注情况。它协调地区政治、经济和军事战略，并帮助贯彻执行。地区安全战略也提供方式方法，且通过这些方式方法实现该地区的抱负。因此，东共体未来能否被打造成一个成熟的安全共同体，取决于以下关系的处理。

首先，经济一体化成果能否转变抱负方式、提升生活质量和增强东共体公民的福利。《东非共同体条约》的第七条将"以人为本"视为一体化努力的核心，但这种抱负面临重重困难。据估计，2012年东非地区生活在贫困线以下的人口已从440万增加到530万。当前，东共体缺少解决贫困问题的共同战略，东共体国家在减少贫困方面步调不一，绩效各不相同。乌干达的绩效显著，贫困人口已从2006年的31.1%下降到2013年的19.7%。[①]布隆迪贫困人口一直居高不下，2017年的贫困率仍高达71.7%。[②]南苏丹的贫困人口率更是高达90%以上。[③]肯尼亚的贫困人口曾从1994年的40%上升至2006年的46%，但经过约10年的努力，2015年贫困人口率下降到35.6%。[④]

此外，东非地区也未能通过生产和贸易实现食品安全，人口增长较快、气候变化及全球贸易机制形成等影响食品价格，导致波动较大。东共体食品安全急需集体区域解决路径，但在该地区情况不是这样。当应对食品短缺威胁时，

---

① World Bank. "Uganda Poverty Assessment 2016: Fact Sheet". Ap, September 20, 2016 ［2018-05-30］, http://www.worldbank.org/en/country/uganda/brief/uganda-poverty-assessment-2016-fact-sheet.

② World Bank. "Burndi". April 19, 2018 ［2018-05-30］. http://pubdocs.worldbank.org/en/708231492188151479/mpo-bdi.pdf.

③《不平静的南苏丹》，《新经济》2014年第9期，第14—19页。

④ World Bank. "Poverty Incidence in Kenya Declined Significantly, But Unlikely to be Eradicated by 2030". World Bank, April 10, 2018 ［2018-05-30］. https://www.worldbank.org/en/country/kenya/publication/kenya-economic-update-poverty-incidence-in-kenya-declined-significantly-but-unlikely-to-be-eradicated-by-2030.

成员国之间不是相互支持，而是相互倾轧。如2011年坦桑尼亚禁止出口谷物，肯尼亚采取报复手段，禁止向其出口种子，这在无形之中严重侵蚀了区域一体化精神。[①]同样，一体化本身正在产生不平等机会和不平等收入。普通公民在此过程中受益有限，收入更是与金融资本、市场机制等关系不大。这种状况使有的国家放缓了一体化步伐，导致一体化的进一步发展受到限制。[②]坦桑尼亚限制地区一体化进程就是一例。有调查表明，成员国对东共体的接受度表现各异，肯尼亚和坦桑尼亚持强烈反对态度，卢旺达和布隆迪的接受度较高。80%的坦桑尼亚人反对建立东非联邦，[③]部分坦桑尼亚人担心其他东共体国家的居民会抢夺土地。[④]东共体秘书长认为，坦桑尼亚妨碍了成员国在许多关键问题上达成共识，并在一体化进程中犹豫不决。[⑤]

事实上，国家以适当行动提出安全关注能够通过地区安全框架加以解释。在缺乏法律约束框架的情况下，一体化进程的实施会任凭成员国处理，必将继续受到挫折。正如马姆达尼在观察欧盟时所指出的，"没有一个处于中心位置的保证政治义务的机制，使欧盟已经转向市场原教旨主义"[⑥]。可见，如果东共体不能避免欧盟的教训，就可能重蹈欧盟的覆辙。

其次，东共体能否统一认识，解决认同危机。2013年，肯尼亚、乌干达和卢旺达发出三方倡议，就深化一体化的重要计划进行讨论。这次会议将东共体创始国坦桑尼亚排除在外。三国在此次安排中承担了跨国责任：肯尼亚负责油气管线、发电和输电；卢旺达负责海关、单一签证和东共体电子身份证；乌干达负责铁路和政治联邦。这一规划并不是在东共体框架下进行的，而是以意愿联盟的方式规划的，从而加深了该地区对一体化进程的忧虑。[⑦]坦桑尼亚对此

---

① Society for International Development. "The State of East Africa 2012: Deepening Integration, Intensifying Challenges". Society for International Development, 2012, p.9.

② Ibid, p.10.

③ Samson Waigwa. "Tanzania: Fast-Tracking Political Federation". *The Arusha Times*. April 28, 2007 [2015-01-04]. http://allafrica.com/stories/200704290112.html.

④ "EAC Federation Fears Justified?". *Tanzania Daily News*, May 5, 2007.

⑤ James Ananzwa. "EAC Chief Warns Dar on Regional Integration". *The Standard*, September 24, 2013.

⑥ M. Mamdani. "The East African Federation: Challenges for the Future". The East African Legislative Assembly, June 30, 2011 [2015-12-08]. http://www.eala.org/media-centre/speeches-a-statements/doc_details/243-the-east-african-federation-challenges-for-the-future.html.

⑦ Daniel Kalinaki. "EAC States Pull in Different Directions as Dar is Isolated". *The East African*, August 31-September 6, 2013, p.4.

略表遗憾，认为只要成员国不做出制约共同体的决议，坦桑尼亚就不反对进行双边的合作与讨论。[①]针对这一情况，肯尼亚前总理拉伊拉·奥挺加公开指责肯尼亚政府此举试图孤立和封锁坦桑尼亚与布隆迪，可能会使它们脱离东共体。[②]

客观而言，三方安排符合《东非共同体条约》第七条的原则精神。该条款给予了成员国在不同领域和以不同速度推进一体化进程的弹性规定，但坦桑尼亚误读了这一条约规定。[③]三国认为三国倡议源于在阿鲁沙达成共识过程中低效率的挫折。由此可见，东共体需要使用迫切手段来弥合成员国之间日益扩大的裂痕，需要在一体化进程中落定地区安全战略，这样有助于避免1977年东共体瓦解的悲剧重演。如今，坦桑尼亚提升工作许可费用，驱逐肯尼亚、乌干达和卢旺达等国在坦的公民，实质上是针对三国孤立其所采取的报复性措施。

如果审视东非地区的人口发展趋势，在一体化进程中迅速达成共识势在必行。

2005年东共体国家人口总数为1.15亿，2010年达1.39亿，5年间净增2400万人。2010年撒哈拉以南非洲人口总数估计为8.21亿，东共体约占17%。有机构估计，到2030年东共体地区人口将达2.37亿。如果未来10年东共体扩大成员国的话，包括南苏丹、苏丹、埃塞俄比亚和刚果民主共和国，东共体人口数就能占到非洲大陆人口总数的40%。[④]可以说，人口密度差异已对民众进入不同国家领土的国内和地区机制的错位带来挑战，这些差异在未来有可能进一步恶化。2011年11月，坦桑尼亚在东共体部长理事会上采取的立场表明其对土地和区域一体化非常敏感。据报道，由于土地问题，坦桑尼亚并未立刻在部长理事会决议报告上签字，因为坦桑尼亚认为土地应被排除在区域一体化事务之

① Daniel Kalinaki. "EAC States Pull in Different Directions as Dar is Isolated". *The East African*, August 31–September 6, 2013, p.4.
② Olive Burrows. "East Africa: Raila Warns EAC Against Isolating Tanzania". *Capital FM*, November 5, 2013［2015–12–08］. http://allafrica.com/stories/201311060202.html.
③ Adam Ihucha. "Join Kenya, Uganda and Rwanda? Not Us Says Dar". *The East African*, September 21–27, 2013, p.18.
④ Ibid.

外。①随着人口增长和未来人口密度增高，东共体地区自然资源的压力会进一步加大。森林荒漠化已清楚地显示出来。1990—2010 年东非森林面积减少了2200 万公顷。这也说明有越来越多的人口定居在该地区，给地区安全带来了严重隐患。②此外，东共体国家目前已确定必要的联合进行基础设施投资，旨在突破高交易成本和低利润的瓶颈。虽然各国均希望提高现有交流水平，开始建设新的交通通信设施，并努力使交通通讯政策一致，但结果一直不理想。2008 年公路总长约为18 万公里，其中91% 是未铺设柏油的。这一情况因该地区最大港口蒙巴萨和肯尼亚—乌干达铁路线的效率不高而更加恶化。③

最后，处理好安全与东共体一体化支柱之间的联系。《东非共同体条约》设计了一条渐进的地区一体化路径。2013 年，世界银行的一份报告指出，东共体一体化步伐存在重大缺陷。由于缺乏对应机构和得力的人手，东共体冒着落后于主要一体化领域预定实现日期的风险在推进一体化进程。由于成员国倾向于保护本国利益，东共体的制度能力受到严重制约。④2004 年3 月，东共体国家签订了《东非共同体关税同盟协议》，并于同年12 月生效实施。2005 年1 月，该协议开始启动执行。

关税同盟是东共体一体化的第一根支柱。2010 年1 月，关税同盟建设的过渡期结束。按一体化目标设定，关税统一旨在使成员国跨境贸易自由，东共体关税同盟虽在一定范围内得以实施，各国也承诺去除关税壁垒，但妨碍自由贸易的情况还比较严重。⑤有学者认为，东共体国家受困于一个无法解决的矛盾之中：一方面，每个国家都想维护自身独立或避免被他国"吞并"；另一方面，每个国家意识到必须处理好同他国的关系。这对矛盾构成了2004 年签订关税同盟的真实背景。例如，乌干达和坦桑尼亚在协议中继续坚持对肯尼亚货物征收

---

① Adam Ihucha. "Join Kenya, Uganda and Rwanda? Not Us Says Dar". *The East African*, September 21-27, 2013, p.18.

② Ibid, p.19.

③ East African Community. *EAC Development Strategy (2011-2015)*. East African Community Secretariat, 2001.

④ Dicta Aiimwe. "World Bank Study Faults Block over Integration". *The East African*, February 27-March 4, 2012.

⑤ East African Community. "An Evaluation of the Implementation and Impact of East African Customs Union, Final Report". East African Community, March, 2009, pp.6-23.

一段时间的税。肯尼亚为了将来能更好地推进一体化，被迫接受。笔者认为，该协议条款规定只是助长了国家之间的争利气焰，脱离了一体化进程的轨道。此外，在协议实施中，关税同盟的制度框架同样面临着一种挑战，该架构让成员国海关执行的是国家而非区域层面的功能。因此，尽管海关指挥部是区域层面设计的立法机构，但这些国家的海关仍保留着国内立法权。不仅如此，成员国海关培训内容和要实现的目标也不一致，总体上缺乏区域层面的集训。东共体海关制度和国家海关制度之间的对接错位导致一体化进程的束缚不断增强。[①]

东共体一体化进程中的第二根支柱是《东非共同体共同市场协议》。该协议于2010年7月生效实施，主要条款包括货物、劳务、服务和资本自由流动。协议授权东共体公民的自由包括有权以工作为目的的迁移或进入及定居在任一成员国内。[②]协议中规定的自由流动实质上提供了一种地区安全新思维。但由于缺少一个地区层面的安全框架，协议实施受到较大限制。成员国以保护本国利益为外衣，继续加强非关税壁垒。当前，在实现共同市场的利益之路上，许多挑战开始凸显，包括：有缺陷的制度、国家和地区层面的区域政策和信息准入的国内化能力；对成员国的低水平认知；不合适的法律法规框架；民族主义有所抬头；虚弱的私有部门；限制各类利益相关者参加的经济发展；执行机构的虚弱能力；漏洞百出的防卫措施和争端解决机制；未统一的检验和认证制度；不当的劳工政策和立法；虚弱的城市规划政策及区域内贸易失衡；等等。[③]

东共体一体化进程的第三根支柱是货币联盟，原计划在2012年之前统一货币，但至今仍未实现。2010年1月，成员国启动《东非共同体货币联盟协议》的谈判。货币联盟的最大障碍是成员国的内部抵制及摇摆不定的政治意愿。[④]

---

① East African Community. "An Evaluation of the Implementation and Impact of East African Customs Union, Final Report". East African Community, March, 2009, pp.6-23.
② East African Community. *Protocol on the Establishment of the East African Community Common Market*. East African Community, 2009.
③ East African Community. *EAC Development Strategy (2011-2015)*. East African Community Secretariat, 2001, p.33.
④ Chege Muigai, Bamuturaki Musinguzi. "Bad Politics, Inter-state Mistrust and Internal Woes Killing EAC Dream". *The East African*, April 2-8, 2012.

实现货币联盟还有法律程序的挑战，如货币联盟协议必须得到共同体成员国内法律的批准才能生效实施，以及从国家货币到单一货币的变化要求强有力的政治承诺，而该地区缺少的正是这一点。①有经济学家警告说，东共体的货币联盟只有在消除政治干涉的情况下，才可能实现真正的成功。还有学者认为，东共体的货币联盟一再推迟，不如留给下一代解决，当前应该集中精力做好货币联盟和政治联邦之前的关税同盟和共同市场。

如前所述，东共体一体化进程的基本前提假设是完全经济一体化最终会带来政治联邦。实现政治一体化的主要驱动者之一仍然是维持政治意愿和承诺及灵活性、善治实践、政治责任，并为贯彻地区政策创立良好环境。这也包括在国家舞台上，在管理国际关系和追求相互利益中建立凝聚力和统一性。但包括能力不足和金融资源不足、弱势机构、迟滞的政策落实、迟缓的法律和宪法改革、敏感的主权，以及像东共体这类缺少清晰联邦蓝图的组织等各类现实问题仍然阻碍着一体化的步伐。②地区一体化目标得不到充分实现，部分是由于缺乏一个共同的安全战略，因为该战略目标会超越一体化目标并保证成员国采取共同的地区利益政策。未来地区安全战略应解决如和平、食品安全、就业、恐怖主义、贫困、海盗和保证迄今为止一体化进程中未被侵蚀的经济发展收益。

当前，东共体和平与安全战略方面有许多需要修正的地方，造成这种情况的主要原因是东共体最初并未将一体化与安全连接起来，而随着这一战略的实施，东共体逐渐看到了许多活动必须要安全部门承担的重要性。东非地区法律区域融合的失败是共同安全战略形成过程中的一大缺憾。由于太多机构参与安全领域，共同安全政策的形成就因难以协调而变得异常复杂。这些机构包括：首脑峰会、部长理事会、秘书处和部门委员会，以及根据首脑会议建立的其他机构。

一言以蔽之，构建地区安全战略的失败已拒绝了东共体对抗一体化进程中的障碍的机会。尽管在大多数一体化主要领域中有着大量成果，但其对走向既定目标实现的重大挑战已为人们所熟知。这些挑战包括：地区发展规划与成员国发展规划错位和不相匹配；没有足够的能力使地区政策国内化或国家化。另

---

① Adam Ihucha. "No Monetary Union this Year". *The East African*, February 13–19, 2012, p.30.
② East African Community. *EAC Development Strategy (2011–2015)*. East African Community Secretariat, 2001.

外，全球化已使国家面临新的安全威胁。为了解决这些新威胁，需要构建一个功能性地区安全框架。只有在该地区对安全威胁达成广泛共识的情况下，才能实现地区安全框架的建立。当然，对于地区而言，确定其安全利益并达成共识尤为重要。这样的安全框架同时还要满足该地区公民的需求和抱负，即东共体规范要实现真正的社会化。

因此，东共体未来的发展前景也许正如乌干达马凯雷大学马姆达尼教授在东非共议会论坛中的一次演讲中所言："如果我们把对原共同体的讨论限制在殖民主义之间的竞争上，认为是它们从内部引爆了原共同体，那么我们必将得出结论：我们对我们难以控制的力量几乎无能为力。但如果我们扩大讨论范围，检视曾有的失败，在东非问题上推行公众对话，那么我们就能迈步向前。（因此，）我们的讨论需要东非社会阶层的广泛参与，不要仅仅停留在政治阶层的倡议上，这样我们才能够探寻不同的选择，集聚新的力量。"①

---

① M. Mamdani. "The East African Federation: Challenges for the Future". The East African Legislative Assembly, June 30, 2011 [2015-06-08]. http://www.eala.org/documents/view/the-east-african-federation-challenges-for-the-future.

研究总结

在当代地区秩序建构过程中，尽管存在多种路径，但经济一体化常常被视为地区合作的温床。在现有的区域一体化进程中，合作、协调和相互妥协往往成为处理国家间关系的主流。在参与一体化的国家行为体互动过程中，某些规则、规范、原则和决策程序（制度）逐渐被所有参与者所接受（认同），并通过制度化成为地区的软性法则（社会化过程），从而形成了安全共同体理论认为的构建地区秩序成功的一般路径。本研究以东共体为研究对象，把安全共同体作为一个概念性框架，从宏观和微观两个层面考察了东共体是如何塑造东非地区安全秩序的。通过研究，得出如下结论。

第一，东共体是一个将地区秩序打造成安全共同体的区域组织。首先，重建后的东共体的成员国之间没有通过诉诸战争手段，而是通过其他和平方式解决了彼此争端。尽管东共体国家仍存在领土、资源、意识形态及其他利益等诸多方面的争端或分歧，但战争的缺位是重建后东共体国家之间关系的最重要的成果。这是实现安全共同体的必要条件，也是最本质的要求，显然东共体做到了这一点。其次，东共体拥有一套为实现其短期和最终目标的规则及决策制度体系。《东非共同体条约》中规定了七大原则，设定了七大主要决策机构及三种决策机制。同时，还设定了相对独立的区域层面的东非议会和东非法院。再次，东共体规则演化过程及其成员国数量扩展过程表明，诸多规则得到了地区的社会化认同。最后，规则在东共体内化和外在表现时出现的分歧表明，东共体正处于社会化进程之中，当前并未最终完成。

第二，东共体框架下的区域秩序应属于多元安全共同体，且处于混合发展阶段。依据安全共同体中信任程度、制度化程度及无政府状态是否被突破等条件，安全共同体可分为松散耦合共同体和紧密耦合共同体。之于前者，共同体内的认同因为共同体内的国家间共有意义和身份结构而产生了对和平变革的可靠预期。①之于后者，在成员国间除了因共有意义和身份而产生对和平变革的可靠预期之外，还有一种相互忠诚、相互帮助的国家间社会，以及一套区域性的、中央性的规则体系，它将使共同体突破区域层面无政府状态，成为一种超国家的、后主权的治理体系。虽然东共体还远未达到像欧盟这样成熟的多元安全共同体阶段，如非关税壁垒还未彻底实现、共同市场也未涵盖整个成员国、货币联盟仍遥遥无期，以及防务合作共识仍停留在纸上等，但它一直在缓慢、艰难地前进着。②

第三，东共体通过一体化路径构建安全共同体的过程中有着明显异于欧盟安全共同体构建过程中的一些激发性机制，其国家行为体之间互动作用和社会化显得更为重要。众所周知，欧盟和北约地区一体化和共同体建构模式的建立过程深受国际因素（冷战期间两极格局）、地区因素（苏联威胁）、欧盟决策精英（德法领导人），以及欧盟制度（三驾马车）的影响，采取的是军事联盟先行，然后从经济一体化再到政治一体化的路径。但东共体路径有如下自身特点。

东共体区域合作的路径不同于联盟建设的常规过程，因为联盟无一例外地是在受到外部共同威胁的刺激下形成的，而外部共同威胁在东共体构建过程中并非显性因素。东共体不同于欧盟的一体化模式，尽管欧盟仍是地区安全共同体中最成功的范例，但欧盟是由单一功能性领域发展为始，其"溢出效应"导致的是最终的政治一体化，而非预置目标。东共体则采取了几乎相反的路径，即预先设定时间表及最终要达至的目标。另外，欧洲地区共有的民主政治文化及紧密的经济相互依赖倾向为该地区安全共同体的建立奠定了重要基础，但东共体在其重建之初就缺乏这样的背景，至今亦是如此。严格意义上，虽然反对共同体的内部威胁（如恐怖主义、跨国犯罪、种族屠杀等）的生存机制这种共同的目标是东共体背后的一个重要的刺激性因素，但东共体成员国缺乏一种共有的自由民主的政治文化。东共体创始国的目标不是仅仅在制度上建立一个一

---

① 详见肖恩·M. 肖尔：《不设防造就好邻居：1871—1940 年间加美安全共同体的形成》，载伊曼纽尔·阿德勒、迈克尔·巴涅特主编，孙红译：《安全共同体》，世界知识出版社2015年版，第279—309页。
② Johannes Langer. "The Path Towards the United States of East Africa". *Global Affairs*, September 9, 2011 [2016-02-10]. http://www.thenewfederalist.eu/The-Path-Towards-the-United-States-of-East-Africa.

体化的经济和军事集团，而是要创建一个政治共同体，以克服由殖民规则体系所强加的地区分裂，并在东共体国家之间形成和平关系。

第四，东共体显示了一条完全不同于经典理论学者提出的共同体建构的路径。多伊奇认为，一种安全共同体是一体化过程的最终结果，是由应对不断增加的交易所引起冲突的后果所支配的。不断增加的政治、经济和文化的交易量和不断扩大的交易范围，加大了行为体之间潜在的冲突机会，迫使这些行为体设计制度，并进行和平调整与变革。①但就东共体而言，区域合作是在功能性的相互依赖和互动作用相对缺乏的情况下进行的。尽管相互依赖和彼此交易有所进行，成员国之间在政治和处境上存在本质的差异，但东共体仍然作为一种"想象的共同体"得以发展和留存。在此意义上，东共体在相当程度上证明了共同体的形成应是观念在先，而非总是取决于政治、战略和功能性的互动和相互依赖。

在东共体重建十五周年后，东共体秘书长将东共体成员国认同并遵守的行为规范制度视为"东共体重大成就"。尽管这种说法颇有夸大之嫌，但个中表述有其客观的一面。东共体有的规范是普遍性法理原则的一种表述，而还有的规范则被东共体创始者们称为该地区独特的社会文化实践。尤其在当前一体化深化时期，这些规范成为东共体的主要象征，有助于该组织打破内部彼此之间的紧张局面。

第五，东共体的未来是实现政治联邦的战略目标还是徘徊不前甚或是瓦解解散，物质力量因素固然不可或缺，但规则是否能够成功社会化为东非社会的集体认同也是一种关键因素。马克思主义观点认为，意识具有主观能动性，能够反作用于物质。因此，安全共同体作为社会建构的产物，不仅需要去考察物质力量，而且也有必要考察各种主体互动因素，特别是要考察社会组织的规范作用和影响，并评价这种互动使东共体成为一个安全共同体的进展和潜力。

地区社会化拥有特殊的重要性，依据地区主义的传统指标，东共体的存在及其继续发展缺乏充分的可能性。东共体成员国在国土面积、人口、经济发展

---

① Karl W. Deutsch. "Security Communities". James Rosenau. Ed. *International Politics and Foreign Policy: A Reader in Research and Theory*. Free Press, 1961, p.99.

程度，以及政治体制等方面存在较大的差异和多样性，这使东非地区先入为主地反对一种类似于美国霸权统治下的地区主义形式。在此背景下，东共体只能通过一种实用的路径来进行社会化、规范性发展及自觉地进行集体认同的构建。东共体在坚持这些规范并使之社会化方面，其作为一个区域组织在其演化过程中参与处理的许多问题即为明证。东共体在寻求尼罗河水资源争端解决、东共体成员国的扩大、内部冲突关系的处理等事例上进一步证明了这种实用性和独特性。

虽然东共体存在许多局限性，但在当前东非地区的安全环境中和地区秩序构建过程中，还没有切实可行的办法或现存区域组织能够代替东共体。尽管如此，就东共体重建后的绝大部分历史来说，东共体一直是一个相对团结的集团，成员国意识形态从巨大差异到趋同化演进使可能引发战争的地区问题渐渐退向幕后，继之而来的是正在形成的社会化和信任的环境，这种和平处理冲突的事例，在当前非洲地区也是少见的。从当前东共体演进趋势看，其演进程度还远未达到安全共同体的成熟阶段，因此它还不会瓦解或消亡，也不会降格为一个军事联盟。

当然，应当指出的是，东共体吸纳南苏丹等扩容举措使其出现了更为严重的负担和新的内部冲突根源。基于此，东共体高估了其在东非地区发展和秩序构建中的作用。这些压力在挑战着东共体规范的神圣性和东共体模式的可信性，也可能导致当前安全共同体发展进程受阻，甚至会导致共同体瓦解。

总而言之，重建后的东共体在促进地区内部和平关系的发展方面，当之无愧为非洲地区最为成功的次区域组织。未来的发展，在于东共体能否使东共体的集体共识进行有效社会化，这决定了其能否成为成熟的安全共同体，进而达至更高层次的政治联邦。

参考文献

(一) 英文专著

[1] AJULU R. The making of a region: the revival of the East African Community [M]. Midrand: Institute for Global Dialogue, 2005.

[2] HAZLEWOOD A. Economic integration: the East African experience [M]. London: Heineman, 1975.

[3] OGOT B A, OCHIENG R. Decolonization and independence in Kenya: 1904–93 [M]. London: James Gurrey, 1995.

[4] POTHOLM C P, FREDLAND R A. Integration and disintegration in East Africa [M]. Washing D.C.: University Press of America, 1980.

[5] REPINSKI G, HEINZ–MICHAEL STAHL. Poverty and poverty reduction strategies in the East African Community [M]. Bonn: Deutsche Gesellschaft Für Technische Zusammenarbeit, 2005.

[6] GRANT J, FREDRIK SÖDERBAUM. The new regionalism in Africa [M]. London: Routledge, 2003.

[7] JOSEPH S NYE JR. Pan–Africanism and East African integration [M]. Cambridge: Harvard University Press, 1965.

[8] KRATOCHWIL F V. Rules, norms and decisions [M]. Cambridge: Cambridge University Press, 1989.

[9] SPIEGEL S L, MATTHEWS E G, JANNIFER M T. World politics in a new era [M]. 6th ed. Oxford: Oxford University Press, 2013.

[10] PARSONS T H. The African rank and file: social implications of colonial military service in the king's African rifles, 1902–1964 [M]. London: Jame Gurrey, 1999.

[11] DELUPIS I D. The East African Community and common market [M].

London: Longman, 1970.

［12］ J C B OJO OLATUNDE. ORWA D K, UTETE C M B. African international relations ［M］. London: Longman, 1985.

［13］ TAFESSE T. Nile question: hydropolitics, legal wrangling, modus vivendi and perspectives ［M］. London: LIT Verlag Munster, 2001.

［14］ MWAPACHU J V. Challenging the frontiers of African integration: the dynamics of politics and transformation in the East African Community ［M］. Dar es Salaam: E&D Vision Publishing, 2014.

［15］ ZELEKE B. Is the East African Community ready for a monetary integration? ［M］. Saarbrücken: Lap Lambert Academic Publishing, 2015.

［16］ KAMANYI J. The East African Community and the struggle for constitutionalism ［M］. Kampala: Kituo Cha Katiba, 2007.

［17］ SURHONE L M, TIMPLEDON M T, MARSEKEN S F. Violent non-state actor ［M］. Echeveria: Betascript Publishing, 2010.

［18］ KEOHANE R, HOFFMANN S. The New European Community: decisionmaking and institutional change ［M］. Boulder: Westview Press, 1991.

［19］ AYOOB M. The third world security predicament: state making, regional conflict, and the international system ［M］. London: Lynne Rienner Publishers, 1995.

［20］ HOLSTI K J. International politics: a framework of analysis ［M］. 5th ed. New Jersey: Prentice Hall, 1995.

（二）英文论文和报告

［1］ MUGOMBA A T. Regionalorganizations and African underdevelopment: the collapse of the East African Community ［J］. Journal of modern African studies, 1978, 16 （2）.

［2］ MATTHEWS A. Regional integration and food security in developing countries ［R］. Rome: Food and Agriculture Organizaition of the United Nations, 2003.

［3］ MAFUSIRE A, BRIXIOVA Z. Macroeconomic shock synchronization in the East African Community ［J］. Global economy journal, 2013, 13 （2）.

［4］ CHIKWANHA A B. The anatomy of conflicts in the East African Community: linking security with development ［Z］. Leiden: Leiden University Development Policy Review Nework–African Studies Institute, 2007.

［5］ TUSICISNY A. Security communities and their values: taking masses seriously ［J］. International political science review, 2007, 28 （4）: 425–449.

［6］ WALTER A W. Adam Smith and the liberal tradition in international relations ［C］ // CLARK I, NEUMANN I B. Classical theories of international relations, New York: St. Martin's Press, 1996.

［7］ SWAIN A. Ethiopia, the Sudan and Egypt: the Nile River dispute ［J］. Journal of modern African studies, 1997 （35）.

［8］ SALIM A, AIDAN E. Tazania and the East African Community: from timid defensiveness to confident engagement ［J］. CLKnet policy brief, 2012 （3）.

［9］ African Development Bank. The East African Community: AU outlook on education report 2014 ［R］. Abidjan: African Development Bank, 2014.

［10］ ALLY P. Striking a balance between community norms and human rights: the continuing struggle of the East African court of justice ［J］. African human rights law journal, 2015 （15）.

［11］ HAZLEWOOD A. The end of the East African Community: what are the lessons for regional integration schemes? ［J］. Journal of common market studies, 1979, 18 （1）.

［12］ MULUVI A S. The East African Community integration process and economic growth of member countries ［J］. Eastern Africa social science research review, 2014, 30 （2）.

［13］ KATEMBO B. Pan Africanism and development: the East African Community model ［J］. The journal of pan African studies, 2008, 2 （4）.

［14］ MCAULIFFE C, SAXENA S C, YABARA M. The East African community:

prospects for sustained growth [R]. International monetary fund working paper, 2012 (12/272).

[15] MANDA C, KNOWLES J, CONNORS J. Borders: social interaction and economic and political integration of the East African Community [EB/OL]. (2014-11-23) [2015-05-08]. https://www. mendeley. com / catalogue / borders- social-interaction-economic-political-integration-east-african-community/.

[16] MATHIESON C . The political economy of regional integration in Africa: the East African Community [R]. Maastricht: ECDPM, 2016.

[17] KAFEERO E. Customs and trade facilitation in the East African Community [J]. World customs journal, 2009, 2 (1): 63-71.

[18] EMMERSON D K. Security, community, and democracy in Southeast Asia: analyzing ASEAN [J]. Japanese journal of political science, 2005, 6 (2): 165-185.

[19] ADLER E. Seizing the middle ground: constructivism in world politics [J]. European journal of international relations, 1997, 3 (3): 345-346.

[20] BOOTH D, CAMMACK D, KIBUA T, et al. Eas African integration: how can it contribute to East African development? [R]. London: Overseas Development Institute, 2007.

[21] HANSOHM D. South Sudan, Sudan and the East African Community: potential of enhanced relationships [C]// UNU Institute on Comparative Regional Integration Studies. UNU-CRIS working papers, No. W-2013/4. Brussels: UNU Institute on Comparative Regional Integration Studies, 2013.

[22] EMMANUEL M. Benefit-cost analysis of the intergration of Rwanda in the East African Community: 2007-2013 [C]// HESHMATI A. Economic integration, currency union, and sustainable and inclusive growth in East Africa. London: Springer International Publishing House, 2016.

[23] RINTAUGU G M. The impact of the East African Community Integration on Small & Mediumenterprises: Case of Kenya [J]. Academy of management annual meeting proceedings, 2013, 1 (1).

［24］ DAVOODI H R, DIXIT S, GABOR P. Monetary transmission mechanism in the East African Community: an empirical investigation ［R］// IMF. International monetary fund working paper, No. 13/39. Washingcom D.C.: IMF, 2013.

［25］ KIPRONO J. Overlapping regional economic communities in Eastern Africa ［J］. International peace support training center issue briefs, 2011 (5): 39.

［26］ BACHINGER K, HOUGH J. New regionalism in Africa: waves of integration ［J］. Africa insight, 2009, 39 (2).

［27］ DEUTSCH K W. Security communities ［C］// ROSENAU J. International politics and foreign policy a reader in research and theory. New York: Free Press, 1961.

［28］ KHANNA K. Regional integration in Africa: a study on the East African Community ［J］. Observer research foundation paper, 2013 (48).

［29］ ADAR K G. New regionalism and regional reconstruction: the case of the East African Community ［J］. Politeia, 2005, 24 (1): 29.

［30］ BUSSE M, SHAMS R. Trade effects of the East African Community: do we need a transitional fund? ［J］. HWWa discussion paper, 2003 (240).

［31］ KIMATHI L. Statehood in Eastern Africa and its implications for regional peace and security ［J］. International peace support training center issue briefs, 2011 (5): 2.

［32］ MWITA C. The new community: liberal intergovernmentalism and East African integration. ［EB/OL］. ［2016-04-02］. https://papers.ssrn.com/sol3/papers.cfm?abstract_id=1449277.

［33］ SHIVJI I G. Pan-Africanism and the challenge of East African Community integration ［J］. Awaaz, 2010, 7 (2): 7-15.

［34］ IMF. The East African Community after ten years: deepening integration ［EB/OL］. ［2016-05-06］. https://www.imf.org/external/np/afr/2012/121712.pdf.

[35] DANZIGER J. From massarces to miracles: a conversation with Paul Kagame, president of Rwanda [J]. World policy journal, 2012, 29 (4).

[36] JAIME DE MELO. Trade strategy pillars for South Sudan [EB / OL]. (2013-05-11) [2016-08-02]. https://www.theigc.org/wp-content/uploads/ 2015/03/De-Melo-2013-Working-Paper-1.pdf.

[37] RUHANGISA J E. Rule of law and access to justice in East Africa: the East African court of justice [Z]. Arusha: East African Community, 2012.

[38] JACOBSEN K L, NORDBY J R. East Africa's fragmented security cooperation [EB/OL]. (2013-09-11) [2016-02-11]. http://www.eurasiareview. com/11092013-east-africas-fragmented-securitycooperation-analysis/.

[39] JACOBSEN K L, NORDBY H R. East Africa: regional security organisations and dynamics [J]. DIIS policy brief, 2012 (8).

[40] BACHINGER K, HOUGH J. New regionalism in Africa: waves of integration [J]. Africa insight, 2009, 39 (2).

[41] ADAR K G. East African Community [C] // FINIZIO G, LUCIO L, VALLINOTO N. The democratization of international organizations: first international democracy report 2011. London: Routledge, 2011: 230-242.

[42] AKATSA-BUKACHI M. Women informal cross border traders: opportunities and challenges in the East African Community [EB / OL]. [2018-06-10]. https://www.eassi.org/wp-content/uploads/2018/08/Women-Informal-Cross-Border-Traders-Opportunities-and-Challenges-in-the-EAC-Action-research-2012.pdf

[43] KIMENYI M S. Making federalism work in South Sudan, South Sudan: one year after independence: opportunities and obstacles for Africa's newest country [C/OL]. Washington D.C.: The Brookings Institute, 2012 [2016-08-02]. http://www.brookings.edu/~/media/research/files/reports/2012/ 6/south-sudan/06-federalism-work-kimenyi.pdf.

[44] EZE O. The electoral process for members of regional parliaments: similarities, differences and cost implications [Z]. [S.l.]: The Workshop on the Role of Regional Parliaments, 2004.

［45］ KONANDREAS P , SHARMA R, COSTANTINO A. Food security in the East African Community: impact of regional integration under customs union and common market policies ［EB/OL］. ［2016-08-10］. http://ies-webarchive-ext.jrc.it/mars/mars/content/download/9999/JRC_Report_EAC_Food_Security_Common_Market_2015.pdf.

［46］ DRUMMOND P, RAMIREZ G. Spillover effects and the East African Community: explaining the slowdown and recovery ［R］// IMF. IMF working paper, No. 09/2. Washington D.C.: IMF, 2009.

［47］ SEBALU P. The East African Community ［J］. Journal of African law, 1972, 16 (3): 345-363.

［48］ GIBB R. Regional integration and Africa's development trajectory: meta-theories, expectations and reality ［J］. Third world quarterly, 2009, 30 (4): 701-721.

［49］ KOSCHUT S. Regional order and peaceful change: security communities as a via media in international relations theory ［J］. Cooperation and conflict, 2014, 49 (4): 519-535.

［50］ REITH S, BOLIZ M. The East African Community regional integration between aspiration and reality ［R］// KAS. KAS international reports, October 9. ［S.l.］: KAS, 2011.

［51］ BUIGUT S K, VALEV N T. Is the proposed East African Monetary Union an optimal currency area? ［J］. World development, 2005, 33 (12): 2119-2133.

［52］ STENPHANIE G. China's Africa strategy ［J］. The new republic, 2004, 231 (20).

［53］ WALT S M. International relations: one world, many theories ［J］. Foreign policy, 1998 (110): 39.

［54］ AGBAKWA S C. Genocidal politics and racialization of intervention: from Rwanda to Darfur and beyond ［J］. German law journal, 2005, 6 (2): 513-531.

[55] BÖRZEL T A. Torwards convergence in Europe? [J]. Journal of common market studies, 1999, 37 (4): 574.

[56] PLENK S J. The uniting of East Africa and the uniting of Europe? [J]. Journal of international organization studies, 2013, 4 (2): 41-51.

[57] UNCTAD. East African Community regional integration: trade and gender implications [R]. [S. l.]: United Nations Conference on Trade and Development, 2018.

[58] SCHMIDT V A. The Europen Union: democratic legitimacy in a regional state? [J]. Journal of common market studies, 2007, 45 (5): 975-997.

[59] OGALO V. Informal cross-border trade in EAC: implications for regional integration and development [R]. [S.l.]: CUTS Geneva Resource Center, 2010.

[60] OKUMU W. Resources and border disputes in Eastern Africa [J]. Journal of Eastern African studies, 2010, 4 (2): 279-297.

[61] WEISIS T. A demand side approach to fighting small arms proliferation [J]. African security review, 2003, 12 (2): 5-6.

[62] MARTIN W. The East African common market protocol and free movement of labour: achievements and challenges of implementation in Uganda [Z]. Washington D.C.: IMF, 2012.

[63] WANG Y D. Measuring financial barriers among East African Community countries [R]// IMF. IMF working paper, No. 10/194. Washington D.C.: IMF, 2010.

[64] The Wilson Center. South Africa, the East African Community and the US-Africa policy [J]. Africa program policy brief, 2012 (4).

[65] KIBUA T N, TOSTENSEN A. Fast-tracking East African integration-assessing the feasibility of a political federation by 2010 [EB/OL]. [S.l.]: CHR. Michelsen Institute, 2005 [2016-05-20]. http://bora.cmi.no/dspace/bitstream/10202/118/1/Report%20R%202005-14.pdf.

[66] MANYINSA A O. Governance and economic growth in East African

Community countries［D］. Nairobi: University of Nairobi, 2014.

［67］ ANICET K. The effects of regional economic integration on Rwanda's trade and economic development: "case study Rwanda in EAC"［D］. Wuhan: Central China Normal University, 2013.

［68］ NDERITU A K. Regional integration as a tool for economic development: a case study of the East African Community［D］. Nairobi: University of Nairobi, 2014: 39.

［69］ FLORIBERT M. Burundi in EAC integration: the opportunities and challenges［M］. Jinan: Shandong University, 2014: 26.

［70］ KHAGULI E I. Factors affecting trade facilitation in East Africa and their impact on Kenya, Uganda, Tazania, Rwanda, Burundi Border Points［M］. Nairobi: University of Nairobi, 2013: 26-27.

［71］ SPLIID A H. Regionalism in East Africa［D］. Copenhagen: University of Copenhagen, 2012.

［72］ OVERLADE K B J. The East African Community: union of governments or union of the people?［D］. Copenhagen: Aalborg University, 2009.

（三）中文专著

［1］艾周昌，沐涛. 中非关系史［M］. 上海：华东师范大学出版社，1996.

［2］海伍德. 政治学核心概念［M］. 吴勇，译. 天津：天津人民出版社，2008.

［3］布赞，奥利. 地区安全复合体与国际安全结构［M］. 潘忠岐，胡勇，孙霞，等，译. 上海：上海人民出版社，2010.

［4］陈广胜. 走向善治：中国地方政府的模式创新［M］. 杭州：浙江大学出版社，2007：102.

［5］陈公元. 21世纪中非关系发展战略报告［M］. 北京：中国非洲问题研究会，2000.

［6］陈传刚，谢永亮. 网络时代的政治安全［M］. 郑州：中原农民出版社，2000.

[7] 陈令霞, 张静芬. 东非三国: 肯尼亚、乌干达和坦桑尼亚缔造民族国家的里程 [M]. 成都: 四川人民出版社, 2002.

[8] 曹泽林. 国家文化安全论 [M]. 北京: 军事科学出版社, 2006.

[9] 霍布斯. 利维坦 [M]. 黎思复, 译. 北京: 商务印书馆, 2002: 249-254.

[10] 摩根索. 国家间政治: 权力斗争与和平 [M]. 7版. 徐昕, 郝望, 李保平, 等, 译. 北京: 北京大学出版社, 2006: 1-11.

[11] 韩立余. 既往不咎: WTO争端解决机制研究 [M]. 北京: 北京大学出版社, 2009: 3.

[12] 布尔. 无政府社会: 世界政治秩序研究 [M]. 2版. 张小明, 译. 北京: 世界知识出版社, 2003: 10-11.

[13] 华尔兹. 国际政治理论 [M]. 信强, 译. 上海: 上海世纪出版社, 2003.

[14] 李安山. 非洲研究评论 (2012) [M]. 北京: 社会科学文献出版社, 2013.

[15] 李伯军. 当代非洲国际组织 [M]. 杭州: 浙江人民出版社, 2013: 128-130, 彩图页.

[16] 罗建波. 非洲一体化与中非关系 [M]. 北京: 社会科学文献出版社, 2006.

[17] 陆庭恩, 彭坤元. 非洲通史 (现代卷) [M]. 上海: 华东师范大学出版社, 1995.

[18] 饶戈平. 国际组织法 [M]. 北京: 北京大学出版社, 2000: 175.

[19] 孙德刚. 准联盟外交的理论与实践: 基于大国与中东国家关系的实证分析 [M]. 北京: 世界知识出版社, 2012.

[20] 孙德刚. 危机管理中的国家安全战略 [M]. 上海: 上海人民出版社, 2010: 342-359.

[21] 沃尔特. 联盟的起源 [M]. 周丕启, 译. 北京: 北京大学出版社, 2007.

[22] 徐秀军. 地区主义与地区秩序: 以南太平洋地区为例 [M]. 北京: 社会科学文献出版社, 2013.

[23] 王建伟. 国际关系学 [M]. 北京: 中国人民大学出版社, 2010.

[24] 安德烈. 黑非洲史 (第四卷 下册) [M]. 吴中, 译. 上海: 上海译文出版社, 1979: 14-15.

［25］凯格利.世界政治：趋势与变革［M］.14版.影印版.北京：北京大学出版社，2004：前言.

［26］肖欢容.地区主义：理论的历史演进［M］.北京：北京广播学院出版社，2003.

［27］于红，吴增田.列国志·卢旺达、布隆迪［M］.北京：社会科学文献出版社，2010：208，259，272，306，308-346.

［28］多尔蒂，普法尔茨格拉芙.争论中的国际关系理论［M］.5版.阎学通，陈寒溪，等，译.北京：世界知识出版社，2003：556-563.

［29］阿德勒，巴涅特.安全共同体［M］.孙红，译.北京：世界知识出版社，2015：24，279-309.

［30］朱杰进.国际制度设计：理论模式与案例分析［M］.上海：上海人民出版社，2011：2-3.

（四）中文论文

［1］阿齐亚，肖欢容.地区主义和即将出现的世界秩序：主权、自治权、地区特性［J］.世界经济与政治，2000（2）：63-68.

［2］陈之骅.克鲁泡特金无政府主义思想剖析［J］.世界历史，1980（5）：20-31.

［3］丁丽莉.动荡不安的非洲大湖地区［J］.现代国际关系，1997（2）：34-38.

［4］贺文萍.南苏丹局势走向及其影响［J］.当代世界，2014（3）：60-63.

［5］洪永红，洪流.东非共同体的法律职能与中非法律合作［J］.湘江法律评论，2014（00）：58-65.

［6］邝艳湘.和平还是冲突：经济相互依赖的政治后果［J］.国际论坛，2007（3）：44-48.

［7］李少军.怎样认识国际体系？［J］.世界经济与政治，2009（6）：13-20.

［8］胡文俊，杨建基，黄河清，等.尼罗河流域水资源开发利用与流域管理合作研究［J］.资源科学，2011（10）：1830-1838.

[9] 门洪华. 地区秩序建构的逻辑 [J]. 世界经济与政治，2014（7）：4-23.

[10] 秦亚青. 权力·制度·文化：国际政治学的三种体系理论 [J]. 世界经济与政治，2002（6）：5-10.

[11] 施裕壬. 东非共同体解体的原因 [C]// 北京大学亚非所. 亚非问题研究（第三辑）. 北京：北京大学出版社，1984：170-178.

[12] 宋国友. 回到社会：对国际关系主体的重塑 [J]. 教学与研究，2007（7）：73-78.

[13] 汪巍. 中国与东非共同体及东非区域合作展望 [J]. 亚非纵横，2010（3）：55-58.

[14] 王剑锋. 族群性的陷阱与族群冲突 [J]. 思想战线，2004（4）：55-63.

[15] 吴增田. 非洲大湖地区国家关系演变探析 [J]. 西亚非洲，1999（5）：36-41.

[16] 武芳，田伊霖，王婷. 东非共同体发展成效和问题研究 [J]. 国际经济合作，2013（12）：24-28.

[17] 杨逢珉，孙定东. 欧盟一体化进程中的集团利益与国家利益 [J]. 兰州大学学报（社会科学版），1997（4）：48-53.

[18] 叶浩亮. 尼罗河流域水资源分配危机分析 [J]. 国际工程与劳务，2010（11）：25-26.

[19] 袁正清. 从安全困境到安全共同体：建构主义的解析 [J]. 欧洲研究，2003（4）：38-50.

[20] 朱杰进，黄超. 交往密度与国际体系的演变：约翰·鲁杰建构主义思想述评 [J]. 国际政治研究，2006（1）：144-154.

[21] 周婷. 东非共同体关税同盟浅析 [D]. 湘潭：湘潭大学，2010.

[22] 杨璐畅. 东非共同体法院初探 [D]. 湘潭：湘潭大学，2010.

[23] 邱晓军. 试析东非共同体发展历程（20世纪60年代至今）[D]. 上海：上海师范大学，2009：30-32.

[24] 任家华. 东非共同体国家共同市场的影响 [D]. 南昌：南昌大学，2011.

[25] 飞力波. 东非共同体全球人才管理实践和策略研究 [D]. 广州：华南理工大学，2013.

（五）主要媒体

1. 报纸

Addis Tribune（Ethiobia）

Mail & Guardian（South Africa）

Tanzania Daily News（Tanzania）

The Daily Nation（Kenya）

The New Times（Rwanda）

The Monitor（Uganda）

The Standard（Kenya）

《人民日报》

《光明日报》

2. 主要网站

东非共同体官方网站：http://www.eac.int/

乌干达东共体部官方网站：http://www.meaca.go.ug/

肯尼亚东共体部官方网站：http://www.meac.go.ke/

坦桑尼亚东共体部官方网站：http://www.meac.go.tz/

卢旺达东共体部官方网站：http://www.mineac.gov.rw/

南非新闻报刊网：http://allafrica.com/

新华网：http://www.xinhuanet.com/

附录一

《东非共同体条约》（节译）

（1999年11月30日初版，2006年12月14日和2007年8月2日修订）

第三条　成员国资格

1. 本条约的共同体成员国是指"伙伴国"，即乌干达共和国、肯尼亚共和国和坦桑尼亚联合共和国，以及依此条款获得成员资格的任何其他国家。

2. 合作伙伴国可以根据这些条款和它们可以决定的方式，同任何外国谈判，授予该国成员资格或同该国缔约，或同本共同体或参与本共同体的任何活动。

3. 除本条第4款外，缔约国在考虑外国申请加入共同体、成为联系国或参与共同体的任何活动时应考虑的事项包括：

（a）接受本条约设立的共同体；

（b）遵守普遍接受的善治、民主、法治、遵守人权和社会公正原则；

（c）对增强东非地区一体化的潜在贡献；

（d）地理位置接近并与合作伙伴国之间相互依赖；

（e）建立并维护和保持市场驱动的经济；

（f）社会经济和经济政策与共同体的政策相容。

4. 成员资格条件及其他考虑事项或外国与共同体联系或其参与共同体的任何活动应与本条规定的活动相一致。

5. 授予共同体观察员的地位：

（a）一个外国之情况，是首脑会议之特权；

（b）一个政府间组织或市民社会组织，是共同体理事会的特权。

6. 关于本条前款规定的程序，由共同体理事会规定。

第五条　共同体目标

1. 共同体之目标应是制定政策和方案，旨在扩大和深化伙伴国在政治、经济、社会与文化领域、研究与技术、国防、安全与法律，以及司法事务方面的合作，以实现双方的利益。

2. 根据本条第1款规定，合作伙伴国承诺在本约和海关条约的规定下建立关税同盟、共同市场，随后是货币联盟，并最终建立政治联盟以加强和调节工业、商业、基础设施、文化、社会、政治和伙伴关系及其他关系，最终应实现加速经济活动、协调和平衡发展并持续扩大，以及其利益平等分享。

3. 对本条约第1款所规定的目标，并在本条约提到的特别规定中，共同体应保证：

（a）通过促进更平衡的合作，以实现伙伴国的可持续增长和发展及和谐发展；

（b）加强和巩固合作领域的内部合作，从而在伙伴国内部实现公平的经济发展，进而提高人民生活水平，提升人民生活质量；

（c）促进伙伴国自然资源的持续利用并采取措施有效保护合作伙伴国的自然环境；

（d）加强和巩固伙伴国人民之间长期存在的政治、经济、社会、文化和传统联系，以促进这些关系和联系，以民为本，相互发展；

（e）竭力普及性别认识，加强女性在文化、社会、政治、经济和技术发展中的作用；

（f）促进内部的和平、安全和稳定，以及伙伴国之间的睦邻友好关系；

（g）提升并加强私营部门和公民社会之间的伙伴关系，以实现可持续的社会经济和政治发展；

（h）承诺为进一步提高共同体目标而进行其他活动，伙伴国可随时决定共同承诺。

第六条　共同体的基本原则

合作伙伴国支配要实现的共同体目标应遵循的基本原则包括：

（a）相互信任、政治意愿和主权平等；

（b）和平共处，睦邻友好；

（c）和平解决争端；

（d）善治，包括坚持民主原则；法治、会计能力、透明度、社会公正、机会均等、性别平等，以及《非洲人权和民族权利宪章》的条款规定的承认、促进并保护人权和民族权利；

（e）公平分配利益；

（f）互利合作。

第七条　共同体运作原则

1. 共同体支配的实践目标应遵循的原则包括：

（a）以人为本和市场驱动的合作；

（b）伙伴国提供充分和适当的有利环境，如积极的政策和基本的基础设施；

（c）为伙伴国建立出口导向型经济，使其在货物、人员、劳动、服务、资本、信息和技术方面自由流动；

（d）在一体化进程中，鼓励多层次参与和参与广泛的股权持有人的补贴原则；

（e）变量原则即允许共同体内群体之间的为了一体化计划更广泛的发展，在不同领域和以不同速度进行合作。

（f）公平分配从共同体的运作和可能产生的经济失衡的措施中获得或衍生的利益；

（g）互补性原则；

（h）不对称原理。

2. 伙伴国承诺遵守善治原则，包括遵守民主原则、法治原则、社会公正原则和维护普遍接受的人权标准。

第一百二十三条　政治事务

1. 为了促进本条约第五条所规定的共同体目标的实现，特别是关于最终建立伙伴国的政治联盟，伙伴国应建立共同的外交和安全政策。

2. 就本条第1款而言，共同体及其伙伴国应界定和实施共同的外交和安全政策。

3. 共同外交和安全政策的目标应是：

（a）维护共同体的共同价值观、根本利益和独立；

（b）以各种方式加强社区及其伙伴国的安全；

（c）发展并巩固民主、法治、尊重人权和基本自由；

（d）维护和平，加强伙伴国之间和共同体内部的国际安全；

（e）促进国际论坛的合作；

（f）加强伙伴国政治联盟的最终建立。

4. 共同体应遵循本条第3款规定的目标：

（a）建立伙伴国对共同体内普遍感兴趣的对外或安全政策的任何事项的系统合作，以确定伙伴国应采用的共同立场；

（b）协调伙伴国的行动，在国际组织和国际会议上支持这样的协调行动；

（c）无保留支持共同体伙伴国的外交和安全政策，以及伙伴国避免任何与共同体利益背道而驰的行动，或避免把在国际关系中有可能损害共同体的效力作为凝聚力；

（d）和平解决伙伴国之间和内部的争端与冲突；

（e）协调伙伴国的防御政策；

（f）促进伙伴国国民大会和东共体立法大会的合作。

5. 理事会应确定本条第2、3、4款的规定何时生效，并详细规定如何实施本条的规定。

6. 首脑会议应通过启动建立伙伴国政治联盟的进程，指导理事会承担这一进程。

7. 就本条第6款而言，首脑会议可命令理事会首先进行研究。

第一百二十四条　地区和平与安全

1. 伙伴国一致认为，和平与安全是共同体内社会和经济发展的先决条件，对实现共同体目标至关重要。在这方面，伙伴国同意通过合作和协商有关伙伴国的和平与安全的问题，来促进和保持一种有利于和平与安全的氛围，以期预防、更好地管理和解决它们之间的争端与冲突。

2. 伙伴国承诺促进和维护睦邻友好关系，并以此作为促进社会内部和平与安全的基础。

3. 合作伙伴国应制定和建立区域灾害管理机制，协调本区域内的培训操作、技术合作和支持。

4. 伙伴国承诺建立难民管理的共同机制。

5. 伙伴国同意加强处理跨境犯罪方面的合作，提供刑事事务的相互协助，包括逃犯的逮捕和遣返，以及为打击犯罪活动在国家机制平台上交流情报。为此，伙伴国承诺采取以下措施维护和促进其领土的安全：

（a）加强伙伴国中央刑事情报信息中心之间的刑事情报和其他安全信息的交换；

（b）加强追捕嫌疑人和联合巡逻等联合行动，促进边境安全；

（c）为边境安全建立共同的通信设施；

（d）采用《联合国刑事事项互助示范法》；

（e）缔结《打击非法贩运毒品的协议》；

（f）加强安全部门的互访交流；

（g）安全人员交流培训方案；

（h）建立难民管理的共同机制。

6. 伙伴国承诺合作审查本地区的安全，特别是对恐怖主义威胁进行评估，并制定安全措施来打击恐怖主义。

第一百二十五条　防御

1. 为促进本条约第五条所规定的共同体目标的实现，特别是关于促进伙伴国之间的和平、安全和稳定，以及睦邻友好关系，并根据本条约第一百二十四条，伙伴国同意在国防事务上密切合作。

2. 为本条第1款的目的，伙伴国同意建立合作框架。

附录二

《东非共同体和平与安全协议》

（2013年2月15日）

序　言

——鉴于肯尼亚共和国、坦桑尼亚联合共和国和乌干达共和国1999年11月30日签署的《建立东非共同体条约》；

——以及鉴于，布隆迪共和国和卢旺达共和国2007年7月1日同意加入《条约》；

——以及鉴于，为促进实现确定的共同体目标，缔约国同意依据《条约》第五条第3款（f），促进共同体内部和平、安全和稳定，以及睦邻友好；

——以及鉴于，依据《条约》第一百二十四条，伙伴国同意和平与安全是共同体内部社会和经济发展的先决条件，对实现共同体目标至关重要；

——以及鉴于，伙伴国进一步同意，通过在关涉伙伴国和平与安全问题上的合作与磋商，培育并维持有助于和平与安全的氛围，便于预防、更好地管理和解决它们之间的争端和冲突；

——以及鉴于，根据《条约》第一百五十一条，伙伴国承诺缔结在各合作领域中所必须之协议，阐明合作和一体化的目标、范围及制度机制；

因此，伙伴国：

——再次重申对《联合国宪章》的宗旨和原则、《非洲联盟组织构成法》及同所有人民和政府和平相处的愿望的信念；

——承认尊重主权、平等、领土完整、政治独立、睦邻友好、相互依存、不侵略和不干涉各成员国内部事务原则；

——意识到和平、安全和强有力的政治关系是创造积极的地区合作和一体化有利环境的关键因素；

——意识到在和平与安全事务上密切合作、相互理解与协调将是伙伴国互惠互利的事实；

——决定建立一个地区机制，有效地执行和平与安全领域的决定，进而巩固伙伴国之间的友谊和友爱联系；

——一致同意达成以下条款：

第一条　说明

除了上下文需要之处，本协议中：

"联合行动"指由统一命令下由伙伴国部队执行的任何行动；

"共同体"指依据《条约》第二条建立的东非共同体；

"理事会"指依据《条约》第九条规定的共同体部长理事会；

"反恐"指伙伴国政府、军方、警察部门和机构为应对恐怖威胁或行为采取的真实可信的实践、战略、战术和技能；

"跨境犯罪"指在有共同边界的伙伴国之间犯下的罪行；

"灾难管理"指管理灾害的策略，有助于保证生命，将财产损失及环境退化降到最低，包括预防、准备、应对与恢复、情况与风险研判及计划的规划和执行等战略，以及监督和评价战略；

"预警"指收集情报、核实并分析情报的过程，旨在确定和平与安全的威胁，并将情报传达给主管当局；

"种族灭绝"指任何蓄意在整体上或部分地毁灭一个民族、种族或宗教团体的行为：

（a）杀害该组织的成员；

（b）对该组织成员造成严重的身体或精神伤害；

（c）蓄意造成计算其生活条件的团体条件，造成整体或部分的有形伤害；

（d）实施旨在防止该集团内部生育的强制性措施；

（e）强制将该群体转变为另一群体；

"联合行动"指包括伙伴国多部门机构参与的和平支持行动、灾难管理、搜索与救援、反恐、跨国与跨境犯罪，以及任何其他可由伙伴国相互决定的行动；

"恐怖主义"指：

（a）任何违反伙伴国刑法的行为：危及生命、身体完整或者自由，或者造成严重伤害或者死亡的任何人、任何成员或一群人或造成或可能造成损害公私财产、自然资源、环境、文化遗产，以及蓄意或打算：

（i）恐吓、强迫、胁迫或诱使任何政府、团体、机构、一般公众或其中任何一部分从事或拒绝从事的任何行为，或采取或放弃一个特定观点，或按照一定的原则行动；

（ii）在伙伴国扰乱任何公共服务，向公众提供任何必要的服务或制造公共突发事件或引发一般性起义；

（b）任何人宣传、赞助、捐助、指挥、援助、煽动、鼓动、企图、威胁、阴谋、组织或采购，有意触犯（a）（i）和（ii）项所提及的任何行为。

"跨国犯罪"是指在没有共享边界的伙伴国边界上犯下的罪行。

第二条　合作范围

1. 伙伴国应在和平与安全事务方面合作，并与国际和地区组织协作，以促进本地区的和平与安全。

2. 伙伴国应在必要时制定共同的措施、战略和方案，并订立协议，以有效执行协议。

3. 在不损害本条款的通用性的情况下，伙伴国原则上同意在以下领域进行合作：

（a）预防、管理和解决冲突；

（b）防止种族灭绝；

（c）打击恐怖主义；

（e）打击并抑制海盗行为；

（f）和平支助行动；

（g）减少灾难、风险管理和危机应对；

（h）难民管理；

（i）控制非法轻小武器扩散；

（j）打击跨国和跨境犯罪，包括贩毒和贩卖人口、非法移民、洗钱、网络犯罪及机动车辆盗窃；

（k）处理并打击偷盗牲畜行为；

（l）加强监狱和惩戒服务，包括交换囚犯、拘留和改造嫌疑人。

4. 为第3款之目的，伙伴国同意建立预警机制，来评估预期、准备和早期反应，以预防、遏制和管理合作领域中的冲突和危机情况。

第三条　目标

1. 本协议的目的是促进共同体内部的和平、安全与稳定，以及伙伴国之间的睦邻友好关系。

2. 在不损害第1款的情况下，伙伴国承诺：

（a）保护人民，保障共同体的发展，防止因法律和秩序崩溃、国家内部和国家之间的冲突和侵略造成的不稳定；

（b）在有关共同体和平与安全事务方面进行协调与合作；

（c）预防、遏制及和平解决伙伴国内部和伙伴国之间的冲突与争端；

（d）监督并鼓励执行联合国、非盟，以及其他有关军备控制、裁军及伙伴国之间和平关系的国际公约和条约；

（e）发展维持和平的能力，协调伙伴国参与国际和地区和平支助行动；

（f）提升共同体灾难管理和协调国际人道主义援助方面的能力；

（g）提升伙伴国难民管理能力；

（h）提升伙伴国打击恐怖主义和海盗行为方面的能力；

（i）加强在交换犯人、嫌疑人的拘留以及改造嫌疑人方面的合作；

（j）实施东非共同体地区和平与安全战略。

第四条　冲突预防、管理与解决

1. 伙伴国承诺制定东非共同体冲突预防、管理与解决机制；

2. 为实现第1款之目的，伙伴国应设法解决并寻求以和平方式解决两个或多个伙伴国之间或同外国之间的争端或冲突；

3. 共同体可与联合国安理会和非盟和平与安全理事会协商，在两个或多个伙伴国之间或同外国之间的争端或冲突中提供调解。

第五条　防止种族灭绝

1. 伙伴国承诺在共同体内就防止种族灭绝行为方面进行合作。

2. 为实现第1款之目的，伙伴国承诺：

（a）防止任何旨在整体或部分地毁灭一个民族、种族或宗教团体的行为；

（b）制定预防种族灭绝联合防御机制，并采取适当措施打击肇事者。

第六条　打击恐怖主义

1. 伙伴国同意在共同体内部开展反恐措施方面的合作。

2. 为实现第1款之目的，伙伴国承诺：

（a）联合制定反恐措施实施的战略和机制；

（b）联合制定打击恐怖主义的战略和机制；

（c）联合制定如何开展联合行动的战略；

（d）在共同体、非盟和联合国范围内开展共同体内的联合行动或共同行动。

第七条　打击与制止海盗行为

1. 伙伴国同意在共同体内合作打击海盗。

2. 为实现第1款之目的，伙伴国承诺：

（a）联合制定反海盗措施实施的行动机制；

（b）联合制定打击海盗的机制；

（c）联合制定打击与制止海盗的战略；

（d）在共同体、非盟和联合国范围内开展共同体内的联合行动或共同行动。

第八条　和平支持行动

1. 伙伴国应在《联合国宪章》《非盟构成法》及《条约》中制定和平支持行动的联合机制。

2. 伙伴国应在冲突预防、管理和解决框架内开展共同体内的和平支持行动。

第九条　减少灾难、风险管理和危机应对

1. 伙伴国应在灾难管理和危机应对方面制定提供互助的机制；

2. 为实现第1款之目的，伙伴国应：

（a）建立共同体内常见灾害的开发、预警和应对系统；

（b）建立灾难管理数据库；

（c）发展管理灾难情况的能力。

第十条　难民管理

1. 伙伴国承诺建立难民管理的共同机制。

2. 为实现第1款之目的，伙伴国应：

（a）协调有关难民管理的政策、法律、战略和方案；

（b）结合《1951年联合国难民公约》和《1969年非洲统一组织关于非洲难民问题具体方面的规定》的条款；

（c）建立并协调庇护程序；

（d）关于寻求庇护者和难民的网络和共享信息；

（e）建立促进家庭团结的机制；

（f）在共同体内部建立涉及难民的机构系统，以分享意见和交流经验；

（g）为难民管理中的利益相关者开发联合培训示范。

第十一条　控制非法轻小武器扩散

伙伴国承诺联合制定政策措施，建立机制，制定战略与方案，控制非法轻小武器扩散。

第十二条　打击跨国和跨境犯罪

1. 伙伴国承诺联合控制和预防跨国和跨境犯罪，包括：

（a）机动车盗窃；

（b）货物走私；

（c）贩毒；

（d）贩卖人口；

（e）非法移民；

（f）假冒伪劣商品的交易；

（g）知识产权侵权行为；

（h）任何其他跨国和跨境犯罪。

2. 为实现第1款之目的，伙伴国应制定适当的机制、政策、措施战略和方案，以打击跨境犯罪，包括：

（a）建立区域跨境犯罪数据库；

（b）提高刑事情报技术能力；

（c）加强伙伴国中央刑事情报中心之间的刑事情报和其他安全信息的交流；

（d）加强跨境安全；

（e）利用操作人员对嫌疑人进行培训和信息分享；

（f）在刑事事务方面制定相互协助的法律；

（g）建立跨境交流和国家之间的通讯。

第十三条 预防和打击盗牛行为

1. 没有政策和法律来防止和打击盗牛的伙伴国同意制定和采取政策、法律和战略以实现这一目标。

2. 伙伴国同意协调它们的政策、法律和战略,以防止和打击盗牛行为。

第十四条 囚犯和嫌疑人的交换、拘禁、监护和改造合作

1. 伙伴国同意在囚犯和嫌疑人交换、拘禁、监护和改造方面进行合作。

2. 为实现第1款之目的,伙伴国同意,特别是在以下领域进行合作:

(a) 监狱和惩治服务的治理和管理框架;

(b) 刑事改革议题;

(c) 研究、数据收集、情报交流和加强区域标准、政策和实践。

3.伙伴国同意协调其培训计划和实践,以管理刑罚机构和改造。

第十五条 制度安排

理事会应确定实施本协议的制度安排。

第十六条 同区域和国际组织的关系

伙伴国应促进其活动与本协议目标有关的区域和国际组织的合作。

第十七条 情报保密

1. 伙伴国承诺不披露依据本协议或其参与共同体而获得的任何机密信息,但可不时向其本国官员披露,这些披露对于本协议或首脑会议采取的任何指令的生效至关重要。

2. 伙伴国应确保本条款所指的官员能始终严格保密。

3. 伙伴国进一步承诺，不使用任何或多个多边合作期间获得的任何损害伙伴国的机密情报。

4. 依据本协议，即使在退出和被驱逐出共同体之后，伙伴国仍受本条规定的保密要求的约束。

第十八条　争端解决

因本协议的说明或应用引起的伙伴国之间的任何争端，应依据《东非共同体条约》规定予以解决。

第十九条　本协议的修正

伙伴国可根据《东非共同体条约》第一百五十条规定修正本协议。

第二十条　生效

本协议应在所有缔约国批准和存放秘书长批准文书后生效。

第二十一条　保管和备案

1. 本协议原始文本应由秘书长保管，秘书长应将其真实副本发送给所有缔约国。

2. 秘书长应在非盟、联合国及理事会决定的其他组织备案本协议。

后　记

东非共同体是非洲地区主义实践的一个重要载体，目前业已成为一个新的学术增长点。本书在前人研究成果的基础上，尝试对东非共同体构建地区安全秩序的现实做进一步探讨。

我的博士后合作导师华东师范大学历史系教授沐涛先生对本书的选题、设计、撰写提供了悉心指导；浙江师范大学非洲研究院院长刘鸿武教授肯定了本书的研究价值，并将其纳入"浙江师范大学非洲研究文库"并资助出版；上海外国语大学中东研究所所长刘中民教授对本书出版给予诸多关心；朱威烈教授、孙德刚研究员、余建华研究员、梁志教授和孟钟捷教授为本书提出了富有启发性的建议；我的硕士生导师陈万里教授和博士生导师汪波教授也一直关心我的学术成长。在本书付梓之际，本人谨对以上领导和师友致以最衷心的感谢。

在本书撰写过程中，坦桑尼亚在华留学生祖玛博士积极联系东非共同体官员并安排电话采访；素未谋面的内罗毕大学中国留学生刘欣博士及时传递了本书所需的研究资料；上海外国语大学中东研究所同仁李意、包澄章、邹志强和章远等承担了本属于我的部分工作；好友刘洋夫妇、韦进深夫妇、穆春唤夫妇和 Rachel Olson 夫妇给予我和家人诸多帮助。上述诸位的相助让我铭记于心，长久感怀。

本书有幸获得浙江省哲学社会科学研究基地规划课题资助和中国博士后基金资助。在本书修改过程中，本人有幸获得国家留学基金委资助赴美从事为期一年的访学工作。访学期间，美国蒙大拿大学中亚—西南亚研究中心主任 Mehrdad Kia 教授、中心常务主任 Ardi Kia 教授以及曹震教授给予了我中肯的学术点拨，并提供了诸多生活便利。上述机构的资助和各位教授的指点是我在修改过程中最美好的记忆。

感谢浙江师范大学非洲研究院叶引娇老师出色的协调工作；感谢浙江工商大学出版社姚媛女士对书稿一丝不苟的编校工作。她们的敬业精神是我学习的榜样。

最后我要感谢家人多年来的支持,是他们给予我从事学术研究的无限
动力。

此际廖语和小书难以表达我的谢意和感恩,仅将此书作为努力的起点。

赵 军

上海外国语大学中东研究所

2018年11月1日